ある在日朝鮮社会科学者の散策

「博愛の世界観」を求めて

朴庸坤

ある在日朝鮮社会科学者の散策

「博愛の世界観」を求めて

朴庸坤

目次

第3章　朝鮮大学校における教職活動

第4章　主体思想の真理探究

第5章　主体思想の国際的普及活動

第二編　自由への憧憬、断想

この書を天国へ旅立った嫁・玉實の墓前に供える

──義父の慈愛の証として──

まえがき

私は一九九八年一月から二〇〇四年三月まで、日本政府傘下の研究機関である、総合研究開発機構（ＮＩＲＡ）の客員研究員として、「朝鮮社会の理論的研究」をテーマに、主体《チュチェ》思想に関する理論的研究にたずさわった。その果実として、二〇〇三年から〇四年に「人間中心の人生観」を執筆した。

人間はだれもがなんらかの世界観、人生観に基づいて生活を営む。人間がもつ思想的世界観は、大きくいって、世界全般の存在を問う哲学的世界観、人間社会の存在形式とその発展の特性を問う社会歴史観、そして人間存在の本源的意味を問う人生観によって構成される。人はみな、この世に生まれてたった一回だけの人生をどう有意義に生きるのかと問いかける。この問いへの解答を求めて、多くの宗教、哲学が苦闘し、それなりに答えてきた。私が半生を費やして探求した主体思想も、この問いへの哲学的解答を得ようとしたものである。主体思想の哲理も、宗教や哲学が普遍的に追求した問いへのひとつの解答であると信じて疑わない。

人間は生命をもつ社会的存在であり、生命を存続させるために生きねばならない。社会的存在である人間は肉体的生命と社会的生命をもつ。父母から受け継いだ肉体的生命は生死苦楽をともなう限りある生命であるが、社会的生命は、生命の母体となる集団である社会によって育まれた、永遠な生命である。実に社会的人間は、現生で終える有限な生命と、民族、人類集団とともに永生する生命をもつ二律背反的、矛盾的存在である。人間だけがもつこの克服できない矛盾的性格から、人生の喜怒哀楽が派生し、人生設計が左右される。有限な生命と無限な生命とどう調和させて生きるのか、限りある命をどう永遠の命に昇華させるのか、この深刻な問いを解く一助がほかでもなく主体思想の人生観であると常々考えてきた。

このような人生観に照らして、はたして私自身のいままでの半生、思想遍歴の足跡はいかなるものであったかと省みたくなった。そんな思いから、二〇〇四年から数年間に、筆のおもむくまま徒然に「ある在日朝鮮社会科学者の散策」という文章を書きためておいた。そして歳月の流れのままに書斎の片隅に放置しておいた。しかし二〇一一年に韓国を訪問した際に、ソウルの「民主主義哲学研究所」から『博愛の世界観　사랑의 세계관』の出版の依頼があった。そのとき出版社(韓国の時代精神社)側でたまたま、私の手元に自身の半生を綴った自叙伝スタイルの原稿があると知り、翌年二〇一二年に『ある在日朝鮮社会科学者の散策　어느 재일조선사회과학자의 산책』という、ちょっと気取ったタイトルの単行本で出版された。書斎の一隅で惰眠をむさぼっていた半生記、自叙伝が、息を吹き返しはじめた感である。

私の人生は波乱万丈とまではいかないが、平坦なものでもなかった。植民地時代に思春期を過ごし、祖国解放に欣喜した。民族の分断と人民抗争の厳しい艱難に血涙を流した。米ソ対決の冷戦による同族相殺の朝鮮戦争の悲劇に呻吟し慟哭した。韓国、朝鮮そして日本という歴史的経緯も社会体制も異なる国での生活も体験した。学徒としては、マルクス主義経済学から主体思想、哲学へと遍歴、転身した。

私はいくども大病を患いながら、現代医学の効でなんとか健康を保ってきた。分断祖国の錯綜した政治潮流の渦中で、大学の教職の定年後に心ならずも私が毎にふれて語り、書いたものが検閲され、その政治姿勢を問われた。その結果、「祖国―北朝鮮」への反意をいだく異端者として、共和国の院士、博士、教授の学的称号をすべて剥奪された。逆説的に表現すれば、そのことでやっとあの独善的な政治権力とのしがらみから解き放たれ、自由な発想ができ、思考を深めることができるようになったといえる。その後も専攻する主体哲学研究への情熱は冷めたことはなく勉学を続け、言説において政治権力に媚びる姿勢はとるまいと心掛けてきたつもりである。哲学を論ずる学者のはしくれとして、真理を守るため獄舎で自ら毒杯をあおいだソクラテスの故事に学ばねばと……。

数年前に朝鮮語で世に出した『博愛の世界観』、そして『ある在日朝鮮社会科学者の散策』では、老境にある私自身の学的心情と学究生活の結晶を文章化した。そして本書は、後者にまとめた内容を中心に『博愛の世界観』のエッセンスも加えて日本の読者向けに書き下ろしたものである。私は幸いにも主体思想の巨像にふれ、その感触をその都度発表してきた。二〇一五年に至って、これが私の執筆の最後になるであろうと考え、私の思想の遍歴をわかりやすく総括し、集大成すべきであろうと強く思った。新しい世界観の姿を描き、同時に人間生活の真の自由と幸福がなんであるかを示したかったのである。拙い文章ではあるが、活字になった文章は客観化され、いつか、どこかで、だれかに読まれることもあるだろう。本のページをめくった読者が、この地に主体思想研究に精魂をかたむけた、こういう変わった在日朝鮮人の老社会科学徒がいたんだな、と記憶していただければ本望である。

＊　朝鮮は分断国家である。私は従来、北は朝鮮、南は韓国と表記してきた。しかし本書では、最近の日本メディアの慣行に従い、北朝鮮、韓国の表記に準ずることにした。忸怩たる思いがともなうが。

＊＊　本書では登場人物の敬称、地位、肩書を省略する場合がある。国家の最高位の人々まで敬称なしで記述するのは不遜であると自省しながら、文脈の整合性を保つため敬称を省いた。

＊＊＊　人生は出会いと別れ、愛しさと憎しみの交錯で綴られる。しかし個人名の表記や評価では、表現をぼかしたり、薄めたりした。曖昧さが残るが、血縁者に恨みを残してはいけないと留意した。

＊＊＊＊　薄れた記憶だけを掘り起こして、独りよがりな自分史、断想を記述したため、内容に不正確さや思い違いもあり、表現に不適切さもあるようである。寛容の心で一笑にふして、看過していただきたい。

第一編　学究生活の軌跡

第1章　植民地朝鮮に生をうけて

一　幼少年期、家族愛のなかで育つ

一九二七年一一月七日（陰暦九月二六日）、朝鮮の全羅南道和順郡道岩面に住む郷紳の朴亨周とその妻洪得金の家に、ひとりの嬰児が呱々の声をあげた。嬰児はこの家の次男で、庸坤と命名された。この私である。

社会的存在である人間は、この世に生をうけたその瞬間から、自分の意思とは関係なく、さまざまな制約を受けている。生まれる時代、生まれる国、民族はすでに定められている。自分の生命の根である父母を選ぶことは望んでもできない。自分の意思でどうしようもない諸要因で、人間の生き方が規制される。人々は、それを宿命（四柱八字）と呼ぶ。

この世に生を受けた私を制約した、時代、民族、家系といったものを概略的にまとめてみる。

私は二〇世紀初頭、日本の帝国主義的侵略で国土を奪われた、そして朝鮮総督府が民衆に君臨していた植民地朝鮮で生まれ、その地で幼少年期を過ごした。人々は、国を亡くした民は喪家の犬にも劣ると自嘲し、心深く悲運への恨《ハン》を蔵していった。自覚しようとしまいと、私もその心情を分有していた。私が生まれた年は、日本による韓国併合から一七年目、来る祖国光復まで一八年を待つ年であった。日本は一九三七年に中日戦争、一九四一年に太平洋戦争へと突入した。総督府は皇国臣民化政策を展開し、朝鮮人を抹殺するため創氏改名を強要し、朝鮮語教育をも禁止した。

私が生まれ育った朴家の家系は、和順郡で先祖を祀る祠堂まで持つ小豪族だったと思われる。

母・洪得金

父・朴亨周

日帝統治下でも没落を免れ、父の朴亨周はかなりの田畑と果樹園をもち、おまけに精米所も動かしていた。父は五人兄弟だった。養家に行った叔父を除いた兄弟三人と父の姪、祖父母、父母とその子ら五人、さらに男女従僕ら数人、合わせて二〇数人がひとつ屋根の下に生活をともにする大家族であった。朴家系の宗家らしく、先祖の祭祀、誰それの誕生祝い、二十四節季の祝いなど、一日おきくらいに一族親類が集い、飲み食いの宴会をしていた。父は、身分は平民でも財を蓄えた郷紳といった存在だったと記憶している。祖父は儒教の性理学を嗜んだ人らしく、孫たちに漢学の読み書きの手解きをしてくれた。幸か不幸か、私は幼少年期に経済的困窮をまったく体験しなかった。裕福な家庭で大事に育てられたといえよう。

人間は時代と社会の制約を免れえないが、それがすべてではない。与えられた環境のなかで自分なりによりよく生きようと努力するものである。それが生活である。言いかえると、人間生命の運動である。それは人間が持つ本性を生かすことである。人間の本性的念願は人間らしく生きる、自分の本性を活かして生きることである。自己実現願望ともいえよう。人々が「子供らしくしなさい」「男らしく行動しなさい」「人間らしく生きなさい」……と、ことあるごとに言ってきたのは、それを意味している。問題は「らしく」の内容である。それは主体哲学の人間本性論での説明にゆずる。

私の幼少年期の思い出は、断片的で、脈絡もないが、それでもいくつかは鮮明に覚えている。おそらく私の人格形成になんらかの影響を与えたからだろう。

私は父母の愛、家族の愛に包まれながら成長したと思う。

特に思い出深いのは、幼い私を溺愛してくれた姑母《コモ》（父の妹）に懐いて、いつも姑母に甘えていたことである。まだ私が五歳のとき、姑母が嫁ぐことになった。私は姑母と別れるのは嫌だと強情をはり、根負けした父母の許しで嫁いだ姑母の家に一年間も同居したことがあった。家に戻っても姑母を懐かしむ私を不憫に思った祖父が、わが家の隣に家を建て、嫁いだ姑母を住まわせ、私を寝泊まりさせた（このことは、第二編「1　花駕籠に乗った腕白坊主」に詳述した）。祖父の慈愛も忘れ難い。祖父はどういうわけか長兄より、次男である私を偏愛したようであった。祖父は食事どきによく私を膝上に抱き上げ、匙にのせた食べ物を食わせてくれた。こんな家族の愛が私の心を温かく育んでくれた。

私は幼少年期に勉強した記憶はほとんどないが、ただ物覚え、記憶力は悪くなかったと、秘かに自負している。

私が六歳のとき、儒学、漢学の素養が深い祖父が、叔父（父の弟）、私の妹、従兄、長兄と五人を並べて、「千字文」を教えた。私は、誰よりも先に、「千字文」を諳んじてしまった。祖父は満足げに「お前は外で遊んでおいで」と、放免してくれた。他の四人はなかなか出てこない。遊び相手欲しさに、窓際で、いつまでやっているんだとちょっかいを出した。ようやく出てきた叔父が、生意気な奴！　と言って、私の頭を小突いた。

　私が一三歳のとき、学校ではろくに勉強もせず、戦争ごっこと喧嘩ばかりしていた。しかしどうしたせいか、全羅南道で指折りの難関校とされていた木浦商業学校の入学試験に合格した。親類縁者はまさか私が合格するとは思っていなかったらしく、目を丸くして驚いていた。わが町では三番目の合格者だった。他のふたりは秀才で名が知れ渡っており、合格は当然だったが、私は予想外の合格者だった。喜んだ養父が派手な入学祝いの宴席を設けてくれた。私は内心で、まぐれも実力のうちだと自信を深めた。

祖父母

　朝鮮の旧家の家族管理の根底にあるのは、儒教の性理学でいう忠、孝、仁、信といった徳目であった。それは近代になって廃れたとはいえ、旧家の道徳体系、生活様式、年長者と若年層との関係、精神文化の基礎に残っていた。わが家もその影響を残していたせいか、志操の高尚さを大切にする気風が多分にあり、学校教育への関心や教師への憧憬が強かった。また子への道徳教育は厳しく、生活面での立ち居振る舞いなど躾にもうるさかった。

植民地の頃、朝鮮は貧しく、物乞いが少なくなかった。いまでも記憶の片隅に残っているのは、わが家の食事どきによく食べ物を恵んでくれと椀をさしだす物乞いが来たときのあしらいである。母はいつも多めに飯を炊き、椀いっぱいに飯をよそってやっていた。釜底の飯がなくなると、飯炊きのアジュモニが「もう飯はないよ。お帰り！」と怒鳴った。それを聞きつけた父が、「ここにまだご飯はあるよ。持っていきなさい」と言って、自分の飯を物乞いにやっていた。悪くない、心温まる記憶である。

わが家では食事どきにも礼儀作法があった。最年長者である祖父が箸をつけない限り、目下の者が先に箸をつけることは厳しく戒められていた。それは私の身に付いた食事習慣でもあった。余談だが、私が所帯をもってから、家族で一緒に食事をしたときのことである。息子が私より先に御膳の料理に箸をつけたので、私は反射的に息子の手をピシャリと叩いた。四人の家族が一瞬しーんと静まり返った。すぐ妻が「食事のときに不愉快じゃないですか！」となじってきた。私は「いまは不愉快かもしれない。だが、年長者と一緒に飯を食べるときは、決して先に箸をつけてはいけない。覚えておきなさい」と諭した。息子はこっくりと頷いた。

人間は集団のなかでもまれて自分の人格を形づくる。人間にとって最も寂しく恐いのは孤独である。ひとりぼっちほど嫌なものはない。遊び友だちが多い子は幸せであり、そこで喜怒哀楽の感情を調節する術を身につける。

私が育った和順郡道岩面（村）は、素朴な農村で、商店は一軒もなく、たまに背中に商品を背負った行商人が来るだけだった。まして本を売る店、貸す店があるはずがなく、本といえば小学校を終えるまで粗末な教科書を見ただけだった。まだ農村には電気も点かず、灯油で紙芯を燃して明かりをとっていた。ただ自然たっぷりの森や川があるだけだった。同じ年頃の活力を持て余した悪ガキたちと一緒に走り回ったり、取っ組み合いの喧嘩をして、遊ぶことだけが日課だった。毎日、日が暮れるまで、トンボ取りや兎追いなどの遊びに夢中だった。飽きることもなかった。小学校の同じ教室で勉強する悪ガキたちは五から六歳も年上のものが多かった。そんな悪ガキと取っ組み合いの喧嘩をしても、勝てる機会はごくまれであった。ほとんど殴られるほうだった。その勲章として、私の顔にはいまでも喧嘩でつけた傷跡が残っている。ほんとに友だちとじゃれあい、ふざけあっていた。楽しかった。面白かった。

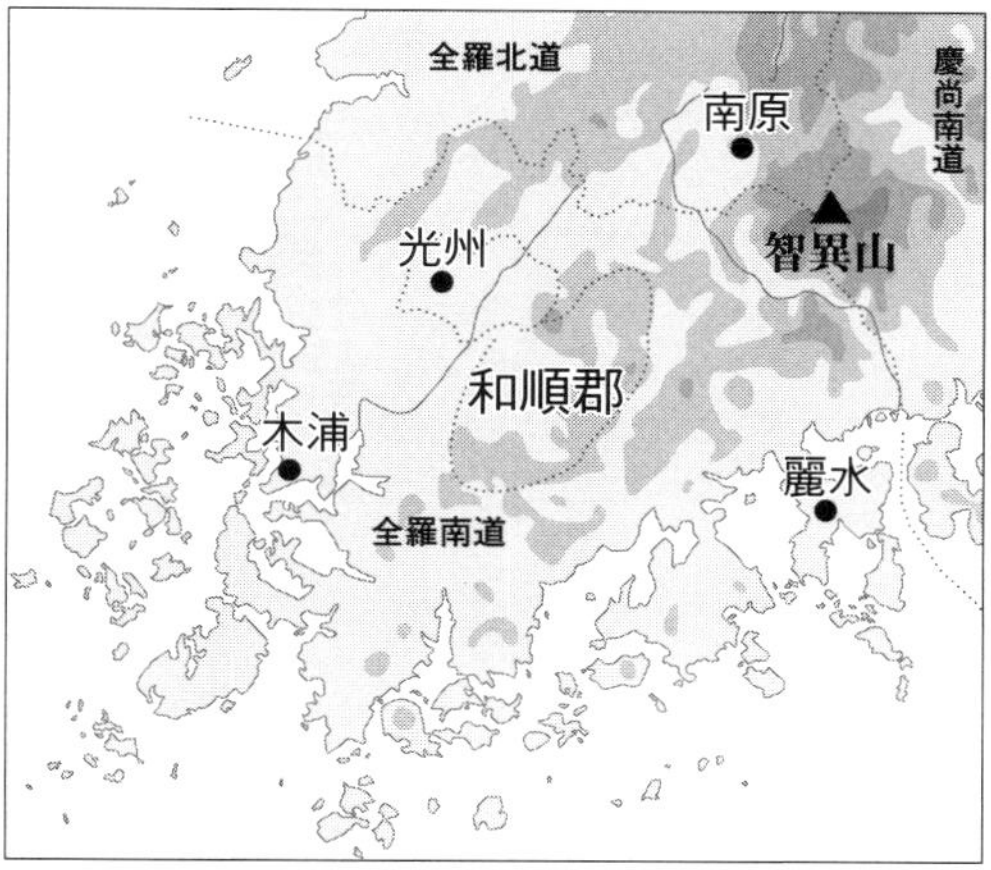

幼・少年期を過ごした故郷、全羅南道和順郡の位置

小学校五年生のとき、私の身辺で小さな転機が訪れた。私は生家の父母兄弟から切り離され、叔父（父の弟）の家の後継ぎとして突然連れていかれた。ある日、叔父は「庸坤は俺の息子になるんだ。お前は俺の長男になったんだ」と宣告して、私を有無をいわさず拉致していった。祖父も父も納得していたのか、なにも言わなかった。叔父の家の血統を守るための、当時ではありがちな仕儀だった。

育ての親・朴灤周

叔父の家は、道岩面では最も有力な田畑をもつ地主で、黙っていても年千石の実入りがあった。そのうえ経営していた醸造場からも儲けがあった。村人は「灤周（養父の名）の家は、銀行より金がありそうだ」と、噂した。甥っ子を義理の息子にした叔父は、養父母として私に接し、したい放題に可愛がってくれた。いつも「なにが食べたいか」と聞き、美味しい食べ物を食卓に並べてくれた。金額の張りそうな衣服を着せ、田舎で見られない革靴まで履かせてくれた。馬子にも衣裳で、私はこれ見よがしに威張って登校し、履いている靴をみせびらかした。私の靴に触った友を「こら！　触るな！」と足蹴にした。心ない仕打ちをしたと、いまでも悔いている。

日本で朝鮮大学校に着任してまもなく、実父の訃報を聞いた。父の臨終の場に立ち会えなかった。異境の地で想いのなかで父を送ってから、在りし日の父が私に言い残した言葉を反芻した。三つの言葉が想起された。まさに遺言である。

ひとつ、人の悪口をいうな、人を誉めよ、であった。

ある日、村のアジョシ（おじさん）たちが私をからかい、「おい庸坤！　お前の父親は、いま住んでいる瓦屋敷は容兌（兄の名）にやり、お前には裏庭の竹林の守番の家をやると言っていたぞ。ひどい父親だな。父親には言うなよ」とけしかけた。私は父親の悪口を言うアジョシたちが許せなかった。早速、父に告げ口をした。私は父が褒めてくれると思ったが、結果はまるで違った。父は厳しい顔で「庸坤！ なぜ告げ口をする。それは裏切り者のやることだ。いいか。これからは決して人の悪口をいうな、むしろ人を誉めよ。誉められた人はお前に好意をもつだろう。処世訓として肝に銘じろ！」と訓じた。

ふたつ、ものを買うとき、衣服を誂えるときは値切るな、むしろ一割を駄賃にあげろ、これは人間の品性の表れだ、駄賃をあげれば真っ正直で応えてくれる、であった。

この遺言を実行すると、妻からよく抗議された。私がチップをはずむと、妻はサービス料を払っているのに余分よ、その金は私にちょうだいと非難する。私は、父親の遺言なんだと言い逃れる。

三つ、結婚生活で節操を全うし、決して妾をもつな、であった。

私の父親は妾を自宅に囲い、妻妾と同じ屋根の下で生活をともにした。実母は五男四女を産んだ。側妻は二男を産んだ。私にとって異腹の弟である。父は七男四女の子福者だった。妻妾に挟まって気苦労したのだろう。

私の養父も側妻を四人も囲っていた。一夫多妻の私生活だった。私は彼女たちと合わせるために結構苦労した。

李朝封建時代の遺風と、蓄財のなせる業である。現在の家族制度では非難に値し、女たちからは即離婚宣言されるだろう。

朝鮮の生活慣習では、人の誕生日は大事な祝いごとであった。ところが養子に出されたあとは、小学五年と六年の二回だけは誕生祝いがあったが、木浦商業の下宿生活で誕生祝いは忘れられてしまった。わが家では誕生日に服を新調し、朝食時に祝い膳をこしらえ祝うしきたりがあった。これは嬉しかった。しかし養父母は私の誕生日は念頭になかったようである。普通、家庭の通過儀礼はもっぱら陰暦で行っていた。実家では、母が毎年、九月二六日を私の誕生日と覚えていて祝ってくれた。ところが陽暦と陰暦、さらに戸籍登録の日が交錯して覚えづらくなっていた。最近になって、還暦を迎えた一九八七年の陰暦九月二六日は陽暦でいつになるか調べると、一一月七日であった。一九二七年一一月七日が私の本来の誕生日だと知った。ところが戸籍には慣習上百日祝いのあとで登録したので、戸籍帳簿には一九二八年二月二八日生まれと記載されている。養父母の頭のなかでは、三つの月日がこんがらがっていて、そのままにしておいたようである。誕生祝いを逃して、なんだか損をしたような気持ちだった。

二　木浦商業学校で過ごした青春

木浦は朝鮮半島最西南端に位置する港町で、湖南線の終着駅である。植民地時代には木浦駅、儒達山を中心に市街地が広がる朝鮮有数の大都会でもあった。李蘭影が歌った哀歌「木浦の涙」で一躍有名になった、あの木浦が私の青春期のほろ苦い足跡が刻まれた都市である。

一九四一年四月、私は木浦商業学校に入学した。入学式には養父でなく、実父が付き添った。母は村はずれまで見送ってくれた。

新入生は一五〇人で、五〇人単位の三つの学級に分けられた。私は一組だった。朝鮮人生徒と日本人生徒はちょうど半々であった。初めて見る級友たちは、みんな秀才面をしていた。私だけが草深い田舎出で、洗練されていない木偶の棒に思えた。父が初めての下宿先になる遠縁の親戚（木浦北橋洞小学校教頭）の家に私を連れて訪ねた。父は新調した木浦商業学校の制服に名札をつけて、満足そうな表情で頭をさすってくれた。机と椅子、学用品から寝具まで、日常の生活用品をすべて買い揃えてくれた。養子に出されてから父とのあいだに距離感があったが、新しい旅立ちの日に父の骨肉の愛を肌で感じ、距離感は霧散した。

一九三九年九月、ナチスドイツのポーランド侵攻で、ヨーロッパは第二次世界大戦に突入した。日本も一九四一年一二月に真珠湾攻撃をしかけ、太平洋戦争に突入した。戦火の真っただ中で私の青春への旅立ちが始まった。私は日本の植民地統治下で皇国臣民化教育をうけたせいで、すでに日本人ナイズされた軍国主義少年に染め上げられていた。夏休みを終え、二学期になった頃、学校生活にもやっと慣れてきて、勉強をはじめた。初めて図書館を利用した。そこで鶴見祐輔の小説「母」を読み、感動をおぼえた。小説の面白さを味わい、小説を読んでみようという意欲が生まれた。

中国侵略の兵站基地である朝鮮をとりまく情勢は、完全に戦時体制に変わっていった。戦争初期、私は大本営発表を鵜呑みにし、天皇制日本の戦争勝利を確信していた。単純なもので、日本人の学友たちが話題にする戦勝報道に同調し、将来は帝国軍人に、陸軍大将になる夢を描いていた。木浦商業三年のときは、無鉄砲にも少年飛行学校を受験した。幸いにも落第した。夏休みで帰省したおり、私は大本営発表の日本の戦勝報道を知ったかぶりで家族に吹聴した。しかしわが家は、私が吹聴する日本の連戦連勝にまったく耳を貸さなかった。戦時下であったが、実父も養父もカーキ色の服には袖も通さず、上下揃いの背広を着て、平然としていた。頭髪も刈り上げず、長髪のハイカラ調のままだった。祖父は朝鮮民族の伝統衣装である白色のトルマギ（コート）を着て、どこ吹く風と外出していた。口にこそ出さないけれど、日常生活で皇国臣民化運動に逆らっていた。旧大韓帝国の遺風、風俗習慣を守ろうとする、民族の意固地さがあった。

一九四四年、太平洋戦争における日本の敗色が濃くなってきた。しかしわれわれには戦争の趨勢を判断する材料はなかった。木浦商業学校は戦争遂行の要請で、木浦工業学校に再編成され、松汀里職業学校をも合併した。戦時に商業は必要ない、兵器をつくる工業だけ学べばいいという考えからだった。

その年、私は自身の思想形成に衝撃を与えた、ふたつの出来事を見聞した。

ひとつは、教室で日本人教師が持っていた生徒の出席簿をみたことだった。出席簿は学生が出身民族で区別され、朝鮮人の学生名は一段下げて印刷されていた。当時、朝鮮人学生は創氏改名して、名前だけでは日本人も朝鮮人も区別できなくなっていた。しかし出席簿は一目で出身民族がわかるよう細工されていた。区別ではなく差別だと直感した。なにが内鮮一体だ、なにが皇国臣民だ、といった反発心が芽生えた。民族差別をされているという自覚が、薄れかけていた帰属民族への回帰意識を培養した。

もうひとつは、同級生だった日本名松波、朝鮮名金英柱が運動場の片隅で声をひそめて、「満州で金日成将軍の朝鮮独立軍が日本軍とパルチザン戦争をしている」と囁いたことである。初めて聞く驚天動地のニュースだった。私は興奮した。無敵の皇軍に朝鮮人が勇敢に戦いを挑んでいるのか。血が沸き立ち、身震いした。「俺たちもそこへ行けるか」「冬季に凍結した鴨緑江を渡れば満州へ行ける」。私の思考に新しい視野が開けた。植民地統治下でどう生きるか模索している私に、新しい次元の青春の活路の選択肢が与えられた思いだった（金英洙は朝鮮戦争のとき、ソウル大商学部の学生だったが、人民義勇軍として朝鮮人民軍に加わり、北朝鮮へ撤収した。いまも生存しているらしい）。

一九四五年六月、私が在籍していた木浦工業学校の四年生全員は、朝鮮駐屯軍の光州飛行場建設のため苛酷な勤労奉仕に動員された。昼夜兼行で飛行場建設の土木工事に追い立てられた。疲労で倒れた。医師に肺結核と診断され、自宅療養を命じられた。一八歳の多感な青年だったが、病弱な体質でもあった。

日本敗戦、祖国解放の日はすぐそこまで来ていた。私の精神的覚醒の日もすぐそこまで近づいていた。私は息を潜めて歴史の鼓動に耳を澄ましていた。

第2章　青雲の旅立ち、志学の励み

一　祖国解放の日、左翼学生運動の洗礼

一九四五年八月一五日、「日本が降伏した！　朝鮮は解放された！」という驚くべき知らせが病床に届いた。私は病床から飛び起き、村の広場に駆けつけた。村人たちが群がって、「マンセー」と唱和していた。青年たちはトラックを引っ張り出し、「朝鮮独立万歳！」と狂喜しながら、村中を走り回った。私は、祖父が渡してくれた「太極旗」（大韓帝国の国旗）を高く掲げ、トラックに飛び乗った。深夜まで興奮と歓喜に酔いしれた。

朝鮮現代史における大暗転だった日帝の植民地統治は瓦解し、朝鮮半島に解放空間が生まれた。民族再生の好機が訪れた。しかしその時点で誰が予測しえただろうか、祖国解放の喜びが祖国分断の哀しみと抱き合わせだったとは。

民族分断七〇年が過ぎたいま、南北相克七〇年の人生を送ったいま、そして私自身も米寿を迎えたいま……、現代朝鮮、分断朝鮮の始点となった祖国解放とはなんだったのか、どう迎えるのが正しかったのかと考えこまざるをえない。

ふと思う。朝鮮現代史のアイロニーを。「解放」の結果としてある現状の哀しみを。

日本がもう少し早く降伏していれば、対日戦へのソ連参戦を招かず、朝鮮半島の分割占領はな

く、ひいては南北分断もなかっただろう。もし日本が八月初めに降伏していれば……。せめて八日前に白旗を挙げていれば……。ああ、思わず嘆息がもれる。

朝鮮の解放は、唐突に、不意に訪れた。それは朝鮮人民の主体的な解放闘争の勝利でもたらされたものではなかった。金日成にも、朴憲永にも、李承晩にも、金九にも、解放は棚からぼた餅式に訪れたものだった。例外的に呂運亨の朝鮮建国同盟（一九四四年八月結成）があったが、まだその力量は小さかった。

一九四五年八月、朝鮮半島に解放空間が生まれ、植民地の軛から解き放たれた人々による自発的な権力組織づくりが始まった。ソウルの呂運亨は建国準備委員会を国に格上げして「人民共和国」の樹立を宣言した。その動きは地方にも波及した。私の故郷である全羅南道（済州島も含む）は、一九二八年光州学生運動、一九八〇年「五・一八蜂起」の舞台になった土地柄で、元来、進歩的で革新的な色彩が強かった。解放直後の建準の人民共和国設立の闘争が最も長く、強く行われた地域であった。その過程で左派勢力と右派勢力の対立が激しくなった。

一九四五年九月、南朝鮮に米軍が上陸し、総督府行政を引き継ぎ、軍政をはじめた。北朝鮮にもソ連軍が進駐し、解放軍としての軍政を行った。解放から一か月経った九月一九日、満州で抗日パルチザン闘争をくりひろげた金日成が、ソ連軍の庇護のもとで元山に上陸した。

祖国解放直後、私は病床を抜け出し、すぐ木浦へ戻った。

まず、木浦工業学校に吸収された木浦商業学校を本来の姿に戻すことが課題となった。学校内で工業学校存続派（松汀里職業学校出身学生）と商業学校復活派に対立が生まれた。私は復活派を主導した。流血の惨事を未然に防ぐため、道庁、市庁に掛け合った。懸案は私たちの思惑どおり、商業学校は復活し、工業学校はそのまま存続することで決着がついた。名門校木浦商業の復活で、下級生はみな学籍を商業学校に移した。この係争の処理で私は経験をつんだ。

木浦をはじめ、全羅南道の各地に続々と人民委員会が組織された。呂運亨の人民委員会は民族叛逆者をのぞくすべての良心的な人々が参加する民族統一戦線的性格をおびていた。共産主義者もそれほど多くなかった。しかし、植民地時代に光州の煉瓦工場に潜伏していた朴憲永がソウルに戻り、新たに朝鮮共産党を再建した。それを契機に共産党の勢力が急速に増大し、その影響力も拡がった。

私も共産党が組織した「学習会」に誘われた。初めてマルクス＝エンゲルスの『共産党宣言』、『空想から科学への社会主義の発展』を読み、よくわからないまま、口角泡を飛ばして論争した。また東京大の脇村義太郎が書いた『唯物史観』を読んで、社会とはなにかをおぼろげに知った。それまでまったく知らなかった世界、私的所有を清算した社会主義社会、共産主義社会がぼんやりと見えてきた。私は青年らしいせっかちさで、すっかりマルクス主義者になったつもりでいた。先輩が、マルクスの『資本論』と『剰余価値学説史』の内容の輪郭も語ってくれた。彼は、『資本論』は大学の教授が三回読んでも理解できないほど深奥なものであると尾ひれをつけた。その後、古本屋で赤茶けた表紙の『剰余価値学説史』を偶然見つけて買った。分厚い本のページをめくって読んでみたが、ちんぷんかんぷんでまったく理解できなかった。

一九四五年一二月二七日、モスクワでソ連、米国、英国の外相が朝鮮の独立をどう実現すべきかを討議し、五年間の「後見制」による朝鮮独立案を決めた。この「後見制」独立案を巡って朝鮮の世論は賛否両派に分裂した。南朝鮮の左翼勢力は、北朝鮮臨時人民委員会がこの決定を支持したのを見て、この決定を賛成する側に立った。しかし、南朝鮮の保守派、親日派は、米国の暗黙裏の使嗾の下に、この決定を信託統治であるとして反対する側に立った。抗争は激しく燃え上がった。

一九四六年、モスクワ三相会議決定を実現する対策を練るため、米ソ共同委員会がソウルで持たれた。しかし、それは合意に至らなかった。一九四七年、米国は朝鮮問題を国連に上程し、南朝鮮で単独選挙を行い、独立国家を樹立することにした。それは民族分断を目論むものであった。南朝鮮は単独選挙を巡って、左右勢力間の血で血を贖う抗争が激化した。白色テロによる虐殺が日常茶飯事となった。

騒然とした世相の下で、私は学校の授業にはまったく出席せず、連日連夜、三相会議決定支持、単独選挙阻止の活動に没頭した。その頃、新しい学制が導入され、新学年の始まりは九月からに変更された。卒業も延期された。私は木浦商業学校卒業前に大学入試を準備せねばならなかった。ちょうどそんなとき、一九四六年六月、私が所属していた南朝鮮労働党（南労党）から思いがけない指示が伝達された。驚きだった。

二　潰えたモスクワ大学留学、一九四七年一〇月人民抗争

それは、私をモスクワ大学へ留学させるという党の決定通知だった。その内容は、四六年四月に創立された平壌の党幹部再教育機関である政治学院（現在の金日成高級党学校の前身）に行き、そこで六か月間政治学とロシア語を履修し、四七年から五〇年までの三年間、モスクワ大学で勉強しろということだった。夢のような指令に小躍りして思わず頬をつねってみた。前途が拓ける

歓びに胸を躍らせながら、早速両親に吉報を知らせた。社会主義思想とは縁もゆかりもない父母も喜んで、息子がモスクワ大学に行くんだと隣近所に吹聴して歩いた。町内で留学を祝う壮行会がもたれ、町長はじめ数多くの有力者が顔を揃えて祝ってくれた。餞別金が七〇〇〇円も集まった。当時の勤労者の月給は二〇円ほどだった。旅装を整えて、いざ科挙を受けにソウルへの気分で指定された場所に行った。しかし無念！　コレラが各地に蔓延し、南朝鮮の交通網は至るところで遮断され、禁足令が布告されていた。予期しえなかった事態のため、壮途はあえなく潰えた。

一九四六年後半、米国軍政庁の施政は極度にファッショ化し、それをバックに軍警とテロ団体によるアカ狩りが猛威を振るっていた。米軍政は九月に朴憲永ら共産党幹部の逮捕令を出した。党からは機が熟するまで入北はしばらく延ばし、当面は組織を再建する仕事をせよと新しい指示が来ていた。旅装を解き、再びオルグ活動をはじめた。町内で壮行会をしたばかりであったことと、状況が好転すれば行けるだろうという期待感から、留学が延期されたことは家族にも知らせなかった。猛威を振るったコレラは収まったが、アカ狩りの騒乱はいっそう激しくなっていった。モスクワ大学留学はさらに無期延期とされた。留学ははかない一抹の夢と消えた。

その当時、南朝鮮経済は破綻し悪性インフレが急激に累進していた。月額二〇円で生活できた状況が一変し、月額一〇〇〇円あっても生活できなくなっていた。「これだけあれば留学の生活費や小遣いは充分だ」と目算された七〇〇〇円の餞別も、ほとんど使い果たしていた。実家にも頼れず、その日の食費にも事欠いた。まず仕事をして日当を稼がねばと、当時呂運亨が委員長をしていた人民党の機関紙『人民日報』の新聞配達をしたこともあった。厳冬期の早朝、凍える冷たさに指がちぎれるような思いをしながら、家々に新聞を投げ込んだ。無一文のつらさが身に染みた。

進学問題も悩みだった。大学受験はすべて終わり、木浦商業学校も七月に卒業したので行くところがなかった。専任の活動家になる決心もつかなかった。しかし、木浦商業学校が高等商業学校に昇格し、卒業生もそのまま進級できるようになった。私はとりあえず学籍だけ置いたが、勉強する意欲はわかなかった。かといってオルグ活動に専念もしなかった。すっかりスランプ状態に陥り、精神的に完全に参っていた。生活のバイオリズムも乱れがちだった。

幸か不幸か、私の北帰行は実現しなかった。しかし、いまにして思えば、それは運命の女神が片目をウインクしたいたずらだったのかも知れない。もし仮にソ連留学が実現していたなら、朝鮮戦争勃発時に北に戻り、ソ連帰りとして軍事、政治にたずさわり、ソ連帰りの頭目である許哥誼らと系統を同じくするソ連系派閥の一員として粛清されていたであろう。また単独選挙後、共和国を憧憬して入北した南労党出身の活動家たちの多くが朴憲永一派の反党、反革命に同調したとして粛清されたように、私自身もその例外ではいられなかったであろう。

木浦には高等学校が五校、高等女学校が二校あった。学校内には南労党地区委の指導下に四名から成る学生指導部が組織され、私もそのひとりであった。ある日、私は担当する高等女学校の工作活動を終えて戻るとき、ひとりの聡明で綺麗な女学生と出会った。私は初対面だと思っていたが、彼女は知己のように私に近づいてきた。そして「あの弁論大会の原稿を感動して読み切りましてよ」と話しかけてきた。その言葉で、四五年一二月二八日の出来事をふと思い出した。米軍政庁に強制解散させられた「人民委員会」の活動を擁護する弁論をしたことを……。熱弁を終えて壇上から降りたとき、その原稿を貸してちょうだいといったおさげ髪の乙女がいたことを……。その乙女が目の前にいる白和仙という女学生だった。一目で彼女に惹かれ、心がときめいた。淡い恋情の芽生えだった。

彼女の父親は民族主義的な思想をもった司法判事で、金九の韓国独立党（李承晩の韓国民主党に対立）の木浦地区委の責任者であった。彼は植民地時代に弁護士として民衆側にあったと知った。それを契機にして、党委の了解のもとで、彼女の通う女学校に下部組織を作る工作をはじめた。その仕事に彼女は積極的に協調した。そのうち彼女自身も左派寄りの考えに染まっていった。それればかりか私は彼女の家に下宿し、彼女の弟の家庭教師の仕事をすることになった。最低限の生活から抜け出すことができた。初恋の甘い情緒に包まれ、なんとなく幸福感を味わっていた。

それも束の間、私の惨めな生活状況は父の知るところとなり、すぐに帰れという厳命が届いた。私は彼女の弟、白鳳秀を伴って帰郷した。同郷の人々に面子を保てない父は、ひどく私を叱責し、翌年七月のソウル大入試を必ず受けろと迫った。学歴信仰が強い全羅南道では、息子が有名大学に入ることを自慢する風土があった。その場を繕うため、とりあえずそうすると同意した。しかし不勉強で怠けていた私はソウル大に合格できる自信はまったくなかった。ひとまず生活の根拠地である木浦に戻った。

南朝鮮では、南労党が指令した九月ゼネストに続いて、一〇月一日の大邱のデモ鎮圧を契機に、大規模な「一〇月人民抗争」に発展していた。南朝鮮の津々浦々で一〇〇万人を越える群衆が警察や右翼を襲撃した。米軍政は「戒厳令」を布告し、暴動を鎮圧しはじめた。

その人民抗争と関連して、私は組織からスパイ嫌疑をかけられる、おぞましい事件に巻き込まれた。それを契機に私の人生は暗転した。

それは一九四七年一〇月末のことだった。南労党地区委が一〇月三〇日払暁に、学生組織の力量を総動員して、木浦警察署とその傘下の五つの派出所を一斉に襲撃する計画を立て、実行にふみきった。しかし襲撃の実行で齟齬が生じた。大成派出所を分担した襲撃組が、決められた時間の五分前に爆破を実行してしまった。事件は露見した。驚愕した軍警側はにわかに厳戒体制を敷き、本署とその他の派出所の襲撃組を残さず検挙し、メンバーを拘留した。

午前九時、木浦駅前広場に市内の多くの高校生が集合し、学友の逮捕に抗議し、釈放を要求する集会と示威行進をはじめた。米軍憲兵隊、機動警察隊が現れ、空砲を放ちながら、デモ参加者の一斉逮捕に移った。私を含めた学生組織の指導グループは二手に分かれ緊急避難した。私のグループは険阻な儒達山へ、他のグループは平坦な栄山港へと逃れた。しかし港へ逃れたグループは全員拘束されてしまった。

再び激しい釈放運動が展開された。その甲斐あってか、仲間たちは拘留期間が過ぎたとして釈放された。安堵した私は、友人ふたりと連れ立って釈放された裵錫俊の下宿を訪ねた。その途中、迂闊にも裵の下宿を訪ねるという刑事ふたりとも同行してしまった。裵の下宿で刑事が「君たちが尊敬している朴殷圭先生が逮捕され送検されるが、君たちが必死に働きかければ釈放されるかも」とかまをかけてきた。朴殷圭とは、木浦商業学校の中国語教師で、党地区委の学生組織の担当者であった。愚かにも真に受けてしまった。全員で警察署に行って嘆願しようとした。しかし刑事は、「時間がかかるから君だけは帰れ」と私に指示した。私はアジトに戻って待機したが、署に向かった友人三名は、釈放は手違いだったとして再拘束されていた。

数時間後、学生組織の仲間が裵錫俊の下宿を訪ね、下宿のアジュモニから「朴庸坤が刑事ふたりを連れて来て、釈放された三人を捕らえていった」と告げられた。怒り心頭に達した仲間たちは私を尋問し、真偽を糺すと息巻いた。突然の予期せぬ事態だった。私は彼らに呼び出され、厳しく執拗に査問され、殴る蹴るの呵責ない拷問を加えられた。どんな釈明にしても容赦されなかった。「お前は地主の息子で、いまは白判事宅に住んでいる。今度の蜂起でみんな拘束されたのに、お前だけが逮捕されていない。お前は警察の回し者で、スパイだ。革命の名の下で処分してもあきたらない」と決めつけられ、息も絶え絶えになるほど半殺しにされた。それは耐え難い屈辱だった。舌を噛み切って死のうとさえ思った

服はぼろぼろに破れ、全身血塗れの凄惨な姿で下宿先に這い戻った。学生組織には、朴庸坤は民族反逆者、スパイだという、身に覚えのないひどい噂が拡がっていた。最悪の状況だった。私は絶望感に苛まれた。そして、もうこの木浦にはいられない。この地を離れよう、異国へ行こうと心に決めた。

私は秘かに家に戻り、父の金庫から二〇万円――当時としてはとてつもない大金だった――を黙って持ち出し、だれにも知られないように出奔した。そして日本に密航できる船便を探すため、朝鮮半島の南端の多島海地域の麗水、鎮海、三千浦や釜山、東莱の諸都市をうろつき回った。多くの人々が闇市、露店、安宿などを営み、生活の糧を得るため必死に日銭を稼いでいた。人々が寄り集まる港町はどこもエネルギッシュな活力で騒然としていた。私が泊まった木賃宿には、旅人をカモにする娼婦たちが出入りして媚びを売っていた。懐に大金をもった二二歳の男盛りが修行僧の朴念仁で過ごせるはずもなかった。私は夜毎、歓楽街で酒色に溺れ、二〇万円という大金をたちまち使い切ってしまった。自堕落でやけくそになっていた。悪銭身につかずで、また無一文になった。

しかし運があった。麗水にいる母方の親戚が、済州島で日本に行き来する船便を営む船主を周旋してくれた。渡航費は親戚の保証で後払いにした。父は音信不通の息子はアカ狩り旋風ですでに殺されたと思っていたようだったが、私が生きている消息を聞いて、黙って船賃を出したという。実に不肖の息子で、慙愧に耐えない。

一九四八年四月一日、木浦から済州島へ渡る船便に乗ることになった。その前夜遅く、私は心に想うあの女人、白和仙と港が眺望できる寺刹の小高い丘で別離の密会をした。私は木浦を離れる決意をした経緯や渡日して学業をめざす覚悟を告げた。彼女はその告白に驚きながらも、私の事情を理解してくれた。私は恋情にはやる胸の動悸を堪えきれず、美しく聡明な彼女をそっと抱擁した。彼女の黒髪と白い顔から甘美な処女の芳香が漂い、両腕に艶めかしい体温が伝わってきた。ときが経つのも忘れ、陶酔感に包まれながら、愛の言葉を交わしあった。午後一一時三〇分、夜間通行禁止を知らせるサイレンが鳴った。私は彼女と手をとりあって、寺刹の長い階段をゆっくりと降りた。私の青春で最も甘美なときめきの時間が過ぎていった（美人薄命とはこのことか、渡日したあとしばらくして、彼女が朝鮮戦争時に人民軍によって被殺されたと知った。私は運命の非情さを恨み、声をあげて慟哭した。涙に濡れる頬をふくことさえ忘れて……）。

三　済州島四・三事件、玄界灘を越えて

済州島は、朝鮮半島の西南に位置する風光明媚な火山島である。朝鮮王朝時代の島は権力闘争に敗れた両班の流刑地でもあった。この島を舞台に、一九四八年四月三日に単独選挙と白色テロに反対して一斉蜂起した島民を、国軍、警察、極右青年団が弾圧、虐殺する凄惨な事件が起きた。

「済州島四・三事件」である。実に三〇万島民の三分の一にあたる一〇万人が虐殺され、済州島の村々の七〇パーセントが焼き尽くされた。

一九四七年三月、済州市で単独選挙に反対する島民のデモに警察が発砲し、島民六名が殺害された。三月一〇日、島民は抗議の全島ゼネストを決行した。米軍政庁は軍警や反共テロ団を済州島に送り、アカ狩りの白色テロを行った。島民の不満を背に南労党は、一九四八年四月三日に武装蜂起を決行した。李承晩政権は、本土から鎮圧軍を派遣したが、その陸軍部隊は指令を拒み、済州ではなく光州へ進撃する反乱を起こした。麗水・順天事件である

済州島では島民が武装し、漢拏山を拠点に遊撃戦を続けた。遊撃隊は夜間に活動し、島民がこれを支援した。鎮圧軍は昼に村々を襲い、潜伏している遊撃隊員と同調する島民の処刑、粛清を行った。村を襲うと若者たちを連れ出して殺害し、少女たちを連れ出しては輪姦したのちに惨殺した。連日、この惨事が繰り返された。

木浦で連絡船に乗った私は、一九四八年四月二日早朝に済州島港に到着した。それは奇しくも済州島民の武装蜂起の前日だった。私は朝天面にある船主の家に近い木賃宿で旅装を解いた。日本へ渡る船を待つ心づもりで、ぐっすりと眠った。その翌朝、とてつもない爆発音と銃声で眠りを吹き飛ばされた。なにが起きたのだ。武装蜂起だ！　事態がおぼろげに呑みこめた。

私は渡日を約束した船主の家に駆けこんだ。船主は比較的裕福な家で、その温厚な人柄から村民にも親しまれていた。白色テロ、赤色テロの対象外にあった。船主は私を匿うために、庭の片隅にある大きな木に登り、枝と枝を縄で結んで、外から見えないよう葉で目隠し覆いをつくってくれた。私は船主宅の庭の半地下つくりの物置に寝袋を敷いて、銃声におびえながら、息を殺し

て隠れ住んだ。夜は武装した遊撃隊が走り回り、村人を集め大声でアジ演説をしていた。昼は平安道から来た、人殺しで悪名高い西北青年団の連中が家宅捜索をしては住民を拉致していた。見つかれば殺されるという恐怖におののいた。

六月になると遊撃戦も小康状態になった。船主は日本へ行く船便を準備しはじめた。私は二か月ぶりに庭に出て、大きく背伸びして陽光を浴びた。眩しかった。六月一四日の夕暮れどき、済州島の名も知らぬ小さな漁港から、二〇トンあまりの焼玉エンジン船にリュックひとつの姿で乗った。やっと日本へ行けると安堵した。そのとき、海岸から小舟をめがけて機関銃が掃射された。銃弾の火線が花火のように中天に描かれた。

小舟は玄界灘の波浪に木の葉のように揺れ動いた。船酔いで生きた心地もしなかった。間もなくして、遠くに九州の陸地が見え隠れした。着いた！　日本だ！　安堵した。同胞が互いに殺しあう凄惨な戦場からやっと離脱したという思いだった。ポンポン船は関門海峡を抜け、波静かな瀬戸内海へと進んだ。船は上陸地である尾道港に停泊した。忘れもしない六月一八日夜、私はリュックひとつを背に桟橋に上陸した。見知らぬ異郷の地、日本への第一歩であった。船旅に馴れた船主は身辺に気配りして私を宿まで送り届けてくれた。実に温厚で気の利く船主であった。

〔散策コラム　その１　憲兵伍長呉憲〕

一九六〇年冬、私は狛江にあった朝鮮総連の幹部再教育機関である総連中央学院で学んだ。そこで済州島出身の呉憲という人物に出会った。彼は総連の愛知県本部の委員長職にあった。その彼は植民地時代、朝鮮人としては珍しく日本軍の憲兵伍長であった。それがどういう経緯でそうなったかわからないが、在日同胞の社会政治団体である朝鮮総連の幹部として、奈良県委員長、愛知県委員長を歴任していた。体格は長身で、気質は温厚、頭脳は鋭敏だった。活動ぶりも誠実だった。彼は一九七〇年頃、総連代表団の一員として北朝鮮に出国した。まだ日本政府の再入国許可は出ず、片道切符の北朝鮮行だった。

縁は異なもので、私はその年、小平市の朝鮮大学校の教師に就任し、政治経済学を担当した。理工学部の教え子に顔立ちの整った利口そうな学生、李日性がいた。姓は異なるが、呉憲の子息であった。

一九七七年、私が二度目に北朝鮮を訪問したとき、偶然、呉憲の消息を知った。ショックだった。帰国した朝鮮大学校の歴史学の老教授、金鐘鳴(私が尊敬する学究)と会食する機会があった。その会食時に聞いた話である。

ある日、恰幅のいい呉憲が平壌市街を歩いているとき、「あっ、あれは呉憲だ!」と見知らぬアジュモニが叫んで、保安警察に通告された。そして逮捕された。アジュモニの告発によると、呉憲は済州島四・三人民抗争のとき、済州に派遣された国軍討伐隊の隊長として、遊撃隊員を銃殺し、無辜な住民を虐殺した軍人だったという。呉憲は直ちに人民裁判にかけられ、銃殺刑に処されたという。数奇な運命である。

呉憲は慙愧に耐えない過去の生活を清算し、民族のため、祖国のために再生し、人間らしい価値ある生活を求めて、日本に脱出し、朝鮮総連の活動家として懸命に働いたと思われる。しかし祖国の現実はあまりに厳しいものであった。愛による抱擁は夢物語に終わるのだろうか。

〈散策コラム　その2　済州島の旅〉

二〇一〇年、私は従弟の李峰守の案内で済州島（道）を訪ねた。六二年ぶりである。石と風と女が多い「三多」の遅れた貧しかった島、済州島のあまりにも現代的な発展の見事さに目を見張った。美しい心、素晴らしい自然、美味しい果物と膾炙された「三麗」の島は大規模に観光開発され、いまは「世界自然遺産」にまで登録されていると改めて知った。

建築設計に携わる従弟は、自ら設計に関わった済州自然博物館に私を誘い、強風に備えて石垣を築き、屋根を縄で縛った済州島の古民家の模型や、村を災厄から追い払う道祖神トルハルバンについて懇切に説明してくれた。その夜、酒席で彼は、思いがけない美声で、「沈清伝」のパンソリ歌を披露した。

「沈清伝」は、朝鮮古典文学であり、婦女子に愛された小説でもある。幼くして母を失い、目が見えない父の手で育った沈清は親孝行な娘だった。米三百石を供養すれば父の目が開くと聞いて、三百石の米の代価にその身を売った。綺麗な処女を悪魔に捧げれば、災悪を免れるという。彼女は犠牲として海に身を投ずる。死んで、沈清は竜宮に達する。彼女の孝行に感動した竜王は、沈清を世に戻し王妃となった。王妃となった沈清は、盲人の祭りに行った。祭りに来た父は、娘と会い、再会の嬉しさのあまりに目が開いた。

私はマッコリで酩酊した脳裏に、いつかこの済州島が人々の努力で竜宮になる幻影を見た気がした。微睡に見た邯鄲の夢かも知れない。

第3章　朝鮮大学校における教職活動

一　愛知大学での経済学研究

尾道に上陸したあと、知る人もいない日本でどう生活するのか、ひとりで思い悩んだ。しかし幸いにも、遠い親戚が愛知県の津島市というところに住んでいることを故郷で聞いたことがあった。とりあえずそこを寄る辺にしようと思った。津島市に住む親戚は、生活にあまり余裕がないようだった。敗戦後の日本はまだ経済的にも貧しく、庶民はみな暮らしを守るためにあくせく働いていた。在日同胞の生活はそれ以上に困難で、ヤミ商売や密造酒づくりをしながらどうにか暮らしていた。しかしその親戚はなにも言わず、同居させてくれた。親族の情が嬉しかった。

早速仕事探しにかかった。親戚と相談して、名古屋市にあった在日本朝鮮人連盟（朝連、現在の朝鮮総連の前身）の愛知県本部を訪ねた。当時、朝連は政治的に左翼的色彩を帯びてはいたが、在日朝鮮同胞の利益を守る総括団体として、同胞の生活の世話役をしていた。特に日本の各所に学校を運営し、子供たちに朝鮮語と歴史を教える仕事に熱を注いでいた。出てきた組織の幹部が「よく来た。ここで働きながら、ビルの四階と五階にある中学校で英語の先生をしてくれ」と言ってくれた。渡りに船で引き受け、しばらく通った。さらに県本部副委員長の李浩然が、あるとき「君はここの事務員で終わるのではなく、学校へ行ってもっと勉強しなさい」と勧めてくれた。私

愛知大学豊橋キャンパス

は九月から、昼間は組織の財務課と英語の教師を務め、夜は名古屋市にある外国語専門学校に通い勉学する生活をはじめた。そして四九年四月、念願かなって、豊橋にある創立間もない愛知大学の予科三年に編入学した。本願成就の思いであった。

私は居を大学の所在地である豊橋に移し、この地で実り多い学業生活を送った。私が予科、学部、大学院と数年間学んだ愛知大学は、一九四六年に愛知県豊橋市に創立された大学で、その前身は日本の海外高等教育機関として最も古い歴史をもつ、上海にあった東亜同文書院であった。敗戦で学校は中国に接収され幕を閉じたが、最後の学長だった本間喜一（のちに最高裁判所事務総長）の呼びかけにこたえた東亜同文書院の教職員、学生が集まり、さらに京城帝大、台北帝大、建国大学などが参加して、四六年一一月に中部地区唯一の旧制の法文系大学として創立、一九五〇年四月からは法経学部（法学科、経済学科）に文学部（社会学科）を加えた二学部三学科で新制大学へと移行した。「愛知大学」の名は大学の所在する県名を直接の由来とせず、「智（知）を愛する（フィロソフィア）」精神を尊ぼうとする創立者たちによって命名されたという。創立間もない大学は活気に溢れ、法経学部には著名な学者が教授として名をつらねていた。この大学の講義とゼミによって、私の経済学研究の基礎知識が磨かれたといえよう。

終戦後の南朝鮮と日本での先が見えない放浪生活からやっと抜け出し、学業に打ち込める状況になった。よし、やるぞ！　意欲がわいた。林檎の木箱を重ねた粗末な机の周りに、図書館から借りだした本を積み上げ、片端から乱読した。手拭いをぶら下げ風呂に行くほかはまったく外出しなかった。しかし財布が底をついていた。いつもお腹を空かしていた。学費や食費を工面するあてもなかった。窮乏で青息吐息のとき、津島の親戚のアジュモニが、質屋に指輪を入れて工面したという金を都合してくれた。それでも私の窮乏生活は終わらなかったが、まさに干天に慈雨の思いだった。親戚のアジュモニの真情に感涙した（そのアジュモニは二〇〇三年暮れに他界した。迷惑をかけ続けた私は忘恩の徒であった。慙愧に耐えない）。

私は学部に上がってから下宿を引き払って学生寮に移った。払う下宿代に事欠いたからである。学部の授業が終わったあとは、夜九時の閉館まで図書館に籠りきりだった。空きっ腹を我慢して、本を読むのはつらかった。ある日のことだった。図書館の前庭を歩いていたら、急に天がぐるぐる回りだして、その場で昏倒した。医務室に担ぎ込まれ、栄養失調で体が衰弱していると診断された。持病の肺結核がぶりかえし、急遽、豊橋の市民病院に入院するはめになった。

一九五〇年六月二五日未明、北朝鮮陸軍の精鋭、機動軍団が三八度線を越え、怒涛の勢いで南進した。南朝鮮の首都ソウルは瞬く間に占領され、李承晩政権はあたふたと避難した。朝鮮戦争の勃発である。南朝鮮は大混乱に陥り、故郷とは音信不通になった。かろうじて繋がりはじめた実家からの送金ルートも一切遮断された。

私は病院のベッドに横臥しながら、人が忌み嫌う結核に侵され、暗澹とした気分に陥っていた。ベッドで島崎藤村の『生ひ立ちの記』を読んで、肺炎に罹った幼子が親に看取られ息をひきとる場面の描写を羨んだりした。しかし私には運がついていた。新しい抗結核薬として、「魔法の弾丸」と呼ばれた新薬パスが登場し、結核は不治の病でなく、化学療法によって必ず治る病になったのだった。その効果か、私の病は次第に快方に向かっていった。

愛知大学で過ごした三年間の学部生生活は、実に重苦しい忍従と困窮に充ちた生活であった。五〇年六月に勃発した朝鮮戦争は、東西冷戦の文脈のなかで米英諸国と中国が参戦し、二転三転する激しい地上戦で都市も農村も破壊され、四〇〇万から六〇〇万の夥しい犠牲者を出していた。戦火は一九五三年七月に結ばれた休戦協定でようやく収まったが、南北に抜きがたい民族相克の憎悪感情を残した。朝鮮半島の分断は固定化され、親と子、夫と妻が引き裂かれる離散家族が多数生まれた。

ただ米軍の兵站基地となった日本だけは、朝鮮特需による好景気で、戦後復興をなしとげる絶好の機会を得ていた。サンフランシスコ条約と日米安保条約の締結で、急激に逆コースを歩みはじめた日本では、日本共産党による騒擾事件が各地で引き起こされたが、その中核には左傾化した在日同胞の「祖国防衛隊」がいた。在日同胞に対する日本人の感情は刺々しくなっていった。

一九五三年春、旧制愛知大の法経学部を終えた。就職口はなかった。行くところもないまま、新しく発足した愛知大の新制大学院の経済研究科に入った。幸いにも特待生に推され、身分も生活も保障された。心底ほっとした。しかし、学部生が使う学生寮からは立ち退きを迫られた。下宿探しをはじめた。ここでもついていた。大学の事務局にいた学生課担当の愛嬌のある可愛い女の子が、掲示板に「下宿あり、離れ家使用、格安」といった内容の張り紙をはっていた。渡りに船だった。「僕が借りていいですか」「いいわよ、離れ家を見てみたら」「その家なら知っているよ。三年前の予科のとき、近くに住んでいたから」と会話は弾んだ。その女の子の名は田村ヒロ子、兄は愛知大の同級生だった。その場で即決し、彼女の案内で離れ家を検分した。そんなやりとりをしているうちに彼女との心の距離が接近し親しくなった。なにを隠そう、その彼女が現在まで一緒に住んでいる最愛の妻である。縁があったのであろう。

一九五三年七月、朝鮮半島の戦火は止んだ。光州に住む実家との交信ができるようになった。私はなんとか伝手を見つけて実家に金を無心しようと考え、方々に連絡をとって探しまわった。彼は全伝手が見つかった！　目と鼻の先の豊川市で萩野病院という開業医をしている人だった。彼は全羅南道の和順から湖南線でふたつめの駅、筏橋にある寺のひとり息子だった。日本に留学して医師となり、老母が待ち望む故郷には戻らず、萩野病院の娘婿となって帰化していた。私は彼に実家からの送金の仲立ちを頼み込んだ。彼は快く承諾した。私は五か月ごとに萩野病院から二〇万円を受け取り、実家がその金額に相当する韓国ウォンを彼の老母に支払う方式であった。それから六年間、この方式で支障なく金が手元に入った。やっと生活に困らない収入が入るようになった。学業だけに打ち込める条件が整った。

発足したばかりの愛知大学新制大学院の経済研究科は、マルクス主義経済学の著名な学者、研究者で教授陣を編成して、重厚で格調高い教育をしていた。経済学は愛知大だという評が出るほどだった。私が師事した教授陣には、金融資本論の林要（一八九四〜一九九一）、『資本論』研究の山本二三丸（一九一三〜二〇一一）、大原社会問題研究所所長の久留間鮫造（一八九三〜一九八二）ら、著名なマルクス主義経済学者がいた。

私は林要、山本二三丸から『資本論』を精読させられ、金融資本論を学んだ。山本二三丸の鋭利な分析、精緻な論理に感嘆し、林要の大局的、包括的な論理展開に驚嘆した。久留間鮫造からは貨幣論、価値形態論をしごかれ、経済学研究の方法論を学びとった。

私はかねてから久留間鮫造の著作『経済学史』（岩波書店刊）を勉強していた。講義が終わったあと、教授を誘い、校庭の芝生に寝そべりながら質問したりした。久留間は学部長に「俺を捉まえて離さない熱心な学生がいるよ」と告げたらしく、後日、学部長から「教授は呑兵衛だから、一升瓶を下げて宿舎へ行ってみろ」とけしかけられた。実に楽しい日々であった。

大学院を終えるとき、修士論文として「恐慌論研究序説」を書いたが、無事パスして、経済学修士第一号となった。そのとき、七名いた院生のなかで私だけがパスしたと知った。大学は私を助手に任命し、法経学部の国際問題研究所に配属した。そこは中国問題研究が主だったが、私は朝鮮の政治経済問題研究に的をしぼった。

助手になったその年に、観光地である三河三谷の温泉旅館「ふきぬき別館」で学部教職員の懇親会があった。下っ端の私が幹事役を仰せつかって下準備に走り回った。そのとき、こんなことがあった。みなが集まっている教授会会議室で、旅館に宿泊の確認電話を入れた。電話の相手方とちんぷんかんぷんのやりとりをしてしまった。「はい、承りました。ところでどなたですか」「朴（ボク）です」「ボクさん？　どうぞお名前をおっしゃってください」「だから朴（ボク）だと言っているでしょう」「ボクではわからないわ、悪ふざけしないでお名前を言ってください……」。聞き耳を立てていた会議室に爆笑が起きた。学部長が「朴君、それなんとかならないかね」と、からかった。私は苦笑しながら「なんともなりませんね。親からもらった名前だから」と答えた。私は便利だからといって、日本式にボク（朴）ですと名のっていたが、その後、私はパク（朴）ですということにした。

愛知大の教職員の人事には、助手三年、講師二年という内規があった。私は助手をしながら「南朝鮮におけるインフレーションの累進過程」という表題の論文を書いた。論文はパスして、五八年に講師に昇格した。次の目標は助教授だった。私は研究テーマをマルクス主義経済学の窮乏化理論に設定し、その下準備をはじめた。

しかし日本に来て、いつの間にか一〇年の歳月が流れていた。もともと日本への逃避行は一〇年ほどと目算していた。鮎が生まれた川にもどるように、帰郷本能が心深くに泡立っていた。国に戻ろうという思いが発酵しはじめていた。実家にその心情を告げた。全羅道で顔がきく父は、喜んで早速動き出した。どうまとめたのか、光州にある朝鮮大学が助教授として招聘するという連絡が来た。私はその前に経済学史研究のため英国へ二年間留学したいという条件をつけたが、それも了承するという。どうする、動揺が生まれた。だが、一抹の不安があった。はたしてマルクス主義経済学の講義をやらせてくれるだろうか。おそらく難しいだろう。まだ南朝鮮に戻るには時期尚早ではなかろうか。

一九五九年の夏、私は蓼科にある林要の別荘に二か月ほど滞在し、教授の指導の下に論文執筆の勉強をしていた。忘れもしない八月一三日朝、マスコミが一斉に「在日朝鮮人の北朝鮮帰国実現へ　朝・日赤十字社代表による在日朝鮮人の帰国協定調印」を報じた。朝鮮総連の下に結集した在日同胞の帰国実現の請願運動がついに結実したのだった。在日同胞社会は「資本主義から社会主義への民族大移動」の実現だと沸き立った。モーゼの脱エジプト、エクソダスの現代版だともいわれた。私の脳裏に「朝鮮民主主義人民共和国」「地上の楽園」「金日成」というフレーズが刻み込まれた。そのとき、思いがけなく豊橋の田村ヒロ子が蓼科に訪ねてきた。手には帰国実現の新聞が握られていた。そして自分も一緒に北朝鮮へ行くから結婚しようと迫った。五三年から足かけ七年ものあいだ、彼女と恋愛関係にあったが、言を左右にして結婚だけは引き延ばしてきていた。その口実は、私はいずれ帰郷するが、日本人を妻にして家には戻れない。南朝鮮の反日感情は強い。そんなことをしたら実家にどやされてしまうだろう。逃げ口上だった。田村ヒロ子は、あなたと結婚して、わたしも北朝鮮へ行く決心をしたのよ、ときっぱりと言い切った。愛する女性から恋の駆け落ちを迫られている冥加な男の心情だった。彼女自身もその言葉に震え、涙ぐんでいた。私の胸に熱いものがこみ上げてきた。よし、結婚しよう。そして北へ帰ろう。私は決断した。この道が私の進む道だと。

翌日、私は彼女と手をとりあって豊橋に戻った。そして母校愛知大の法経学部長、小岩井浄(一八九七~一九五九、のち第三代大学総長になる)に北朝鮮へ帰国する選択肢を選んだことを告げた。小岩井は「愛大はユニバーシティなんだ。この大学でよく学んでくれた。帰国して愛知大の名を輝かしてくれ」と励ましてくれた。そして帰国申請をするために田村ヒロ子との結婚届を出さねばならないが、その保証人欄に署名することも快諾してくれた。私の手帳に帰国スケジュールが、六〇年三月まで大学勤務と結婚、そして四月に新潟で乗船と書き込まれた。南朝鮮への帰郷は視野から消え、北朝鮮への憧憬が生じてきた。その根っこにマルクス主義が描く桃源郷、社会主義の優越性への信仰があった。

二　在日本朝鮮人総聯合会との出会い

北朝鮮への渡航意思の表明は、ひっくるめて「北朝鮮への帰国」という概念に括られた。在日朝鮮人の大多数は大韓民国が統治する南朝鮮の出身者であったが、日本の生活環境は過酷で、生活保護対象者が多かった。しかし韓国政府は在日同胞の生活に配慮をまったく払わず、北朝鮮政府が困窮した在日同胞に「地上の楽園」北朝鮮への帰国を呼びかけた。その呼びかけに呼応したのが他ならぬ日本政府だった。その本当の腹は厄介払いだった。そしてこの帰国事業に、北の利益の代弁者であった在日本人朝鮮人総聯合会（朝鮮総連）が積極的かつ全面的に関与した。「帰国」を希望する者は好むと好まざるとに関わらず、朝鮮総連との組織的繋がりをもたねばならなかった。私も決してその例外にはなりえなかった。

帰国を三か月後に予定していた六〇年一月、朝鮮総連中央から突然、思いがけない指示が来た。なんと帰国を延ばして、総連中央学院に行けという。私の眼前に朝鮮総連という未知の組織が絶対君主のような権威をもっていきなり登場したのである。正直、びっくりした。どうすべきか。しかし他の選択肢はなかった。私は従わざるをえなかった。

ここで、その後に知った、在日朝鮮人運動の大まかな流れと朝鮮総連の発足について、概略的に述べておきたい。

八・一五解放当時、日本には強制徴用、徴兵や生活苦などで渡日した朝鮮人が三〇〇万人ほど居住していた。解放直後の二年間で一七〇万人が帰郷し、一九四七年頃の在日朝鮮人は約七六万人になっていた。彼らは生活権を守るため、在日朝鮮人の単一の汎組織体である「在日朝鮮人連盟（朝連）」を結成した。しかし祖国分断に伴い、朝連から韓国系の「在日本大韓民国居留民団（民団）」が分離、結成されていった。在日朝鮮人社会にも三八度線が影を落としたのである。

ＧＨＱ（連合国軍最高司令部）のマッカーサーは、在日朝鮮人問題を、①予測される朝鮮戦争の勃発と、②講和条約による占領終結、日本の主権国家移行後における国内治安対策のひとつとして位置づけ、朝鮮人の運動を弾圧した。一九四九年九月、マッカーサーは、朝連とその青年組織を強制解散させた。そして在日朝鮮人幹部三六人の公職追放、朝連財産の没収、朝鮮人学校の閉鎖処置をした。朝鮮人学校の閉鎖に抗議する熾烈な闘争が起き、戒厳令下で一少年の死をもたらす阪神教育闘争が展開された。朝鮮人学校は閉鎖令をはねのけ、継続された。ＧＨＱの不法弾圧は実に悪辣で過酷なものだった。

北朝鮮系在日朝鮮人は、朝連の不当な強制解散に抵抗して、一九五〇年一月九日、「在日本朝鮮民主戦線（民戦）」を非公然に結成した。五か月後の一九五〇年六月二五日、朝鮮戦争が勃発した。戦争が勃発してから一年後、民戦は「日本における祖国解放戦争」に決起した。その軍事組織として、一九五一年六月に「祖国防衛委員会（祖防委）」を作り、その下に武装闘争実行部隊として「祖国防衛隊（祖防隊）」を組織した。ただし、この組織と武装闘争の実行は、すべて朝鮮戦争に加担する日本共産党（日共）の「軍事方針」に基づく「武装闘争」指令によるものだった。なぜなら当時、民戦と祖防委はコミンテルン（第三インターナショナル）の「一国一党原則」に従って、日本共産党の指令の下で極左冒険主義的な「三反闘争（反米、反吉田、反独占）」を展開していたからである。

絶大な影響力をもつ国際共産主義運動の首脳スターリン、毛沢東、金日成は、朝鮮戦争を遂行する作戦の一環として、後方基地の日本において日共と民戦に侵略戦争反対の武装闘争をさせようと謀り、後方基地を武力で攪乱する指令を出した。北京にいた日共の徳田球一も同調した。指令を受けた日共は是非をめぐって大混乱に陥った（五〇年分裂）が、五一年の「五全協」で具体的な「軍事方針」が決まり、日本全国で火炎ビン闘争、警察署襲撃などの武装闘争を勃発させた。なかでも民戦は、朝鮮戦争を「祖国解放戦争」と捉え、日本における武力攪乱闘争の先頭に立った。その戦闘部隊が祖防委、祖防隊で、その中核は果敢な在日朝鮮人日共党員だった。

民戦は日共中央委の「民族対策部（民対）」の指導をうける大衆団体だったが、民戦内に「民戦日共党グループ」が設けられ、民戦、祖防委、祖防隊の武力攪乱闘争をすべて指令した。その責任者は朴恩哲だった。

火炎ビン闘争や警察署襲撃の先頭に立った在日朝鮮人活動家は多数検挙され、多大な犠牲をこうむった。メーデー事件（五二年五月）、吹田事件（五二年六月）、大須事件（五二年七月）のいわゆる「三大騒擾事件」で四〇〇人近くの在日朝鮮人活動家が検挙されたが、武装闘争は朝鮮戦争の停戦でぴたりと終わった。

日共は、一九五五年七月に開いた「六全協」で、「武装闘争は極左冒険主義の誤りだった」と認めた。武装闘争を北京で遠隔指導した徳田球一は死亡していたので不問とされた。このときの資料を日共はいまだに公開していない。

一九五五年五月二五日、北朝鮮系在日朝鮮人組織は、日本共産党指導下の「民戦」から、朝鮮労働党指導下の「朝鮮総連」に改組し、在日朝鮮人運動の路線を転換した。運動路線の画期的な転換だった。

金日成は、「在日朝鮮人は、朝鮮民主主義人民共和国の公民である」と宣言した。そして、朝鮮労働党ルートを持つ民戦内の韓徳銖、李珍珪らに在日朝鮮人運動の誤りを正し、日本に内政干渉せず、民族的愛国運動に邁進する方向性を示した。その指示内容は、「白秀峰論文」と呼ばれた文書で流布され、在日朝鮮人運動の路線を巡る論争が激化した。しかし国際共産主義の首脳間、特に金日成と徳田球一の交渉で、在日朝鮮人運動のヘゲモニーを朝鮮労働党に移すことで決着はついていた。毛沢東もこれに理解をしめした。

その結果、民戦は一九五五年五月二四日に解散し、在日朝鮮人日本共産党員は一斉に日共を離脱した。翌五月二五日、新しい愛国愛族運動の組織である朝鮮総連が結成された。この組織は当然ながら、朝鮮労働党の指導を受けた。しかし発足間もない朝鮮総連内には、路線転換を主導した人々（先覚者）と抵抗した人々（後覚者、民対派）のあいだに意趣を含んだ争いが続いた。朝鮮総連の主導で、在日朝鮮人コミュニティにおける新たな組織の再建が始まった。

三　総連中央学院の受講、朝鮮大学校の教職に

一九六〇年二月から三月、私は東京の狛江にある総連中央学院の総連班一組に配属され、活動家再教育のコースを受講した。学院は多摩川の近くにある、旧華族の広大な邸宅を改造した建物を使っていたが、半ば朽ち落ちて、お化け屋敷のようだった。しかし敷地は広く、大木が鬱蒼と繁っており、バレーボールのコートもあった。自然たっぷりの、空気が清澄な環境だった。

第一四期開講式に参集した受講生たちを見て、正直、萎縮する思いだった。受講生の顔ぶれは、朝鮮総連の大阪、愛知、兵庫、三多摩、奈良、福岡の県本部委員長、傘下にある単一団体や企業体のトップ、さらに朝鮮総連中央の副議長、総務部長までがいた。異彩をはなったのは、解散した旧民戦の書記長だった李大宇（本名は金春権）が混じっていたことである。海千山千の古強

者の活動家たちに交じって、私は場違い感に戸惑いを覚えた。あとでわかったが、一四期は路線転換後の組織内部の意識統一を図るために、特別に編成された受講班だった。そんなおどろおどろしい組に紛れ込んだのは、六〇年春に新しく小平に移転した朝鮮大学校の教師陣を拡大補充する要員に、朝鮮総連が帰国意思を表明した私をリストアップしていたからである。そのため組織と接触して間もない私の身体検査、思想点検が必要だったのである。

路線転換した朝鮮総連が力量を傾注したのは、日共時代の思想の残滓に染まり、新しい政治、組織路線に習熟していなかった組織活動家の再教育であった。そのための教育機関として、狛江に総連中央学院、大宮、知多（愛知）、東大阪、福岡に地方学院（関東、中部、近畿、九州）を設置し、幹部活動家を中央で、一般活動家を地方で再教育するシステムを構築していた。

中央学院の受講カリキュラムは、講義、自習、総括、そして実習だった。講義内容は哲学（弁証法的唯物論、歴史的唯物論）、マルクス主義経済原論、朝鮮通史、そして「朝鮮労働党史速記録」特講で構成されていた。講師陣は在日朝鮮人の実力ある歴史学者、著名な日本人の哲学教授、経済学教授で構成されていた。

朝鮮通史では、歴史に造詣が深い裵秉斗の、お腹を捩るような爆笑を誘う歴史小話をふんだんに散りばめた名講義を聴いた。長身で柔和なスタイルの彼は、まさに芸域に達した話術で巧みに講義を進めた。受講生はみな、うっとりと聞き惚れた。

最も衝撃的だったのは、「朝鮮労働党史速記録」の講義だった。党史編纂は朝鮮労働党の宿年の課題だったが、党内の宗派（分派）闘争が続いたため、まとめあげるのは不可能だった。それがやっと編纂され、速記録版が総連中央に送られてきていた。

速記録講義で学んだ朝鮮労働党の創立期（一九四五年一〇月から一九六〇年頃）の動きは、ざっとこんな内容だったと回顧できる。

朝鮮労働党は、一九四五年一〇月一〇日に朝鮮共産党北部朝鮮分局として発足した（この一〇月一〇日が党創設記念日とされている）。一九四六年八月、金科奉が主導する朝鮮新民党を吸収し北朝鮮労働党となった。さらに一九四九年六月三〇日に瓦解直前の南朝鮮労働党（南労党）と合併し、金日成を党中央委員会委員長に選出、「朝鮮労働党」となった。創党過程が語るように、朝鮮労働党は祖国解放後に帰国したさまざまな経歴を持つ革命家の寄り合い所帯であり、金日成、崔庸健ら満州パルチザン派は、朴憲永を盟主とする南労党派、許哥誼を中心としたソ連派、金科奉、崔昌益ら延安派などの諸宗派と連合、競合関係にあった。なお満州パルチザン派には朴金喆ら国内パルチザン派（甲山派）が合流していた。諸宗派はそれぞれに自派の活動歴や功績を主張し、勢力拡大を競っていた。党の内部統一のためには、主流派である満州パルチザン派のイニシアティブで反分派闘争を進めざるをえなかった。

一九五二年一二月、党中央委第五次全体会議で、金日成は戦時下における自由主義的傾向と宗派（分派）主義残滓を批判した。その翌年、隠然たる勢力を保っていた朴憲永、李承燁など南労党の中核幹部一三名を米国のスパイ、政府転覆の謀議の容疑で逮捕し、裁判で死刑宣告、即時に執行した。この粛清で南労党派は壊滅した。

一九五六年二月、ソ連共産党第二〇回党大会においてフルシチョフがスターリン批判の秘密報告を行い、スターリンの個人崇拝を批判した。社会主義圏諸国に大きな影響を与えた。同年六月、金日成はソ連と東欧諸国を歴訪したが、この間にスターリン批判を受け、延安派の徐輝（朝鮮職業総同盟委員長）、崔昌益（副首相兼財務相）、ソ連派の朴昌玉（副首相）、金承化（建設相）らが金日成政権に反対する政変を計画、武装蜂起の準備をした。

金日成は、政変が起こることを察知し直ちに帰国した。八月三〇日から三一日にかけて、党中央委全体会議を開いた。この会議で、延安派やソ連派の幹部たちが一斉に金日成への個人崇拝や重工業優先の経済政策を批判した。しかし思うように支持を得られず、逆に金日成側から党指導部に対する「宗派的陰謀」「反党的陰謀」を企てた不穏勢力として処分された。これが「八月宗派事件」である。政変の陰謀は水泡に帰した。

この「八月宗派事件」は、逆に金日成の党内の支持基盤を固め、金日成の単一指導体制を確立する好機となった。

南労党派、延安派、ソ連派ら諸宗派への粛清が進むなかで、一九三〇年代に金日成が指導した満州派の抗日パルチザン闘争のみが朝鮮の革命運動で唯一正当な闘争であるという「革命伝統」が主張され、それ以外の革命の歴史は否定された。こうして『抗日パルチザン回想記』が出版され、「朝鮮労働党史」が編纂されはじめた。その最初のテキストが「党史速記録」であった。それは党内における金日成派による反宗派闘争の完勝を記録した史書でもあった。

この「党史速記録」に準拠して、在日朝鮮人運動の略史が書かれた文書が出回った。誰が書いたのかはいまでもわからない。人名を克明に明かして、どこそこの誰は反党宗派に繋がると記述されていた。名前を書かれた活動家は、自らを守るためにも黙っているわけにはいかず、至るところで怒号が飛びかった。この文書が「八月講義」と呼ばれるものである。のちに、この文書自体が在日朝鮮人共産主義者の独自な革命伝統を描こうとする不穏文書とされ、テキストは廃棄、回収された。いまでは探しても見つからない「幻の文書」である。

総連中央学院一四期の受講者選抜に際して標的とされていた、魯在浩（総連副議長）、李大宇の総括が始まった。魯在浩は旧民戦「民対派」の責任者、李大宇は旧民戦の書記長だった。総括は自己批判書の作成、朗読と、それに対する批判という形式で行われた。熾烈で執拗な追及、まさに吊し上げであった。批判に晒された魯在浩は、疲労困憊してご飯が食べられず、お粥を啜っていた。最大のターゲットである李大宇の総括には、総連のトップ韓徳銖と、その姪の夫である金炳植が出席した。覚悟を決めた李大宇は九〇分間、原稿を見ることもなく淡々と、整然と、毅然とした態度で自己批判を行った。

組織に入って間もない私の総括は比較的緩やかだった。数回の批判書の書き直しとそれに対する批判だけで、むしろしっかり仕事をしろと激励された。私の洗脳は終わった。

〔散策コラム　その3　李大宇の墓〕

李大宇（本名、金春権）は、どういう経緯か不明だが、北朝鮮に帰国し、「反党、反革命、宗派主義者」として、秘密裏に銃殺刑に処せられた。彼の弟、金仁権は兄の汚名を晴らすため走り回った。彼は開城出身で、在日商工人だった。彼は家財を傾け、故郷開城に数百台の縫製ミシンを備えた被服工場を寄進した。ある年、祖国を訪問し、兄の墓参をさせてくれるよう頼み込んだ。許されて墓地に案内された。ガイドは片隅の棒杭を指さし、「これがあなたの兄さんの墓だよ」と吐き捨てるように言った。そこには兄の名はなく、アラビア数字の番号だけが記されていた。

ＪＲ国分寺駅から西武国分寺線に乗ると、十数分で鷹の台駅に着く。そこからよく整備された玉川上水沿いの散策路を一〇分ほど歩くと、日本建築年鑑賞（一九六二年度）を受賞したモダンなコンクリートの建物、朝鮮大学校（英語名Korea University）がある。朝鮮大学校は在日朝鮮同胞の最高教育機関で、四年制の全寮制大学である。

朝鮮総連の結成、北朝鮮への帰国の実現で、在日朝鮮人運動は大きく飛躍しはじめていた。日本全国に総連支部、女性同盟、青年同盟、商工会、朝銀など、各界各層の利益を代弁する組織網が整備された。特に解放後から続いた民族教育は、帰国熱の高揚とともに、初等教育から中・高級教育まで行う一貫した初・中・高級学校体系が整備された。緊急の課題は、在日同胞社会の各分野をリードする人材を育成する民族教育の最高機関、大学の設立だった。

朝鮮総連が結成された翌年、一九五六年四月一〇日、朝鮮大学校は北区十条の東京朝鮮中高の裏庭にある、崩れ落ちそうな建物の一部を借りて、二年制の大学としてスタートした。校舎は旧陸軍の爆弾を貯蔵する兵器庫で、地下は水槽で冬季には凍結した。大学とは名ばかりの貧弱さだった。一〇余名の教員と六〇余名の学生しかいなかった。大学運営の経験もなく、資金にも事

朝鮮大学校校舎

欠く状態だった。しかし、一九五七年四月、北朝鮮から教育援助費と奨学金が届き、大学の校舎建設にあてられた。大学は一九五八年四月から四年制大学（二学部六学科）へと学制を改編し、新しい発展の道を歩みはじめた。

一九五九年六月、小平の玉川上水沿いの武蔵野の一角に新しい大学校舎が完工したという知らせが全国同胞コミュニティに届いた。同胞は喜びに沸き立ち、祝賀金を包んで駆けつけた。その日は飲み、歌い、踊る同胞の祭典となった。大学の小平校舎への移転は大学発展の重要な契機となった。一九六〇年度の在学生数は五〇〇余名に達し、教員も大幅に補充された。

六〇年四月下旬、朝鮮大学校に就任のあいさつに出かけた。大学経営の実質的権限をもつ教務部長、李東準と会った。彼は東京教育大学出で、教育学を専攻し、『民族教育』という表題の著作を出していた。性格は磊落で、大声でハッタリをきかす癖があった。アダ名は「原爆先生」だった。私のあいさつを受けた彼は、開口一番に、「朴庸坤先生を組織は必要としています。しかし、日本人妻とは別れてください。これは忠告です」と単刀直入に宣告した。私は度肝を抜かれた。初対面で、こんなあいさつを返す人がいるとは。私は緊張して、対決した。「出世するために愛知大を辞めて、朝大に来たのではありません。朝鮮の学生を教えたかったから来たのです。妻と別れる気は毛頭ありません。帰ります」と。彼はハッタリをかましたのを忘れたように、「参考までに言っただけだよ。明日から出て、授業をしてください」と、けろっとしていた。

これもあとで知ったが、発足間もない総連の幹部たちのあいだで、民族的主体性を確立するために日本人妻と離婚する風潮が芽生えていた。朝大の初代、二代、三代の学長はみな日本人か白系ロシア人と結婚していたが、この風潮に逆らわず学長になる前に離婚していた。朝大で日本人妻をもって四〇年間も教師をしたのは、おそらく私だけだと思う。

次いで事務所によると、ひとりのがっしりした体格の男が、「愛知から来た新任の先生ですね。下宿をみつけておきました」と言って、下宿に案内してくれた。四・三事件で済州島から日本に逃れてきた李経雨という男だった。私は七月に出産する予定の妻を実家に残して上京していたので、下宿は必要だった。手間が省けてありがたかった。彼と話しているうちに、李東準のハッタリの衝撃もやわらぎ、気持ちが落ち着いた。

四月、朝大文学部の政経学科教員として辞令が下りた。配属された政経学科のスタッフは、専任の朝鮮人教師三名と、日本人講師数名だった。私には「経済原論」「現代帝国主義論」「社会主義経済論」「朝鮮経済史」、そして「再生産論と恐慌論」特講と「資本論研究」ゼミの六教科が割り当てられた。一コマ九〇分の多科目授業。新米教師にはとてもこなせるものでなかった。おまけに教材も揃っていなかった。

新学期の授業が始まった。前夜、夜遅くまで授業の準備をして、あっぷあっぷ状態で九〇分をどうにかこなした。「朝鮮経済史」はまったく手探りの授業で、内容は貧弱そのものだった。教える教師は冷や汗たっぷりだったが、学生たちは黙って聴いてくれた。こうして私の教師生活はよちよち歩きでどうにか始まった。

私が朝鮮大学で教職についた一九六〇年は、朝鮮半島情勢が激変した年であった。六〇年四月、韓国の大統領選挙の不正に反発した学生と市民の大規模な民衆デモで李承晩政権が打倒された。四月一九日、ソウルの大学生と市民二〇万名が決起し、大規模なデモ行進を行い、李承晩の退陣と不正選挙無効を求めた。官憲の弾圧で多くの犠牲者が出た。戒厳令が発令されたが、民衆は一歩もひるまなかった。抗議デモは地方都市にも広がった。四月二五日には、四〇〇余名の大学教授団が「四・一九義挙で倒れた学生の血に報いよ」という横断幕を掲げて、デモ行進を行った。教授団デモの翌日、決起した学生と市民のデモ行進で光化門が埋め尽くされ、パゴダ公園の李承晩の銅像が引きずり倒された。李承晩は政権を投げ出して辞任し、ハワイへ亡命した。李起鵬一家は拳銃自殺した。韓国の一二年間にわたる独裁は幕を閉じた。これが「四・一九革命」である。しかし革命後一年足らずで朴正熙の五・一六軍事クーデターが発生して、自由が抑圧された長い軍政時代に突入したため未完の革命に終わった。

四・一九革命後、朝鮮労働党の対南戦略は、南朝鮮革命の幻想に基づき、南朝鮮の赤化統一戦略へと変わった。朝鮮総連にも新たに政治局（対南工作担当）が設置された。私も自殺した李起鵬の息子が訪日したとき、彼と接触し、会話をしたことがあった。左傾的な赤化統一戦略は一九九五年まで維持された。総連の活動家の多数は、祖国平和的統一戦略との整合性がよく理解できず、頭をかかえた。

朝大の沿革で画期をなす出来事の第一が朝大創設そのものなら、第二は東京都知事の美濃部亮吉による朝大の法的認可である。

朝鮮総連は、当初から朝鮮学校の各種学校認可の取得に取り組んでいた。その象徴が五六年創立の朝鮮大学校の法的認可をめぐる運動だった。総連が各種学校としての認可獲得を目指したのは、日本政府が朝鮮学校に対して正式な認可を与えない姿勢に固執しているので、私立学校法によって都道府県知事の所轄事項とされている各種学校認可に的を絞ったのである。朝鮮大学校は五九年の小平移転以来、各種学校の認可申請書を毎年提出していたが、都当局はその都度申請そのものの受付を拒否してきた。

一九六七年、革新旋風のなかの都知事選挙で、革新統一候補の美濃部亮吉が当選した。美濃部亮吉の父は、日本の憲法学史上に名高い「天皇機関説」を唱えた東大教授の美濃部達吉であり、亮吉自身も著名なマルクス主義経済学者であった。都知事に就任した美濃部は、特別秘書に登用した雑誌『世界』の編集長だった安江良介から、朝鮮大学校の認可の問題が前知事以来棚ざらしの状態にあり、都側がなかなか認可しようとしないことを聞いた。民主勢力や他大学からも広範な認可要請運動があった。美濃部都知事は、自民党政府の強圧的な横やりや文部省による「文部大臣の指揮権で阻止する」という圧力、または右翼団体の反対、民団の抗議などに屈せず、朝鮮大学校を各種学校として認可する決断をした。都は六八年四月一二日に申請を受理して、朝大に法的認可を与えた。この判断で美濃部都知事は、在日朝鮮人社会で永く記憶されることになった。

朝鮮大学校の認可獲得には、日本社会の広範な支持という追い風があった。そこにはまた、認可支持の世論を醸成するための、朝大教職員らの献身的な対外活動があった。微力ながら、私もその一端に名前を残しているかもしれない。対外活動にはしばしば酒を飲む機会もあった。まったく飲めなかった私も、ちょっとだけ酒の味がわかるようになった。ある夜、数理経済学で著名な一橋大学経済学部教授の関恒義と一献傾ける機会があった。彼は自他ともに認める一橋大の横綱クラスの酒豪だった。私もつい、自分が朝大では大関クラスの呑兵衛だと法螺を吹いてしまった。それじゃあ呑兵衛対抗戦をしようとなった。九月九日の国慶節の祝賀宴がはねたあと、焼肉店にしけこんで飲み比べをした。勝てないのはわかりきっていた。私はインチキをした。女将を呼んで、朝鮮語で「一杯目は同じパイカルを注ぎ、二杯目からは彼にパイカル、私には水を注ぐようにしろ」と耳打ちした。五〇度を超す強いパイカルだった。私に負けるものかと関教授は五杯も呑み、店を出たとたんにぶっ倒れてしまった。タクシーに乗せて小金井にある彼の自宅まで送り、運転手とふたりで玄関まで運んだ。迎えに出てきた内儀が、「朴先生はしっかりしているのに、あなたはなんてだらしないんですか」と関教授を叱りつけた。悪ふざけしちゃったと、ちょっとだけ悔やんだ。その縁でしばしば関恒義宅に訪れ、内儀の実家から送ってきた美味しい漬物の馳走を食した。

一九六〇年代前半期は、帰国事業の伸長にともない朝鮮総連も組織を拡大し、活動も活発だった。その反映で、朝鮮大学校も順調に発展していった。一九六四年度には学部制を改編し、政治経済学部、文学部、歴史地理学部、理学部、師範教育学部の五学部となり、図書館と講堂を自力で建設した。六七年度には工学部が新設され、六八年には最新の理工学実験ができる第二研究棟が増設された。

私が所属する政経学部の初代学部長には、大阪市立大から目白の朝鮮問題研究所を経て着任した、呉在陽という学究人が就いた。彼は実力のある経済学者で、性格も豪胆で諧謔を解する人物だった。

呉在陽は桁違いのヘビースモーカーで、いつでもどこでも火のついた煙草を指にはさんでいた。火が消えそうにちびてくると、また新しい煙草に火をつけた。話に夢中になると、灰が落ちるのもわからないようだった。柴又の寅さんのいう「猫、灰だらけ」だった。

彼は子供好きだったが、あいにく子供ができなかった。私の妻はそのとき身ごもっていた。私は生まれる子を上げると約束してしまった。彼は本気にして、生まれる子を指折り数えて待っていた。妻に話したら、「犬や猫の子でもあるまいし、そんな勝手にやれますか」とこっぴどい反撃を受けた。「私たちは若いから、もうひとり産めばいいだろう」と言ってしまった。妻はしばらく私と口をきかなくなった。

彼は阿諛を極度に嫌った。金日成にも「偉大なる首領さま」「主席さま」とは決して呼ばず、「金日成同志」とだけ呼んだ。

その彼は後日、祖国の教育援助費への感謝団の団長として、片道切符で帰国した。平壌で金日成と接見したあと、朝鮮社会科学経済研究所の副所長に就いた。一九七七年の祖国訪問時に彼と面会したが、戦争孤児ふたり、男の子と女の子を養子にして、一家団欒を楽しんでいた。ほっとした。それ以来彼と会っていないが、すでに物故したと聞いている。

私が朝大の政経学部で仕事をはじめた六〇年代は、日韓会談が大詰めを迎えた時代であった。東西冷戦の激化のなかで米国の根回しで一九五一年に始まった日韓会談は、すったもんだと紛糾した。七回の会談を重ねて、一九六五年に、日本の佐藤栄作政権と韓国の朴正熙政権とのあいだで「日韓基本条約」を締結した。これにより、日本は韓国を朝鮮半島の唯一の合法政府と認め、韓国とのあいだに国交を樹立した。韓国併合条約など、戦前の諸条約の無効も確認した。条約の調印と批准には、日本と韓国で猛烈な反対運動が起きた。

日本の学生や旧社会党など民主勢力の反対運動は、共和国（北朝鮮）を無視し、韓国との単独国交回復に反対するものが主であった。韓国の学生と市民の反対運動は、韓国政府が大幅に譲歩した歴史認識、請求権などに対する反発であり、朴政権を「売国奴」「日帝侵略の償いを金で許すな」というものだった。反対運動は朴政権の戒厳令で鎮圧された。もちろん北朝鮮も条約締結を厳しく非難し、日本の「強盗さながらの要求」を飲んで結ばれた無効なものであるとした。

朝鮮総連は、北朝鮮の意をくんで、日韓条約締結に反対する活動を展開し、在日朝鮮人コミュニティがある津々浦々で講演会を組織した。講演会の講師は、朝大政経学部の教員たちの役目だった。私もこのとき、数多くの同胞団体や日本の進歩的団体および大学などを訪れ、日韓会談と条約の不当性を訴える講演をするために駆け回った。講演の良し悪しが聴衆の目の動きだけで即座にわかる怖さを初めて知って、私は必死に勉強し、講演術を磨いた。実践のなかで鍛錬されたように思う。

〔散策コラム　その4　金宗会の恨〕

朝大創立一〇周年を期して、初めて教職員に北朝鮮の学位と学職が授与された。韓徳銖、李珍珪、南時雨、李時求に教授、金宗会ら六名に副教授の学職が授与された。極めて政治色が強いイヴェント的な褒賞だった。ここでは副教授職を授与された金宗会の、祖国が南北に引き裂かれた酷い現実のなかで数奇な人生を歩んだ秘話を記しておく。

副教授になった金宗会に祝賀のあいさつをするため、彼の執務室を訪ね、一緒に茶を飲んだ。寡黙で理知的、かつ温厚な人だった。顔立ちも端正で背も高かった。女学生にファンが多かった。その彼が珍しく、自分が歩んだ半生をぽつりぽつりと語り出した。「私は金日成の先妻、金貞淑の生まれ故郷である豆満江畔の会寧で生まれ育った。会寧商業学校を卒業して信用組合に勤めているとき、日本の敗戦と祖国の解放を迎えた。ソ連軍が来た。私は解放軍が来たと喜んだ。ところが会寧に来たソ連の軍隊は、手当り次第に民家を襲い、物を強奪し、女を襲い、犯していた。まるで野獣だった。私はソ連軍の野蛮極まる正体を見て衝撃を受けた。私は従兄弟にだけ、南朝鮮へ行くよと告げた。その足で故郷を逃げ出し、ソウルへ行った」。

そこで彼は茶を一口飲んでさらに語り続けた。「ソウルに逃げたが、どうやって生活するか迷った。もっと勉強したかった。そこでソウル大学の図書館の職員になって、試験準備をした。しかし李承晩政権の独裁政治にすっかり嫌気がさして、ここも安住の地でないと思った。朝鮮戦争が勃発した。私は躊躇なく日本へ脱出した。日本では初めに新宿の朝鮮奨学会を頼った。どうにか東京大学の経済学部に入学した。そこで懸命に勉強して、卒業のとき、論文賞と金時計を貰った。卒業してすぐ、東京朝鮮高校の教員になったが、五六年の朝大創立で、この大学に就任した」。

語り終えた彼は机の抽斗から一通の手紙を取り出した。「この手紙は従兄弟から来たものだ。二〇年ぶりに肉親から届いた消息だ」。

端正な彼の目は涙に濡れ、こみ上げる激情を堪えきれず、私の前でむせび泣いた。私はそこに朝鮮民族独特の「恨《ハン》」の情念を見た。

一九七〇年に東ドイツのベルリンでソ連主催の「社会主義経済学会」があった。彼は在日朝鮮人社会科学者代表団を引率して、学会に参加した。日本への再入国は適わず、そのまま北朝鮮へ帰国した。

一九七四年、私は初めて祖国を訪問した。在日朝鮮人の祖国往来の自由が保障され、入管から再入国許可が出ていた。往復切符での祖国訪問だった。平壌で金宗会との面会を申請した。「出張中で会えない」と却下された。七七年にまた訪朝し、申請した。「病気で入院中だ」と却下された。八〇年にまた訪朝し、再々申請した。数日後、彼の妻と息子が訪ねてきて、「父は亡くなった」と告げた。

あとで調べてみると、帰国した金宗会には南に逃げた者、「南越者」というレッテルが貼られ、監視対象者になっていた。彼は社会科学院の平研究員として『金日成著作集』の翻訳の仕事をした。汚名を晴らすために懸命に励んだ。彼の妻を偶然目撃した祖国訪問中の在日同胞は、「驚いた。あんなに美しかった奥さんがすっかりやつれて見る影もなかった」と話していた。彼はレッテルをはがすために死に物狂いで夜昼となく働いた。しかし疲労とストレスが重なって、脳溢血で倒れた。臨終の病床で「おまえを大学にも入れられず済まなかった。許せ！」と、息子に詫びながら息をひきとった。

四　思想活動の方向転換、苛酷な試練

帰国事業は、一九五九年一二月の最初の帰国船の新潟港出航から、数度の中断はあったが、一九八四年まで続き、在日同胞九万三三四〇人が北朝鮮へと渡った。そのなかの六八三九人は日本人妻だった。帰国船（のちに万景峰号）を通じて、北朝鮮による朝鮮総連への指導、干渉が強まり、それに盲従した総連は在外僑胞組織としての独自性を失っていった

一九六〇年代中葉は、北朝鮮では金日成による実子金正日への権力継承の準備が進み、「党の唯一思想体系」の確立が始まった時期であった。朝鮮総連では梟雄金炳植の総連中央の指導権簒奪の画策が進み、組織内に混乱と「後禍」を残した時期であった。

その渦中、朝鮮大学校の政経学部教員であった私は、取り巻く政治状況を的確に認識できず、事態の推移に受動的にまきこまれた。精神的に追い込まれ、命を絶つ誘惑にまでかられた。濁流にのまれ、流され、溺死寸前までいっていた……。それから五〇年経ったいま、当時の状況を回顧しながら、脳裏に残っている出来事を思い出すままに、断片的だが、書き残しておきたい（まだ組織経験の浅かった私が、北朝鮮の内情、総連上層部の細部を知るはずはない。しかし社会科学者、経済学者のはしくれとして訓練された思考方式で、断片的な現象を分析し、綜合すると、当時見えなかったものの輪郭や正体が見えてくるようである）。

金日成

その発火点は、「歴史的」な朝鮮労働党中央委員会第四期一五次総会で、党内の第二派閥であった「甲山派」を一網打尽に逮捕、粛清した事件であった。それは満州パルチザン派の政権内クーデターであり、金日成の単独独裁、世襲体制へ幕を開いた政権奪取劇だった。それ以後、北朝鮮現代史は普通の社会主義体制から、特異な社会主義体制へと変貌しはじめた。

一九六〇年代に入ると、中ソ論争が始まり、北朝鮮はソ連修正主義と中国の教条主義を批判し、自主路線を取りはじめた。六六年から始まった中国文化大革命で北朝鮮は自主路線をさらに顕著にした。

一九五五年の党第三回大会八月総会で、党内の反対派の粛清にほぼ成功し、満州パルチザン派（国内パルチザン派を含む）の党支配が完成した。一九五八年三月の党代表者会で、朴金喆は基本報告で反分派闘争の終わりを宣言した。さらに、党の思想体制を強化しようと訴え、党の団結をアピールした。

しかし、一九六〇年一〇月の党中央委第四期一四次総会で党組織が総書記、書記制に改変され、金日成の実弟金英柱が組織担当書記に登用され、金日成の家系への権力集中の兆しが現れた。その頃から人事、政策に異なった見解をもつ甲山派の存在が目障りになってきた。

甲山派とは、一九三七年の普天堡闘争で満州側から攻撃した金日成部隊に呼応して、甲山側から攻撃に加わったパルチザングループである。甲山派はパルチザンだけでなく知識人や専門家も多く、やがて八月総会後には軍を除く要職ポストのほとんどを掌握するほど勢力が伸長していた。甲山派と満州派の密接な蜜月状態も、他派閥の消滅や政策面での相違、金日成独裁と個人崇拝への不満を通じ、急激に悪化していった。

朴金喆（一九一二〜一九六七）は、三〇年代に朝鮮民族解放同盟を結成、三七年普天堡戦闘に参加した。一九三八年恵山事件で逮捕、無期刑で収監中に解放を迎えた。解放後、甲山派の領袖として、党と政府の中枢にあって活躍した。六六年には党政治委員、書記、六七年には副首相になった。実学を高く評価し、幹部たちに、地方官吏の心得を説いた丁若鏞の『牧民心書』を読ませたという。清廉な信望厚い人物だった。

一九六七年五月、秘密裏に開かれた党中央委第四期一五次総会の議場で、実父である「首領の絶対化」を掲げる金正日は、党内の「修正主義およびブルジョア分子」を粉砕し、「唯一思想体系」を構築することを確認するとともに、甲山派幹部やその系列下の人士を一網打尽、粛清する赤色テロを開始した。トップ朴金喆は拳銃自殺を試みたが拘束され、翌年に処刑された。粛清の嵐で「地方の党、行政機関の中堅幹部職の三分の二が空席になった」とまでいわれた。総会で批判されたのは、①金日成の革命思想で武装するための思想教育事業を妨害したこと、②ブルジョア思想、修正主義思想を広げ、党の政策、路線の貫徹を妨害したこと、③千里馬運動に反対し、修正主義経済理論（リーベルマン理論）を広めたこと、④統一問題で右傾降伏主義、修正主義的詭弁を弄したこと、などであった。

二か月後の六月二八日から七月三日に開かれた一六次総会では、党内唯一の派閥である満州派によって、「党の唯一思想

恵山市に立つ普天堡勝利記念塔

体系の確立」が決定された。会議では新たに「首領論」が提唱され、首領は頭脳、党は首領の革命思想を実現する参謀部であるとされた。首領は党内ポストでなく、党の上にある上位概念となった。唯一思想体系とは、党内には首領金日成の思想だけが存在し、それ以外は存在しないという論理である。以後、党内ではイデオロギー論争は一切封印され、革命伝統は金日成の抗日パルチザン闘争だけが正統であるとされる。

その後、恵山に巨大な普天堡戦闘勝利記念塔が建設された。それは甲山派粛清の勝利を語る記念碑であり、党内良識派が根絶やしにされた悲劇を語る墓石でもあった。

甲山派粛清は、それ以前の党内権力を争った宗派（分派）闘争とは性格がまったく異なる。甲山派が政権奪取を試みた形跡はない。国家権力の配分構造や社会主義経済政策、思想文化政策について、金日成とは意見の差異があっただけである。当然の政権内チェック機能であった。闇討ち同然の手法で甲山派を一網打尽に捕縛したのは金日成派であり、それは性格上、金日成による国権簒奪（クーデター）政変劇と捉えるべきであろう。北朝鮮現代史の分水嶺となったこの政変は、いつか必ず史家によって再検討、再評価されるだろう（後日、私は北朝鮮の某歴史家が、この事件をさして、「哀号！　山豚《サンテェジ》〔イノシシ〕どもが国を滅茶苦茶にしてしまった」という恨み節を聞いた。山豚が満州パルチザン派をさす隠語であると初めて知った）。

その後、国内の甲山派の粛清と並行して、金日成の唯一思想体系を確立する猛烈なキャンペーンを進めた。主戦場は甲山派の握っていた思想、文化、教育分野であった。

全党、全国に唯一思想体系を構築するため、そして金日成を偶像化するため、主要都市で金日成の特大銅像の建設、全戸へ肖像画の配布、全国民に肖像バッジの配布が進んだ。金日成の誕生日は国家の祝日とされた。平壌の中心地に革命歴史博物館が建設され、金日成像への献花が義務づけられた。誕生地、万景台の生家が聖地化されたのに続いて、各地に革命闘争記念碑と史跡館が建てられた。さらに学校、企業などに、金日成革命歴史研究室が無数につくられた。

学習綱領（カリキュラム）が改編され、教育システムも再整備された。正式教科からマルクス主義哲学、経済学は外され、金日成の著作、党政策学習に変わった。労働党史、近代革命運動史すらどこかに消え、金日成革命活動歴史が家系、生誕、家庭まで遡及して、新たに編纂された。『抗日パルチザン回想記』も金日成中心の叙述に書き換えられた。

文芸分野も一変された。新聞報道では、金日成の「お言葉」は「教示」に替わり、論述は金日成の「教示」を冠するスタイルに変わった。TV、映画、文学、文芸もすっかり塗り替えられた。等々、切りがないので、この程度で止めておく。

国家、社会のすべてが私物化され、全社会が金日成カラーに一色化された。その過程でカラーが異なる思想はブルジョア思想、封建思想、修正主義、教条主義のレッテルが貼られ、徹底的に排除された。萎縮した住民は、見ざる、聞かざる、言わざるの「三ざる」で殻をかぶり、保身せざるをえなかった。そして北朝鮮の人々は、人前ではかたく口を閉ざし、決まりきった建前しか語らなくなった。顔つきも無表情になった。

一九六〇年代に入ると、在日同胞社会も、朝鮮総連も大きく変貌した。

日韓協定の締結を契機に、日本と韓国の政治的結託が進んだ。在日同胞の法的地位協定に従い、韓国籍への書き換えが進んだ。一九六五年を境に朝鮮籍は次第に減少しはじめた。

一方、帰国運動で朝鮮総連は組織網を拡大し、学校数、信用組合数も拡大した。いまや「民戦」

時代の残滓も拭い、北朝鮮系の在日組織として地位をかためていた。しかし組織内部に目立たない変化が進んでいた。極秘裏に朝鮮労働党の在外前衛組織である、「学習組」（朝鮮労働党政策学習会の略称）が組織された。大衆団体である朝鮮総連を内からコントロールする非公然組織であった。総連は北の党統一戦線部の担当課を通じて支配され、人事権も運動方針の決定権、財政権までも失っていった。のちに、この「学習組」は総連活動家の思想を点検し、批判と自己批判を行う場として利用された。

一九六七年五月、在日朝鮮人運動史に残る朝鮮総連第八回全体大会が開かれ、その直後に総連中央常任委第八期三次会議決定「総連の思想活動の転換について」が伝達された。それは、北朝鮮の党中央委第四期一五・一六次総会の総連版だった。

総連に空前絶後の激動が走り、国慶節二〇周年に向けて、金日成への忠誠を誓う大衆キャンペーン「一〇〇日間革新運動（六八年六月六日〜九月九日）」が繰り広げられた。最も下級の組織である分会単位の総連支持者たちを大型バスで地方学院に送り、金日成の誇張された革命歴史を講義した。首領問題を焦点に、歴史における指導者の役割と朝鮮革命における首領の役割を説いた。地方では随所で大衆講演が組織され、金日成の革命家庭まで遡及して、そのカリスマ的偉大性を吹聴した。対外的には『金日成伝』（雄山閣刊）まで出版された。群衆大会の進行は「金日成将軍の歌」で始まり、首領に送る手紙の採択、「首領の万寿を祈願する」という歌で終わるスタイルがとられた。朝鮮会館や学校には赤絨毯敷きの「金日成革命歴史研究室」が設けられた。

大学の政経学部では、マルクス主義哲学、経済学の科目が廃止され、首領の著作、党の政策の教科に置き換えられた。マルクス主義は首領の思想の正当性を論証するときだけに限ると釘をさされた。歴史地理学部も、朝鮮近代史、朝鮮通史は廃止され、金日成革命歴史の科目だけが許容された。金日成には「百戦百勝の鋼鉄の霊将」「民族の偉大な太陽」「わが運命の恩人」といった、歯の浮くような、ありとあらゆる敬称をつけるよう求められた。大学のカリキュラムは崩壊し、授業は中断された。マルクス主義の哲学、経済学、朝鮮歴史の書物、参考書はもちろん、朝鮮の文芸書まで廃棄を求められた。教員たちは内心の憤懣を堪えながら、愛読した書籍を焼却した。まさに現代に甦った焚書坑儒だった。

講演の巧さで定評がある総連副議長の尹鳳求が、大衆講演で金日成の母の苦労話に自分の母の苦労話をひっかけて話したとして糾弾された。中央学院では、ある教員が金日成の名前を丸囲みに金と黒板に書いたとして、こっぴどく吊し上げられた。そんな噂が流れた。

この狂気じみた思想文化キャンペーンを統括したのが金炳植だった。彼はこのキャンペーンに総連中央の指導権を簒奪する陰謀を上乗せして、目障りになる幹部に対する人身攻撃を思想点検のかたちで絡ませた。事態が絡み合って錯綜した。

ここで総連中央の議長の椅子を争った、ふたりの巨魁についてふれておく。

朝鮮総連の初代議長、韓徳銖（一九〇七〜二〇〇一）は、一九二七年に声楽家を目指して日本に渡り、一九二八年に日本大学に入学。退学後は丹那トンネルの労働運動に参加し逮捕された。解放後の一九四五年一〇月、朝連の総務局長に選出されたが、ＧＨＱによって公職追放された。一九四九年六月、北朝鮮の祖国統一戦線の朝連代表として中央委員に選出された。共和国創建時には、小型蒸気船で渡海して金日成と面会したという。一九五五年五月の朝鮮総連結成の立役者

韓徳銖

となり、六名の議長団のひとりに選出、一九五八年五月の第四回大会にて単一議長に選出され、総連の指導権力を集中させた。以後、二〇〇一年に死去するまで終身議長を務め、中央学院、朝鮮大学校の名誉学長でもあった。総連議長として辣腕を振るったが、権力欲が強く、自分に対抗する力ある幹部を順次北送し、地位の保全を図った。組織の要諦である人材育成機関、中央学院と朝大のトップの座は決して手離さなかった。金炳植が朝鮮総連を私物化し自身の地位を脅かすと、金日成に直訴し金炳植を失脚させた。良くも悪くも終身議長として、朝鮮総連を牛耳った巨魁であった。しかし、私は韓徳銖からよく声をかけられ、個人的にはとても惹かれていた。

朝鮮総連の歴史で最大の悪役を演じたのは、金炳植（一九一九～一九九九）であった。彼は日帝時代の全羅南道務安郡珍島生まれで、旧制第二高校（現在の東北大学）を卒業して、一九五九年に朝鮮総連の組織部長に、その後事務局長、副議長を経て第一副議長に駆け上がった。韓徳銖の姪の夫だった。その血縁を利用して、総連中央で要職を占めた。民対派を攻撃する思想活動を統括するうちに、韓徳銖の議長の座を狙いだした。そのために秘かに人脈、金脈をつくり、平壌の金正日とのあいだにラインを築いた。

彼は甲山派粛清後、総連に唯一思想体系を植えつける思想活動を請け負い、ここに宗派狩りの手法を適用し、煽り立てた。最終的には韓徳銖議長の追い出しに的をしぼり、耄碌した韓徳銖を追放すると豪語し、取り巻きをつかって策動した。その頃、どう工作したのか、「金炳植はよく働くいい幹部だ。韓徳銖をよく助けている」という、金日成の教示が伝達された。この教示で総連中央の組織局、宣伝局はもちろん、地方組織まで金炳植に全面屈従するようになった。反対する者、疑問視する者には容赦なく宗派のレッテルを貼り、悪辣に攻撃した。ここに「フクロウ部隊」という彼の私兵が登場し、人身攻撃の暴力まで振るった。外堀、内堀を埋めたあと、韓徳銖の家族にまで魔手をのばした。議長宅に盗聴器がしかけられ、夫人を中央学院に呼び、総括対象にまでした。

堪忍袋の緒が切れた韓徳銖の反撃が始まった。金炳植は一九七二年一〇月、北朝鮮代表団の一員として、ソウルであった南北赤十字会談に出席するために北朝鮮に渡航した。金日成の指示で、彼は滞在先の平壌で「反党反革命宗派分子」として拘束され失脚した。二度と日本に戻ることはなかった。失脚後は「隠遁生活」を送っていたとされるが、一九九三年七月、朝鮮中央通信は、彼が朝鮮社会民主党委員長に就任したと伝え、さらに一二月には金英柱とともに国家副主席に任命され復権したと伝えた。驚きだった。なぜ復権したのだ。在日商工人たちは「百億円の国家副主席」だと噂しあった。一世を風靡した梟雄金炳植は一九九九年に死んだ。在日同胞のなかで涙を流す人は皆無だった。

「金炳植事件」の大学版に話を戻す。

金炳植は目白の朝鮮問題研究所を自分のアジトにして占拠した。彼の居室には虎皮が敷かれていると噂された。彼は私物化した総連中央の組織局、宣伝局の幹部を引き連れて、各地の総連組織や単一団体を「下部指導」して歩いていた。下部は緊張して彼を迎え入れ、彼の指導を受け入れた。その様子は、時代劇の「水戸黄門」で見る悪代官の登場シーンそのものだった。

始末が悪いのは、金炳植は知識人やインテリを気取って、内外に向けて「講演」をすることがあった。こんな出来事があった。ある日、金炳植は飯田橋の朝鮮会館会議室に社会科学者協会の人々を集め、金日成の「社会主義経済におけるいくつかの問題について」の講演をした。講演後、感想を言えという。誰もが口をつぐんで黙っていた。気まずい雰囲気だった。私の肩書は政経学部経済学講座長だった。感想を言わざるをえなかった。私は勉強になったと適当に講演を褒めながら、つい余分なことを言ってしまった。「全人民的所有になっても商品形態はなくならないと思う」と。金炳植は「私的所有がなくなっても商品が存在するというのだな」。私は「私的所有がなくなれば商品はなくなるが、世界貿易がある以上商品形態をとることになる」。金炳植は「お前は俺に論争を挑む気か」。言葉に怒気があった。講演はお開きになった。翌日、総連の教育局幹部が大学に来た。「君の金炳植第一副議長に対する態度は不遜だ。観点が間違っている。金炳植に対する観点は韓徳銖に対する観点であり、韓徳銖に対する観点は金日成に対する観点だという金日成の教示に背いている」と、断罪された。

朝鮮大学校は、韓徳銖が名誉学長としてがっちり抑えている拠点であった。大学には、マルクス主義を信奉する在日知識人や朝鮮史を研究する学者が集まっていた。唯一思想体系を構築するために攻め落とさねばならない牙城だった。この拠点への金炳植の陰湿な攻撃が始まった。

当時、朝大の指揮体系は、教務部（教育行政）、教養部（教職員統率）、科学研究部（教員の資質向上）の三系統に分かれていた。教養部は大学内の擬似党組織「学習組」を管轄し、教職員の思想を日常的に点検していた。この教養部に総連三多摩支部にいた活動家の張某という、大学とはまったく無縁な男が送り込まれた。彼も決して根っからの悪党ではなかったが、大学教員を説諭する知的能力をもつ人物ではなかった。

大学の教職員の思想点検が始まった。極左学生運動の内ゲバ的な自己批判だった。思想点検をするシステムと執行官が決められた。みな昨日まで茶を飲んだり、冗談を言ったりしていた同僚だった。それが叩く方、叩かれる方に二分された。手法は、情報組織が手先をつくるためにつかう洗脳方式、「まず徹底的に叩け。腑抜けにしろ。それから種を蒔け」がとられた。

思想点検の執行官は、学部長の康某という教師だった。『資本論』のことは俺に聴けと威張る性癖をもつ、巨体の尊大な人物だった。いつの間にか金炳植のシンパになっていた。虎の威を借る狐よろしく、彼のまわりに教養部に属する手下の教員が数名たむろし、朝大キャンパスを闊歩していた。

彼が政治経済学部で選んだ最初の獲物は愛知大出のひ弱そうな私だった。私の同僚で、朝鮮文化史に明るい名古屋大出の金哲央も獲物のひとりだった。私が批判された問題は、①日本人妻と所帯をもっていること、②教科書からマルクス主義文献を外すことに消極的だったこと、③講義で首領の権威を強調せず、人気取りの個人幻想を振りまいたこと、④講演で金炳植に不遜な態度をとったこと、などだった。

私は、なかば怯えながら神妙に、自己批判書を書いて読み上げた。批判する側も同僚である。批判しないとやられるので、「朴庸坤は民族ニヒリストだ。学問至上主義者だ。資本主義かぶれの自由主義者だ」と勝手に批判した。批判に対する抗弁は許されなかった。執行官の判決は、やり直し、書き直せ！　だった。逆らえず、夜を徹して、原稿用紙に五〇枚ほど書いて出した。すると長すぎる、もっと要領よく書け！　と突き返された。その繰り返しで、家にも帰れず、大学に泊まり込んで総括を書いたり破いたりした。地獄の獄吏にいびり抜かれている感じであった。終わりの見えない批判ごっこだった。私はほとんどノイローゼ状態になった。

執拗な総括の要求に屈服して、私は金日成の教示に背いたこと、金炳植の権威に挑んだことを認め、これは宗派行動に通じると、神妙に自己批判した。一九七二年四月一四日、金日成の誕生日の直前、夜一二時に「総括がよくできた。これで終わる」と告げられた。屈辱感に身震いし、自己嫌悪感に苛まれた。その後、私はモルモットにされ、他の学部の批判会で晒された。

次の批判対象者は同僚の鄭淵沼だった。彼は教師陣で一番の年上で、東京大学出の経済学を専攻する温厚な性格の教員だった。彼の批判会は別の凄惨な手法で行われた。机や椅子が片づけられた研究室に同僚が集められた。康某が正面に座り、「いまから鄭淵昭の組織的総括をはじめる」と甲高い声で宣言し、「はじめ！」と号令した。研究室の真ん中の椅子に座っていた彼に、フクロウ部隊のテコンドウで鍛えた青年たちが襲いかかった。ひとりが鄭淵昭の胸元を足で蹴り上げた。鄭は後ろに吹っ飛んだ。さらに別のひとりが鄭を持ち上げ、背中を蹴り上げた。鄭は前にぶっ倒れ、口から血を吐いた。倒れた鄭をさらに数名で交互に殴り、蹴った。凄惨なリンチだった。私は顔を背けた。恐怖心で足が震えた。康某が「お前が死んだら錘をつけて村山貯水池へ放り込んでやるぞ。痕跡は残らんぞ」と、うそぶいた。これが教壇に立った教師の言葉なのか、と驚愕した。加害者側の人格も完全に破壊され、まるで地獄で亡者を追う赤鬼、青鬼に変じていた。

その夜、私は「大学を辞める。碁会所でもやるよ」と、妻に告げた。妻は「私は子供を背に負って、自転車で反物を売り歩く行商をしているの。とても辛いの。でも大学の先生の女房だというプライドで我慢しているのよ」と、咽び泣いた。私は死んでしまおうと思った。海に飛び込もうか、車にひかれようかと、死にざまをいろいろ考えた。夜半、妻に起こされた。「どうして唸るのですか。汗びっしょりよ」。

転機が来た。金日成の還暦を祝う祝賀団として、総連副議長の李季白が訪朝した。彼は金日成の接見を受けた。金日成は、金炳植から韓徳銖議長の罪業を克明に記した文書と韓徳銖の北への召喚を依頼する文書を届けられたと話した。信頼している議長と第一副議長の確執を知って驚いた金日成は、連日、李季白を呼び、総連のお家騒動の内情をつぶさに了解した。そして事態を収拾するよう指示した。韓徳銖が動いた。彼はすぐ八王子にある総連中央学院で、全国の県本部委員長会議を開き、金炳植騒動の真相と収拾策を示した。「金炳植は北朝鮮に召喚された。戻ることはない。総連内部に宗派（反党）はいない。団結を回復しよう」と。

一九七二年九月、夏休み明けの一日、緊急に教職員総会が開かれ、韓徳銖が会議で話した内容が伝えられた。ことの真相を知った総会の場は騒然となり、「あの野郎をやっつけろ！」と怒号が飛び交った。張某はうなだれ、康某は逃げ出した。

これが「金炳植事件」の一端、朝大キャンパスであった惨憺たる顛末である。

事件の後始末が始まった。過激な批判に憤激して大学を去った教師もいた。朴慶植、李進熙らである。惜しい人材を失った。政治経済学部は特に被害甚大だった。学部のトップ、サブが金炳植系列の人物として指弾され、追放された。講座長だった私に学部の収拾が委嘱された。

一九七三年四月、新しい学年度を迎え、学内人事異動で科学研究部に配属された。科学研究部は教員の資質向上、後進教員養成を担当する部署だった。私は優秀な学部卒業生を選抜して、自力で教員を育てるシステムとして二年制の「研究院」の創設に尽力した。荒廃したキャンパスに学ぶ雰囲気を醸成するために、卒業論文賞を制定し、毎年論文集を発行した。教員の資質向上のために「大学学報」に年間一編ずつ論文を出すよう奨励した。荒廃したキャンパスが少しずつ落ち着きを取り戻しはじめた。

一九七四年三月、私は総連中央学院で一か月講習を受けた。私は、そこで金炳植事件の総括、自分のとった行動を省みて、貴重な教訓を得た。講習最後の日、第一副議長の李珍珪から、大学の中核である政治経済学部の学部長就任の辞令を受けた。万感つのる思いであった。

第4章　主体思想の真理探究

一　初訪朝の印象、唯一思想体系一〇大原則

私は一九七四年七月、夏季休暇に朝鮮総連が組織した第二次教育者代表団のひとりとして、初めて北朝鮮を訪問した。

在日朝鮮人は、それまで「六〇万の島囚」として、祖国訪問も海外渡航もできなかった。在日朝鮮人は広範な日本人の支援を受けながら、祖国往来の自由、海外渡航の権利を勝ちとる署名運動、要請運動、法廷闘争を力強く繰り広げた。一九六五年に初めてふたりの朝鮮人が再入国許可を得て、祖国を訪問した。祖国訪問者が増えるとともに、七一年からソ連船に替わり万景峰号が就航した。それと並んで海外旅行の自由も実現し、一九七二年六月に朝鮮学校教職員代表四人がハンガリーであった世界教職員連盟総会に参加して、再び日本に戻ってきた。初めての往復切符だった。それまでは多くの総連活動家や在日同胞は、片道切符だけで北朝鮮や海外へ行かざるをえなかった。入管の非人道的仕打ちがやっと終わった。

第二次教育者代表団は万景峰号に乗り込み、日本海の荒波にもまれながら二昼夜かけて新潟から元山への船旅をした。元山は天然の良港だった。船は母港の岸壁に停泊し、そのままホテルに案内された。夜になって、平壌行の植民地時代から使っている木製の寝台車に乗った。朝五時に

目覚めた。車窓から見える「地上の楽園」、「千里馬朝鮮」の初めて見る風景に目を凝らした。低い山稜、その麓に広がる田野、そこにへばりついた貧しい集落、黄牛が引く荷車に乗った農夫、川辺で顔を洗い、歯をみがく農婦……。早朝、列車は中高層ビルが林立する首都平壌に到着した。通り過ぎた農村風景とは違い、近代都市の様相は整っていた。しかし繁華街は見当たらず、通行人もどこかよそよそしかった。

平壌でいの一番に案内されたのは、大同江を一望する景勝地、萬寿台の丘にそびえたつ黄銅色の金日成の巨大銅像の前だった。代表団一行は横一列に整列して、深々と敬礼し、「偉大なる首領金日成元帥、万歳」と、両手を挙げて大声で三唱した。それが終わると、案内者はほっとしたように緊張をといた。その夜、その様子が国営テレビのニュース番組で放映された。私たちは合格したようだ。

私が初訪朝した一九七四年は、金日成の長男である金正日が、首領の後継者として推戴された年であった。金正日は総合大学を卒業後、党中央に配属され、文化部に所属していたが、まもなく党の核心である宣伝煽動部、組織指導部で活躍しはじめていた。この時期は、名前はまだ公表されず、「党中央」という表現で呼ばれていた。

後継者に内定した金正日が最初にやった仕事は、「党の唯一思想体系確立の一〇大原則」を定めたことだった。その内容は、「偉大なる首領金日成の革命思想で全社会を一色化するために命をかけて闘争しなければならない」(一項)、「偉大なる首領金日成を忠誠で高く仰ぎ奉らねばならない」(二項)といったものであった。二項は、党内では神格化という言葉で表現された。さらに全党の金日成の権威の絶対化、教示の信条化、教示執行の無条件性の原則が定められた。さらに全党の思想意志の統一と革命的団結、首領の風貌と作風などの全人格的な教化、政治的生命をかけて忠誠をつくす規範、首領の唯一的領導のみに従う組織規律、首領の偉業の次代への継承と完成などが定められた。

それは一九六八年の甲山派粛清による「首領」カテゴリーの導入、唯一思想体系の確立、主体思想だけが存在し、それ以外は存在しえないという宣言に次ぐ、後継者金正日による金日成の神格化、偶像化の宣言であり、擬似宗教国家への変質の道を開く宣言だった。念頭にあったのは、唯一神を形象化したモーゼの十戒だったのかも知れない。かくして金日成は自由と解放のパルチザン闘士から、人民に畏敬され崇拝される生ける偶像、現人神に変身した。

私たち教育者代表団は、万景台にある金日成の生家や革命博物館、史跡館を見学し、金日成総合大学の教室で一〇大原則の集中講義を受けた。まだ後継者推戴は知らされず、「党中央」という名前しかわからなかった。講義は衝撃だった。社会科学者としてとても受け入れられない講義内容だったが、ことがことだけに慎重に対処して身を律した。しかしこの衝撃も脳内への執拗な刷り込みで、だんだん薄らいでいった。神格化、絶対化と聞いても、右から左に聞き流していった。人間の悲しい性である。

二　ワルシャワの世界教員大会

朝鮮総連結成二〇周年にあたる一九七五年、ポーランドで開かれた「世界教員大会」に出席した。五月二五日に羽田を発ち、モスクワ経由でワルシャワに着いた。空港では駐ポーランド北朝鮮大使をはじめ、大使館職員とその家族の出迎えを受け、パトカーの先導で宿泊先のホテルに向かった。

二七日から三一日まで五日間、ソ連の主導で教育に関する討論会が続いた。私は在日朝鮮人子弟にたいする民族教育、その必要性、現状、展望について討論をした。その内容は次のように構成した。

①日本の植民地統治期、総督府の民族抹殺政策の下で、自分が生まれ育った故国の歴史、自国の言語を奪われ、創氏改名で朝鮮名を日本名に変えさせられた。

②解放直後、日本に居住していた朝鮮人三〇〇万人のうち、二〇〇万人が母国に帰ったが、さまざまな事情で約一〇〇万人が日本に残った。

③彼らは在日朝鮮人連盟を結成し、民族教育をはじめた。子弟に朝鮮の歴史と言語を教え、民族的誇りと自覚をもたせた。これは義務であり、権利である。教師も、机も、教科書もない、まったく無からの立ち上がりだった。しかし一九四九年にＧＨＱは在日朝鮮人連盟を解散させるとともに、朝鮮学校をも閉鎖しようとした。在日朝鮮人は団結して戦い、学童の犠牲を出しながらも民族教育を守り抜いた。

④一九五六年、朝鮮戦争によって焼け野原と化した北朝鮮から「教育援助費と奨学金」が送られてきた。まさに干天に慈雨だった。二回目の教育援助費で朝鮮大学校が建設された。これを契機に民族教育は発展し、約一三〇の小・中学校、一一の高校、ひとつの大学をもつ、民族教育体系が確立した。

⑤世界は民族を単位として国家が形成され、民族が歴史の主体とならねばならない。他国に

居住する外国人にとって民族教育は必要不可欠である。民族の自覚と誇りをもたない「無国籍人」は国際社会で責任ある行動をとることはできない。教育が国家大計の基礎であるならば民族教育は国際人の資質を備える基礎である。

最後の夜、朝鮮総連の名で参加者全員を招待し、ワルシャワ・ホテルで盛大な宴会を催した。宴会にはいる前に、記録映画『花咲く民族教育』を上映した。北朝鮮大使館の援助もあって、楽しい一夜となった。日程では、その夜はワルシャワ・ナイトになっていたが、参加者は「今夜はコリア・ナイトになった」と満足そうだった。

ほろ酔い気分で宿舎に戻ると、向いの部屋の北朝鮮代表団の話し声が聞こえた。代表団は三名、団長は金日成総合大学第一副総長、ひとりは党中央委員会の若い課長だった。その課長が「宴会で酒を飲み過ぎだ。自己批判しなさい」と副総長を責めているようだった。副総長は「私は酒を飲みたくて飲んだのではない。朴庸坤団長を助け、多くのお客さんの乾杯を受けただけである」と反論していた。後日、一九七九年に私が金日成総合大学の兼任研究員として訪問したとき、かれは総長に昇格していた。ワルシャワの夜の昔話をして親交を温めあった。

大会が終了したあと、ワルシャワ大学総長に招かれた。大学の宮殿のような応接間にびっくりした。総長は私の討論を聞き、『花咲く民族教育』を観て驚いたと語った。「なぜ資本主義国家でそのような教育が可能なのか」「わが国は第二次大戦中、戦争に巻き込まれ、独ソ両軍の戦場となった。その難をのがれるため約一〇〇〇万人のポーランド人がカナダに移住した。たくさんの人が移住したのに、民族教育の学校はひとつもない。昨年から夏休みを利用して一〇〇人の青少年をポーランドに呼んで、国語を教えているだけだ」「在日朝鮮人の民族教育は奇蹟である。多くを学びたい」と。

アウシュヴィッツ収容所を訪ねた。私は前年、北朝鮮の「信川収容所」を参観した。米軍はコンクリート造りのふたつの収容所に、母と子を別々に収容し、子供の名を呼び続ける母、母をしたう子供の泣き声をせせら笑いながら、火炎放射器で焼き殺したという。その残虐な行為に、おさえることのできない憤りを感じた。アウシュヴィッツ収容所を参観して、これが理性をもつ人間のなせる業なのか疑わざるをえなかった。ヒトラーの純血主義は、人間の尊厳を無残に踏みにじる人類史の永遠の汚点として刻まれるであろう。癒すことのできない思いをこめて、ポーランドを離れた。

駐ソ連北朝鮮大使館に着くと、本国からの贈り物の伝達式が行われた。妻に渡す服地、特産物と五万ルーブルのソ連紙幣が包まれていた。心遣いに感謝した。大使館員の子女たちの歌と踊りに疲れを忘れ、楽しい晩餐会で白夜を過ごした。モスクワ空港で、前夜にもらった五万ルーブルを使い土産を買おうとしたら、空港ではルーブルは使えないと言われた。社会主義の祖国ソ連で、自国の紙幣が使えないとは思ってもいなかった。そのとき、社会主義に軽い失望を感じた。

三　平壌の主体思想国際討論会

一九七七年、私の人生に運命的な転機が訪れた。

その年九月に平壌で開かれた「主体思想国際討論会」に、在日朝鮮社会科学者代表団の団長として参加することになった。討論会は七三か国、四国際機構から八九代表団が参加した、北朝鮮初の大規模な国際セミナーだった。ところが予想もしなかった出来事が起きた。この討論会で、北朝鮮側が準備した「主体思想の哲学的原理と方法論について」という基本演説をする役割が、私にふりあてられたのだ。哲学にはまったく縁もゆかりもないこの私が、いきなり討論会のハイライトを浴びる主人公に抜擢されたのである。驚きだった。この演説から、私の運命は自分の意思を越えたなにか得体の知れないものの虜となり、予想もしなかった軌道を駆けだした。

主体思想は、北朝鮮の党と政府の政策と活動を規定する公式イデオロギーである。

主体思想の起点は、金日成が一九五五年一二月二八日、党宣伝部門の活動家の前で行った「思想活動において教条主義と形式主義を一掃し主体を確立するために」という演説にある。金日成は、「我々はよその国の革命をしているのではなく、まさに朝鮮の革命を行っているのです。この朝鮮の革命こそ、わが党の思想活動の主体なのです」「マルクス・レーニン主義は、それぞれの国の実情にあわせて創造してこそ、その不敗の威力を発揮できます」「ある人たちはソ連式がよいとか中国式がよいと言うけれど、もう我々式《ウリ》をつくるときが来たのではないだろうか」と訴えた。のちの主体思想の原型となる、有名な「主体演説」である。ここでの「主体」は、党内のソ連派、延安派がソ連、中国の路線との相違を指弾して金日成に対するイデオロギー論争の形態をとった権力闘争を仕掛けることを封じ込める、思想的武器であった。

主体思想は、中ソ論争、ソ連の平和共存路線、中国文化大革命との関連で起きたソ連、中国とのイデオロギー闘争を通じて、国際共産主義運動で自主独立を主張する理論的根拠として、一九六〇年代に新たな発展を遂げた。一九六五年四月、インドネシアを訪問した金日成は、アリ・アハラム社会科学院での「朝鮮における社会主義建設と南朝鮮革命について」と題した演説で、北朝鮮が一貫して堅持している立場を「思想における主体」「政治における自主」「経済における自立」「国防における自衛」であるとし、これこそがまさに「主体思想」であると宣言した。主体思想という言葉が公式に使われた最初である。

一九六六年一二月に開かれた最高人民会議第四期一次総会は、主体思想を国家活動の指導思想とし、共和国一〇大政綱の第一条に「主体思想をあらゆる部門にしっかりと具現」すると定めた。この時期までの主体思想は、まだマルクス・レーニン主義を朝鮮革命に創造的に適用するために掲げた、国家活動の指導原則であると理解されていた。しかし、一九六八年の党中央委第四期一五・一六次総会以降、金日成の個人崇拝キャンペーンが進行する過程で、北朝鮮の社会科学者たちは、主体思想がマルクス・レーニン主義と対応する普遍的な思想であると主張しはじめた。

さらに主体思想の普遍的理論化の過程で、一九六七年五月の世界社会主義学会で金日成の論文「資本主義から社会主義への過渡期とプロレタリア独裁問題について」が発表された。さらに一九六九年三月には、「社会主義経済の幾つかの問題について」を発表した。これらの論文では、一九六〇年代に展開された多くの論争の核心であった社会主義への移行の過渡期（その境界線問題）とプロレタリア独裁や、生産手段の商品性について、中ソの論争をそれぞれ修正主義、教条主義と批判し、独自の見解を示した。このふたつの論文は、金日成の思想が国家活動の指導原則としての領域を越え、社会主義、共産主義理論の領域にまで及んでいると宣伝する契機になった。それ以後、金日成の思想を全一的な思想、理論、方法にまとめ上げる作業が進められ、主体思想を「われわれの時代、自主性の時代のマルクス・レーニン主義」と呼び、ついにはマルクス・レーニン主義と対応する「金日成主義」とまで呼ぶようになった。

一九七二年九月、金日成は日本の『毎日新聞』記者の質問にたいする回答で、概念規定がいままで曖昧であった主体思想を「革命と建設の主人は人民大衆であり、革命と建設を押しすすめる力もまた人民大衆にあるという思想」であり、「自己の運命の主人は自分自身であり、自己の運命を切り開く力も自分自身にあるという思想」であるとした。さらに一一月、オーストラリア記者の質問にたいする回答で、「主体思想は人間があらゆるものの主人であり、すべてを決定するという哲学的原理に基づいている」とした。北朝鮮の社会科学者は、主体思想の哲学的基礎を理論化、体系化する作業に総動員された。この研究には、黄長燁を長とする主体科学院派（金日成総合大学派）と楊亨燮を長とする社会科学院派が参与して、互いに研究成果を熾烈に競い合った。

金日成主義が定式化された一九七四年頃から、北朝鮮は主体思想の海外伝播を試みはじめた。強力な組織力を誇る朝鮮総連があり、北朝鮮の唯一の海外大学である朝鮮大学校がある隣国の日本にその照準を合わせた。一九七八年四月には、東京に主体思想国際研究所が創設され、ここを拠点にして、主体思想を国際的に伝播する活動を本格化することになる。

その主体思想の海外宣伝の尖兵として、当時、朝大政経学部の部長職にあった私に白羽の矢が立った。その初舞台が七七年九月の平壌国際セミナーだったのである。

一九七七年九月八日、私たち在日朝鮮社会科学者代表団一四名は成田から北京に向かった。空港に出迎えに来ていた駐中国北朝鮮大使から、「平壌から迎えの朝鮮民航が来ている。すぐ乗り換えて出発しろ」と指示された。平壌に着くと、そのまま平壌文化大宮殿に案内された。国慶節前夜祭の宴席だった。党と政府の高官が居並ぶ主賓席に案内された。隣席に座っていた長身でほっそりとした紳士が、「おかけなさい」と声をかけてくれた。あとで知ったが、その紳士が当時、金日成総合大学総長、最高人民会議議長の要職にあった黄長燁だった。

翌日から、私たち代表団への主体思想の特講がホテルで始まった。講師は金日成総合大学主体思想研究所所長の李国善と哲学部長の金永春であった。ふたりは黄長燁系統のとびっきりの秀才で、理論の切れ味から、李国善は「かみそり（剃刀）」、金永春は「まさかり（斧）」と評されていた。ふたりは初学者の私たちに、主体思想の根底にある哲学的原理を懇切丁寧、かつ縦横無尽に解説した。的外れの質問も真摯に受け止め、論議を尽くしてくれた。ふたりは、カントからヘーゲルに至るドイツ古典哲学やマルクス・レーニン主義の古典に精通し、ホメロスや三国志、シェイクスピアからトルストイまでほとんど読みこなしていた。講義の内容はお堅い哲学なのに、話題が縦横無尽に展開され、まったく淀みがなかった。私はふたりの叡智の深さに惚れ込み、彼らが語る主体思想の哲学的世界観の真理に魅了された。新しい真理に接した喜びを全身、全細胞で味わった。それは山海の珍味を味わう喜びにも勝るものだった。討論会で与えられた任務、基本討論をやってみよう、やってやる！　という意欲が湧いた。彼らの主体哲学研究のエッセンスを私が代表して報告すること。それは最大の光栄であった。

討論会初日、私はスポットライトがあたる演壇に立ち、きっかり六〇分、「主体思想の哲学的原理と方法論について」というタイトルで学術討論を行った。内容は主体思想の根底を貫く哲学的原理とそれに基づく哲学的方法論を筋道だって解明したものであった。当時の主体思想研究の到達点を凝縮したものであった。会場の人々の目と耳が私一身に集中していた。

討論は、数年前に金日成が明かした、「主体思想は人間があらゆるものの主人であり、すべてを決定するという哲学的原理に根ざしている」という教示の正当性を、思想一般にとどまらず、哲学の領域にまで掘り下げて論証するものだった。

討論では、主体思想の哲学的原理は世界で占める人間の地位と役割を解明したものであり、世界のすべての存在と運動の根本的特徴を科学的に明かした唯物論的で弁証法的な原理であると主張した。また、主体思想の哲学的原理は、世界との関係において人間の運命とそれを切り開く道を解明した革命的な哲学的原理であると主張した。さらに主体思想は、世界を認識し、改造するための科学的で革命的な方法論として、自主的立場と創造的立場を明らかにしたと主張した。

私は討論の終わりを、「主体思想の創始は人類の先進思想と世界観の発展において世界史的意義をもつ根本的転換をもたらした」というう高揚したフレーズで締めくくった。聴衆は一斉に起立し、万雷の拍手が送られた。拍手は長く続き、制止してもしばらく終わらなかった。それは生涯忘れることのない光景だった。

この討論は、主体思想の根底にある哲学的原理の学術的解明を初めて試みたものと高く評価された。北朝鮮では、『労働新聞』やテレビで連日報道され、朝鮮中央通信で世界に発信された。朝鮮総連では活動家の学習文献に指定された。事実、多くの活動家は、主体思想の哲学的原理と聞いても、ほとんど半信半疑だったが、私の討論を新聞で読んで「目から鱗が落ちる」思いだったという。それを契機にして、総連活動家や朝鮮大学生のあいだに主体思想の哲学的原理の学習熱が燃え広がった。

ある日、帰国船で北に渡った親友の家を訪ねた。彼の幼い孫が私の顔をみるなり、「あ！ 主体思想のアジョシ（おじさん）が来た」と歓声をあげた。また別の日、企業参観に行ったとき、青年たちに囲まれ、主体哲学に関する難しい質問を受けて難渋した。テレビを通じて多くの人に私の顔が覚えられ、私は人気スターになっていた。

一一月に日本に戻った。総連中央の活動家を集めた講堂でこの討論内容を報告し、多くの質疑応答をした。司会役をしていた議長の韓徳銖は、にやりと笑いながら「主体思想って、雲中の月が顔を出すような出さないようなものだね」と発言して締めた。私はその後、北海道から沖縄まで飛び歩き、各地で主体思想の解説をする講演で、実に多忙な日々を送る身となった。

四　龍南山での研鑽、主体思想の世界観

一九七九年初頭、金日成総合大学に付属する主体思想研究所の兼任研究員に登録された。同年二月、私は主体思想のスクーリング、研究、論文執筆のため、総合大学へ初出勤した。龍南山に吹きつける冷風は肌を刺したが、私の心は燃える希望で沸き立っていた。ここ、北朝鮮における学問のメッカである金日成総合大学で研究生活をはじめるんだという気負いが、寒気をまったく感じさせなかった。

平壌の龍南山の丘にある金日成の名を冠する大学は、北朝鮮の国立総合大学で、解放直後の一九四六年に創立された権威ある大学である。総合大学には一四学部、五〇学科が置かれ、約一万二〇〇〇人もの学生が学んでおり、夜間部、通信学部にも五〇〇〇人が学生として登録されている。アジア、アフリカ、ヨーロッパからの留学生もいる。教授数は三五〇〇人を数えるという。キャンパスには本部棟、一号館、二号館、図書館のほか、歴史研究所、経済学研究所、哲学研

究所、法学研究所、物理学研究所などの研究所が置かれている。この大学の卒業生は北朝鮮のエリート層を形成し、高級官僚の三分の一以上が総合大出身者らで占められている。金正日もこの大学出身である。主体思想研究所は金日成の肝いりで新しく設置された研究所で、所長は李国善、副所長は金永春であった。総合大学では、わざわざ私のために図書館副館長室を空けて、研究室に使える便宜を図ってくれた。

総合大学での生活が始まった。私は主体哲学の勉強をはじめ、よく図書館へ出入りした。また、総合大教員の前で、資本主義経済に関する理論や実情の講義や座談会をしたりした。次第に総合大学の実情も内部から少しずつ見えてきた。

経済学部の学部長室はかなり広く、会議室も兼ねていた。学部には「教授研究室」という部屋はなく、すべて「事務室」と呼ぶ部屋であった。その理由は、学部ごとに「金日成革命歴史研究室」、「金正日労作研究室」があり、それ以外に研究室という呼び方はタブーだからである。学部の三〇名をこす教員たちは、ぶち抜きの大広間スペースに事務机を並べて黙々と執務していた。大学教員なのに机上には『金日成選集』があるだけだった。専門書はすべて図書室に保管され、借り出しは禁止、必要時に館内閲覧だけが許容されていた。平壌中心部にある「人民大学習堂」には数百万冊の図書があるが、それを利用するには煩雑な規則があり、簡単ではない。外国図書や専門書を読

金日成総合大学・正面（イメージ図）

むには閲覧許可書を貰わねばならず、社会科学系統の書籍の閲覧に許可書が出ることはまずないといえた。経済学部の学生も『金日成選集』以外の書籍や教科書は持たず、筆記伝達式の講義スタイルがほとんどだった。たまに活字になった『主体哲学教科書』があっても、紙不足で印刷部数が極端に少なく、手に入れるのは至難であった。

総合大学の入試は、自然科学系統は高等学校卒でストレートに受験できるが、社会科学系統は七年から八年間の軍隊か職場生活を経た上で、所属単位からの推薦が必要だった。そこで出身成分が厳しくチェックされる。例外として、成績最優秀の高卒者一〇名に限りストレートで入学を許可するシステムを設けていた。この学生は直通生《チッパンセン》と呼ばれた。中央幹部の子弟を特待生扱いするシステムといわれ、合格者が公表されることはなかった。大学卒業後の進路は、出世が見込むことができ、裕福に暮らせる党か政府機関を希望する者が多く、社会的地位が低く、うだつが上がらない大学教員や研究機関職員になろうとする者はほとんどいない。

しかし、私に対する待遇は別格だった。研究生活に必要なものはすべて配慮してくれた。食事も、住居も、起きてから寝るまでの雑事全般までなに不自由なく解決してくれた。なにかのライン、国家的意思の代弁者の大きな期待が、まだ海のものとも山のものともつかない私に寄せられていると感じた。

私は研究テーマを主体思想の世界観に設定し、完成したら東京のどこかの出版社で刊行したいと考えていた。遠大な野心的プランだった。そのためには克服すべき難問が山積していた。私が愛知大学時代から専攻したのはマルクス主義経済学であり、私の思考方法は個別科学である経済学の分析方法であり、諸概念であった。その私が主体思想、その根底にある哲学的世界観を対象に研究するには、全体科学としての哲学的思考と方法に習熟する必要があった。それなのに、方法論的な基礎をなす哲学研究自体にまだ手を付けたばかりの端緒期であった。正直、どこからどう手をつけたらいいのか、まだ決まったセオリーはなかった。それを一冊の本にまとめようと考えたのだから、ひどい無茶だと言われても反論できなかった。しかし、すでにルビコン川を渡った。もう戻れない、やり遂げようと心に決めた。

宿は大同江ホテル、研究は総合大。日課は、午前九時から一二時まで執筆、昼食と午睡、午後三時から七時まで執筆、夕食と沐浴、午後八時から一〇時まで執筆、夜一〇時から原稿検討。検討には主体思想研究所副所長の金永春が毎晩欠かさず同席。来る日も、来る日もその日課をきちんと繰りかえした。討論すべき主題のなんと多いことか。主体哲学の使命、主体哲学の根本問題、世界で占める人間の地位と役割……。主体哲学で使う新しい概念規定のなんと難しいことか。人間の運命、物質概念＝要求と力……。際限なく討論と吟味を続けた。その結晶である原稿が少しずつ積み重なっていった。苦労が報われるようだった。

この研究と執筆は一年で終わらなかった。作業はその翌年、一九八〇年にもつれ込んだ。その年、大同江の水がぬるみ、プロムナードのレンゲが花咲く春、やっと原稿の執筆が終わった。精根尽き果てたふたりは、「やったね！」とビールで祝杯をあげた。そのビールの美味しかったことは生涯忘れないだろう。

一九七九年から八〇年までの総合大学での研究生活は、一切の雑念を忘れて研究一筋に打ち込んだ、社会科学者と自称する私の人生で最も充実した日々であったと思う。こんな日々を送れたことは、まさに学者冥利につきる体験だった。

総合大学主体思想研究所の兼任研究員として研鑽の日々を重ねるなかで、私は優れた多くの学者、研究者と知り合い、親しくなった。

向かって右から金永春（哲学）、宋創大（政治学）、黄長燁（哲学）、朴庸坤、李性甲（哲学）、金正鎬（経済学）

研究所所長の李国善は哲学、経済学に造詣が深く、彼の話はいつも理路整然として、記録するとそのままマニュアルになった。副所長の金永春は、総合大入試で数学の成績がトップだったので物理・数学科からスカウトされたが、思うところあって哲学科に入った。ロシア語にも堪能だった。教員時代、ちょっとした勇み足で上層部の逆鱗に触れ、土木労働者に落とされた。しかし、彼の天才的頭脳を惜しむ人々の上訴が功を奏して、総合大に舞い戻ったという。彼の講義は説得力があり、在日朝鮮人に人気があった。「かみそり」と「まさかり」の伝説だ。

哲学部第一講座長の金炯一はモスクワ大学へ留学し、マルクス主義哲学を専攻した。温厚な性格で物静かな男だったが、大変な煙草好きで、いつもシガレットを手離さなかった。同じく哲学部第二講座長の姜民求は、歴史上の人物の故事来歴に滅法強かった。彼の父親は日帝時代、咸興の労働運動指導者として有名だった。和田春樹の著書に実名で出ているらしい。ふたりは私の論文執筆にいろいろ助言をくれた。金亨稷師範大教授の尹鐘声は傷痍軍人で義足だが、ロシア文学など文芸理論に精通していた。それゆえ地方送りを免れ、平壌にいられるという。平壌には傷痍軍人はひとりもいない。教育科学院院長の南珍宇は教育学の権威で、いろいろ助言を授けてくれた。のちに日本で「主体思想叢書」シリーズを執筆、刊行する際にもひとかたならぬ助言と支援を受けた、忘れえない知識人たちである。

一九八一年四月、社会科学、人文科学書の専門出版社である未来社から、朴庸坤著『チュチェ思想の世界観』が出版された。A5判（菊判）四〇三ページの大冊で、第一編は主体思想の哲学的原理と方法論、第二編は主体的社会歴史観を扱った。まだ全面的な体系化はされず、論述にも濃淡があったが、私の主体思想研究の成果を集大成したものだった。それは主体思想を初めてその根っこにある哲学原理にまで掘り下げて解説した学術書として、日本における主体思想の伝播と研究に一定の寄与をしたと自負している。

この書の刊行を賞してか、同年、北朝鮮から哲学博士の学位が贈られた。日本の学友たちは学位授与を祝いながらも、「お前はいったい何者だ」と揶揄した。彼らが言いたいのは、いつ経済学から哲学に鞍替えしたんだ、そんなに簡単に哲学博士になれるのか、ということだった。私は、経済学も哲学も同じ社会科学だ。研究の幅を広げただけだ、と答えておいた。事実、私は経済学研究を放棄して哲学に鞍替えしたのではない。マルクスも歴史学から哲学に、哲学から経済学に進んだ。それはいくつもの学問にまたがる学際科学であって、問題意識の深化の表現だった。私の場合もその範疇に入るだろう。なお、私は一九九三年、朝鮮知識人大会に際し、北朝鮮副主席の李鐘玉の手から「科学院院士」の学位を授けられた。科学アカデミーのメンバーを意味する称号で、北朝鮮の学者にとって最高の学位である。ちょっとこそばゆい称号でもある（そればかりか一九九七年に「主体思想叢書」が完成した暁には、私に「共和国労働英雄」の称号まで授与される予定だったという）。

北朝鮮本国からの博士号授与に、朝鮮総連も追随した。一九八一年九月、私は何人かいる副学長のひとりに昇格した。また総連傘下の社会科学者協会の会長に選出された。普通、社会は肩書で人物を評価するものである。私には在日朝鮮社会科学者につけられる最高の肩書がほとんどついた。私は社会的に急に偉くなってしまった。嵩にきて「威張らない」よう気をつけた。しかし他人はどうみたかは知らない。

一九八一年、大学内に新たに社会科学研究所を設立し、その所長に就任した。実体は主体思想研究所だった。研究所には政治経済学部の教師陣から金哲央、玄源錫、裵真求、徐忠彦らが参加した。他学部や総連の学術団体からも二〇人ほどが選ばれて兼任研究員として参加した。

朝鮮総連のメンバーと訪朝時、金日成を中心に記念撮影
(右から4人目が筆者)

社会科学研究所では定期刊行物として『社会科学研究』(一号〜八号)、『研究資料集(朝鮮語版)』を出し、「主体思想叢書」と銘打って、一五のテーマで書籍を編纂、出版することを企画した。それは北朝鮮の指導機関の積極的な支援のもとに、金日成総合大学、金亨稷師範大学、教育科学院の第一級の学者の協力によって進められた。列挙すると、韓徳銖著『主体的海外僑胞運動の思想と実践』、李珍珪著『主体的政治論』、南時雨著『主体的芸術論』、金守鎮著『主体的教育論』など朝鮮総連幹部たちの名を冠して出版された。また、金哲央著『主体的哲学概論』、玄源錫著『主体的人間論』、朴龍著『主体的社会変革論』、金漢文著『主体的美学論』など、研究所メンバーの

研究書も出版された。私も『主体的世界観』、『主体思想の理論的基礎』を新たに執筆、刊行した。続けて現代資本主義論、現代政治論、主体の人生観、現代ブルジョア哲学批判の執筆、刊行を企画したが、日の目を見なかった。叢書は日本語版が一一巻、朝鮮語版が七巻、英語版が三巻刊行された。研究出版に必要な諸費用は在日朝鮮商工人たちのカンパで賄った。ときあたかもバブル経済期であったのが幸いして、資金はどうにか集まった。

一九八一年に、『チュチェ思想の世界観』の出版記念会が開かれた。残念ながら、この集まりに妻は招かれなかった。この出版のため、私の研究活動のために、行商さえしながら月給袋も見せない私を経済的に支えてくれた妻がこの晴れ舞台に立ったなら、すべての苦労も朝露の如く消え去り、いままで私を支えてきたことに誇りを感じたはずである。その後、私が主管した「主体思想叢書」の出版記念会には、必ず著者の奥方を招待することにした。朝鮮総連第一副議長李珍珪の著書『主体的政治論』の出版記念会では、パーティ後の打ち上げの席上で、奥方は「結婚して以来こんなに嬉しい思いをし、感動したことはない」と涙した。よほど嬉しかったのであろう。われわれ朝鮮人はいままでの封建的慣習が体にしみつき、妻と一緒に出歩くことも、なにかの宴会に妻を同席することもほとんどなかった。いまはもちろん変わりつつある。

いずれにせよ、哲学博士号を貰い、出版記念会まで開いたのだから、その責任は私に重くのしかかった。

第5章　主体思想の国際的普及活動

一　主体思想国際研究所の創立

一九七八年四月、東京で一〇か国の代表と八〇〇余名の日本の研究者の参加の下で、主体思想の海外宣伝の拠点となる「主体思想国際研究所」の創立大会があった。

初代理事長には、日本の著名な国際法学者、法政大学名誉教授の安井郁（一九〇七〜一九八〇）が就任した。彼は平和運動家で、原水爆禁止日本協議会（原水協）の初代理事長だった。一九五八年には国際レーニン平和賞を受賞した。晩年期から主体思想研究に転じ、七七年の平壌セミナーでは主体思想を初めて「金日成主義」と呼んだ。一九八〇年には雄山閣から『朝鮮革命と人間解放――チュチェ思想の具現』を出版した。二代目理事長にはオーストリアのインスブルック大学教授で国際法学者のハンス・クレカツキが就任した。三代目には、主体思想に関する著書を多く著した立教大学経済学部教授の井上周八が就任した。私と同じ八王子のめじろ台に住んでいて、朝の散歩でよく出会った。四代目理事長は、金日成に関する著作が多いインドの知識人シュエルナーである。

副理事長兼事務局長には、日本での主体思想の研究と普及に積極的に活動していた尾上健一が就任した。彼は群馬大学医学部で中核派の活動をしていたが、中核派を離脱後、群馬ハンセン病訴訟をきっかけに主体思想に触れ、「群馬朝鮮問題研究会」を組織し、主体思想研究と普及に情熱を傾けた。頭脳も明晰で、組織づくりと運営に非凡な才を発揮していた。

国際研究所の理事には世界の著名な主体思想信奉者が就任し、機関誌『チュチェ思想研究』を発刊した。また、世界各地でかなりの頻度で主体思想に関する各種の国際セミナーを開き、アジア、アフリカ、ラテンアメリカ、ヨーロッパに主体思想を伝播する積極的役割を果たした。ちなみに北朝鮮側では党中央国際担当書記の黄長燁が副理事長、この私も在日朝鮮社会科学者として理事の末席にいた。国際セミナーは、アジアではインド、バングラデシュ、ベイルート、ネパール、スリランカ、日本、北朝鮮で、アフリカではマダガスカル、タンザニア、コンゴ、ギニア、ウガンダで開かれた。ラテンアメリカではエクアドル、ベネズエラ、ペルー、メキシコで開かれた。本命のヨーロッパでは、ギリシャ、ポルトガル、オーストリア、フランス、ロシア、マルタ、デンマークで開かれた。

しかし日本では日本共産党から完全に無視され、マルクス主義哲学者や研究者に浸透するには非常な困難がともなった。しかし、北朝鮮と友好を深めていた社会党は偏見なく好意的に対処してくれた。そのおかげで、社会党関係の民主人士、教職員、青年学生たちには、主体思想を支障なく宣伝できた。

二　主体思想国際セミナー

私が参加した国際セミナーは、一九七九年、一九八二年、一九八四年のニューデリー（インド）と、一九八四年四月のリスボン（ポルトガル）、一九八八年三月のアテネ（ギリシャ）、一九九〇年のグアヤキル（エクアドル）、一九九二年の東京であった。国際セミナーのおかげで、私は学友が羨むほど世界の有名な都市を数多く訪問し、見聞を広めることができた。本当に幸運であった。

中国と肩を並べるアジアの大国インドには、三度も訪ねる機会に恵まれた。以下に記録するのは、二回目のインド訪問、一九八二年四月にニューデリーで開かれた主体思想国際セミナーの思い出である。

一九八二年は金日成が誕生七〇周年を迎えた年だった。当時、私は平壌の主体科学院に逗留しながら、主体哲学の原稿を書いていた。国際研究所からニューデリーで開催するセミナーの招待状が届いた。私は党国際担当書記だった黄長燁と一緒に朝鮮民航の特別機でモスクワに飛び、そこからニューデリーに入った。特別機には一等室はなかったが、ふたりだけで話ができるスペースを設けた。そこで北朝鮮の政情、主体哲学の研究方向、セミナーの討論原稿など、あれこれと意見を交換した。談論風発で話は尽きなかった。やっとニューデリーに着いた。私のためにインド政府直営の最高級ホテル、アショーカホテルの護衛つきのスイートルームが用意されていた。

国際セミナーには、多くの国々や機構から参加した主体思想の信奉者二〇〇人ほどが一堂に会した。私にも発表の機会が与えられ、主体哲学研究で最も重視しているテーマ、「物質の主体的概念について」を題目に一時間ほど討論した。そこで人間中心の視点でとらえた唯物的弁証法の新しい解釈を示した。白熱した議論が続いた。インドの学者の議論は熱っぽく長かった。司会者は、インド人学者の長舌をいかに止めさせ、日本人学者の口をいかに開かせるかに苦労するところぼしていた。

セミナーが無事に終わり、インド駐在の北朝鮮大使館から食事に招待された。席上、大使は、ネルーの娘であるインド首相インディラ・ガンジーと会ったとき、北朝鮮の自立的民族経済建設路線の現状について、詳しい説明を求められたと話した。説明に難渋したという。私もさもあらんと頷いた。私の持論は、自立経済でも閉鎖経済に陥らず、外国の先進技術を導入すべきだという考えである。しかし北朝鮮は先進技術の導入に国費を使わず、高級幹部が乗る公用車のベンツ輸入に使っている。また、絶対消費部門である軍需産業に使っている。これに比べると、インドのガンジー首相は公務もクーラーなしの国産乗用車で済まし、官僚の外車利用を許していない。外貨はすべて先進生産設備の導入に使っているという。私は、インド経済は問題を抱えながらも発展の可能性が高いと思った。

ニューデリーの市内観光をした。インド国産車のタクシーに乗り、市街地から三時間ほど離れた、ムガル建築の最高傑作タージ・マハルと赤砂岩の壮大な城アグラ城塞を見学した。タージ・マハルは、ムガル帝国第五代皇帝シャー・ジャハーンが亡き妻に捧げた白亜の墓廟である。皇帝たる男の深い「愛の結晶体」といえる。

インドの四月はとても暑い。冷房なしの車で汗ぐっしょり。開けた窓から熱風が吹き込む。しかし牛だけが暑さ知らずで、ゆうゆうとゆっくり歩いている。クラクションを鳴らす車はまったくない。牛を傷つけても、驚かしてもいけない。ヒンズー教徒は牛を救世主のように崇める。生水は飲めず、牛乳を飲む。牛乳は生命水である。牛肉を食べることは禁忌である。牛にとっては、まさに天国である。

四月一五日は北朝鮮の国家主席、金日成の七〇歳の誕生日だった。北朝鮮では最大の祝日である。七〇周年祝賀会には、国際セミナー参加者全員が招待された。そのために特別チャーター便が用意された。機のフライトコースは、ニューデリーからヒマラヤ山脈を越えて中国大陸横断、そして平壌へ飛ぶものだった。私には眺望のよくきく特別室を与えられた。

機の窓から眺めるヒマラヤ山脈は、まさに神々の座そのまま、雄大かつ神秘的で、思わず息をのんだ。海抜八〇〇〇メートルの天空に聳える、峨々たる氷雪の山稜は気高く神々しかった。造物主の妙を悟った。死を怖れず登頂を目指すアルピニストの心意気を感じた。「なぜ登るのか、そこに山があるからだ」。ヒマラヤの北側はチベット、ゴビ砂漠だった。眼下には、世界地図でしか見たことがない広大なユーラシア大陸と、その東部に広がる中国があった。黒々と連なる丘陵、延々と広がる大地、大蛇のように曲がりくねった長江と黄河。この広大な大地を舞台に、春秋戦国から秦、漢、隋、唐、宋、元、明、清に至る中国の王朝ドラマが連綿と展開されたのだ。ユーラシア大陸の東端に位置する朝鮮半島、そこを舞台にした高句麗、百済、新羅の戦いも、その後の高麗、朝鮮の栄枯も、この中国大陸の諸王朝の盛衰と関わっていたのだ。そんな思いを馳せながら、特別室のフライトを楽しんだ。

平壌に着くと、金正日総書記の招待で、彼が宴会専用に使っているモンラン閣へ行った。盛大な歓迎の宴が開かれた。専属の歌舞団の公演を鑑賞しながら、ひとときを楽しく過ごした。

その後の祝賀行事では、マスゲームをはじめとするさまざまなイヴェントに参加した。しかし、私にとってなによりも重大で、深刻なショックを受けたのは、金日成主席生誕七〇周年に金正日総書記が贈った論文「主体思想について」の学習だった。いままでの主体思想研究を総点検し、理論的な未熟さを総括する契機となった。

ポルトガルは、西ヨーロッパのイベリア半島に位置する共和国で、首都はリスボンである。ポルトガルはユーラシア大陸最西端の国家であり、一五世紀以降の大航海時代にはスペインとともにヨーロッパ以外の世界を分割支配し、ブラジルなど広大な海外領土をもつ海洋帝国であった。海路で中国や日本などに進出して、種子島に火縄銃を伝えた。ポルトガルは一九七四年四月に起きた無血革命で四八年間続いた独裁政権を倒し、民主的な共和制国家に移行した。社会民主党が政権をとる状況のなかで、ポルトガルでも主体思想の宣伝を受け入れる条件が整ってきた。

一九八四年四月、首都リスボンに七一か国、四国際機構から一〇五代表団が参加して、主体思想に関する国際セミナーが組織された。私は総連中央の国際局副部長李達国とともに成田からリスボンに飛び、セミナーに参加した。このセミナーでは、主体思想とマルクス主義の関係について討論し、所感を述べた。

討論が終わったあと、喫茶室で同席したパリ第一〇総合大学政治学教授エドモン・ジューブと、同大学哲学科の教授（数年前に交通事故で亡くなった）が、「注目すべき討論であった」と誉めてくれた。ジューブは「主体思想とマルクス主義の関係を知り、主体思想の真髄を理解した」と語ってくれた。私も初めて試みた討論なので、正直ほっとした。

リスボン国際セミナーが終わったあと、駐ポルトガル北朝鮮大使館の招待をうけた。大使館は、広くてきれいな庭園にテニスコートとプールがある、南国様式の優雅な建物であった。そこで美味しいポルトガル料理をご馳走になった。食事のときの大使の話が気になった。彼曰く、ポルトガルは北朝鮮と韓国両方と国交を結んでいる。朝鮮の表記はＤ・Ｐ・Ｒ・ＫＯＲＥＡ、韓国の表記はＫＯＲＥＡだ。しかしポルトガル人で、この区別を正確にできる人はあまりいない。

郵便局員もそうだ。だから郵便物の間違い配達がしょっちゅう起きる。なかには重要な情報を知らせる郵便物もある。そのときは転送せず握りつぶしたりする。韓国を批判する郵便物は転送する。その頃、八八年のソウルオリンピックを目前にして、「犬を食べる野蛮国ではオリンピックを開くな！」という抗議文が毎日、数多く郵送されてきた。これらの抗議文は、すべて韓国大使館に転送した。ソウルオリンピックの開催を歓迎しないので当然であろう、と大使は話した。美味しい食事も砂をかむ思いがした。

やりきれない気分を晴らすため、観光名所のベレンの塔を訪ねた。燈台がある入江には居酒屋が立ち並んでいて、そのうちの一軒にはいった。入江からすくい上げた生きたイワシを塩焼きにし、棚に並べられたワインを順番に飲んでみた。BGMには、ポルトガルの哀愁をおびた歌が流れていた。

ポルトガルからの帰路、回り道だがスイスに寄って、レマン湖とモンブランの眺望を楽しもうと考えた。大使館にビザの発行を頼んだ。「スイスは観光立国だから、ノービザで入国できる」と言われた。すっかり信用した。しかしスイスでそのまま空港を出ようとしたら「ちょっと待て！」と止められた。入国ビザがないからだった。朝鮮籍の在日朝鮮人は旅券がない。発行してくれる国を持たないからだ。日本から海外に行くときは、入管から「再入国許可証」を発行してもらう。これで日本からの出国と再入国は許可される。しかし訪問国の領事館から予め入国ビザをとらねばならない。その手続きをしなかったので入国拒否となったのだ。やむなくスイスの北朝鮮大使館に電話をかけた。すぐ書記官がかけつけ、「写真があるか」と言われたので顔写真を渡した。一時間ほど待っていたら、大使館で発行した北朝鮮のビザをもってきてくれて、やっと入国審査をパスした。国家から疎外された朝鮮籍在日朝鮮人の悲哀を味わった。

ちょっと話はそれる。

前述したパリ大学教授のジューブは、ミッテラン大統領の顧問を務め文化功労賞を受けた著名な学者である。その彼と八王子にある料亭「うかい鳥山」で私的に飲んだことがあった。そのときの印象では、彼は実に茶目っ気たっぷりで、表情豊かな話しっぷりの感じのいい人物だった。

後日、オーストリアのインスブルック大学教授で永世中立論を理論化した国際法学者ハンス・クレカツキが来日したおり、京都大学の田畑忍ら約二〇名の国際法学者とジューブも交えて懇談会を開いたことがあった。

ジューブに話の順番が回ったとき、彼はうかい鳥山の思い出話をはじめた。日本に行けば着物姿の芸者と一緒に酒が飲めると思っていたという。うかい鳥山の従業員は着物姿で接待するが、宴席に侍って酌をすることはない。期待はずれでがっかりしたようだった。私は察して、あいさつにきた知り合いの支配人に事情を話して頼み込んだ。少し渋っていたが、とびっきり綺麗な着物姿の従業員を三人もよこしてくれた。美人揃いだった。酒席の雰囲気が一変した。男だけの殺風景な酒席が美人のもてなしで桃源郷の酒席になった。ジューブも美女には弱いようだった。ほろ酔い気分で夜のうかい鳥山の戻り道、高尾の丘陵に煌めく多くのネオンを見て、なぜこんな山中にホテルが多いのだと尋ねた。私は男と女が愛を囁くラブホテルだと答えた。彼曰く、どこの国も盛んだね。ジューブのお色気たっぷりのユーモアに、会席者はみなお腹を抱えて笑い転げた。

私はヨーロッパの帰路、ハンス・クレカツキ教授の故郷、ウィーンにしばしば立ち寄った。

ウィーンを訪ねた際には、必ず市内にあるソ連兵士の銅像の前に佇んだ。その銅像には由来があった。第二次大戦終結後、オーストリアはソ米英仏四か国の軍政下に置かれた。オーストリアは「ナチスドイツからわが国を解放してくれた恩恵は決して忘れない。わが国は今後永遠に戦争しない。東西どちら側の国にも追従せず、永世中立を守りぬく決意だ。心おきなく帰国されたい」と頼み込んだ。ソ連は「ソ連兵によってこの国が解放されたと刻んだソ連兵の銅像を建立すれば撤退してもよい」と答えた。米英仏は同意した。オーストリアからすべての外国軍が撤収した。オーストリアは永世中立国となった。音楽の都ウィーンの公園でおしゃれな高齢者夫婦が腕を組んで歩いている光景を見て、心底うらやましく思った。北朝鮮でもこんな光景が見られたらと思った。

ヨーロッパの先進諸国の国家元首で初めて訪朝したのは、フランスの大統領ミッテランだった。金日成はトルチック(草の根)酒で彼を接待した。ミッテランは「フランスの高級なワインよりうまい」と舌なめずりした。金日成はいたく満足して、年毎にこの酒を大統領に贈ったという。私も一七回にわたって金日成の招待宴に参席したが、最高級のヨンソンビールとトルチック酒が必ず出されていた。確かにこの酒は美味かった。金正日の招待宴にも四回参席したが、出された酒はヨンソンビールとヘネシーXOである。なぜトルチック酒が出ないのか、不思議だった。

一九八八年三月、ギリシャのアテネで「世界の平和と自主化に関する主体思想国際セミナー」が開かれた。私は朝大社会科学研究所の若手研究者である朴龍、徐忠彦とともに参加した。このセミナーには六五か国と八国際機構から八二の代表団が参加していた。

古代アテネは、誰知らぬ人もいないほど、芸術、学問、哲学の栄えたポリス国家であった。世界史の教科書は、人口一〇万にも満たないこのポリス国家の歴史、文化を必ず載せる。それは古代アテネで芽生えた合理主義と民主主義が、その後の西洋文明の精神的骨格となったからである。私たちは、紀元前五世紀頃に活躍したソクラテス、プラトン、アリストテレスらに思いを馳せながら、セミナー会場に急いだ。

この由緒ある地で開かれたセミナーで、私は「哲学の使命と根本問題について」という主題で討論し、発言した。哲学とはなにを目的とする学問か、どんな問題を議論すべきかと、スケールが大きすぎる問題を一時間あまりも語った。駆け出しの哲学研究者が、古代ギリシャ哲学の巨匠たちが目をむくような問題を討論したのだから、哲人たちの霊もさぞ驚いたことだろう。私もすっかり疲れてしまった。

アテネで開かれた国際セミナーで討論する筆者

夜、疲れを癒しに夜風にあたろうと、同行者を連れて散策に出た。小高い丘にある居酒屋に入った。ミロのヴィーナスを思わせる、三人の若い美女が接待してくれた。ギリシャ美人が注ぐブランデーは美味かった。かなり飲んだ。会計は思ったより安かったので、チップを多めにはずんだ。出てきたママが、「こんなにたくさんチップをはずんだ客は初めてだ。飲み直しなさい」と引き留めた。棚にあるブランデーを次々に開けてくれた。酔いがまわり、下ネタ話になった。君子危うきに近寄らず。美酒に酔い、美女に酔った夜だった。

美の女神ヴィーナスが生まれたエーゲ海は、波も穏やかで紺碧に輝いていた。神秘の世界で、幸福の「青い鳥」が飛んでいるような幻想に落ちていく。海を渡ってある島にあがった。丘の上まで続く階段を昇っていく。エーゲの島々が眺望され、調和のとれた家々が立ち並ぶ島のたたずまいに見惚れた。別世界だった。ギリシャ古典文明の奥深さを感じた。

日本社会党機関紙『社会新報』のギリシャ特派員の案内で、ギリシャ料理で有名な食堂にはいった。調理場に案内された。そこでは数人のコックが料理を作っていた。ここでは調理場に直接はいって、好きな食べ物を選び注文するという。食堂はギリシャ語でタベルナーという。タベルナーといわれても料理が美味しく、つい食べてしまう。これからは、食堂はタベローと呼ぶべきだと駄洒落を言った。

中世の商業都市、金融の都市チューリッヒを見学したいのと、ヨーロッパの田野を眺めたかったので、帰路は国際列車に乗った。昼、食堂列車で部厚いステーキ肉を肴にビールを飲んだ。車窓に広がるヨーロッパの田園風景が面白かった。

エクアドルは、南アメリカ西部の赤道直下にある共和国で、国内の中央をアンデス山脈が貫いている。北はコロンビア、東と南はペルーと国境を接し、西は太平洋に面している。一〇〇〇キロメートル離れた太平洋上にある、世界自然遺産第一号のガラパゴス諸島を領有している。

不勉強な私は国際研究所から招待されるまで、エクアドルがどこにあるのかまったく知らなかった。それが、一九九〇年四月にエクアドル最大の都市グアヤキルであった主体思想国際セミナーに出ることになった。私は総連中央国際局副部長の金菊漢と成田からエクアドルに向かった。日本人なら米国経由の航空路を使えるが、朝鮮籍には米国が通過ビザすら拒絶するので、地球を一周する航空路を取らざるをえなかった。東京からモスクワへ、モスクワからフランクフルトへ、そこからペルーを経由してエクアドルへ。なんと三泊四日も費やしてしまった。

国際セミナーで、私は主体思想の社会歴史観について討論した。短い時間に主体史観の真髄を伝えるのは容易でなかった。それでも多くの人々が関心をしめしてくれた。国際セミナーが終わったあと、ラテンアメリカらしいにぎやかな宴会が始まり、酒が適当に入った頃から陽気な踊りに移った。グアヤキル大学副総長でセミナー実行委員長のチャベツが大きな体躯で行き来しながら、ダンス相手に黄長燁を探していた。彼はどこかに隠れていなかった。彼女は次に私を探していた。酒を飲むしか芸のない私も逃げ隠れた。私もダンスを習っておけばよかったと思った。参加者はラテン音楽のリズムに乗って、楽しそうにステップを踏んでいた。ダンスでストレスを解消しているようで、心底羨ましかった。

帰路、社会主義キューバのハバナに立ち寄った。空港に駐キューバ北朝鮮大使、朴重国が迎えに来ていた。彼は、かつて板門店の朝米軍事会談で、朝鮮側主席代表を長期間務めた陸軍中将であった。なぜ彼がキューバ大使でいるのだろうかと思った。朴重国はハバナ市内の高級ホテルの食事に私たちを案内した。最上階の全フロアを護衛付きで借り切り、食事を整えさせた。次いで大使館に案内された。とても豪壮で高級な建物だった。

社会主義キューバの経済は決して豊かではないが、飢えはないらしい。カストロ大統領は質素に暮らし、大衆に人気があった。大会で演説したあとは、必ず群衆と握手し、話に耳を傾けるという。社会の雰囲気は自由闊達で海水浴に来る観光客も少なくないらしい。カリブ海の防波堤の幅は広く、日暮れになると若い男女が寝ころんでいるという。

思い出づくりにカリブの海水浴を勧められた。国賓が利用する海水浴場の建物で水着に着替え、カリブの砂浜で泳いだ。白人の頑健な肉体に較べ、わが身の弱小な肉体がみすぼらしく思えた。大使は喘息持ちであった。後日、謝意をこめて、日本の喘息の薬を送った。彼から別便でお返しの品が届いた。朝米軍事会談に出ていた軍服の厳めしい姿はなく、どこにでもいる朝鮮の好々爺になっていた。その後も彼と親交を深めた。

大統領選挙中のペルーにも立ち寄った。日系ペルー人のアルベルト・フジモリが立候補していた。フジモリは学者であり、日本の援助ルートへの期待で人気があった。ホテルで夕食のとき、酒を注文したら断られた。ペルー人の気質は情熱的で、選挙時には候補の応援で興奮状態に陥る。酒が入ると議論に花が咲き、興奮して殴り合いをするという。だから選挙中は禁酒となるらしい。旅に出て禁酒は辛い。大使館に電話をかけたら、すぐ迎えにきた。大使館内は治外法権なので、大統領選挙の話題を肴にしてワインを飲んだ。法破りも痛快だった。数日後、日本に戻ったら、フジモリは大統領に当選していた。

第6章　主体哲学論争のイデオロギー解釈権

一　主体哲学研究のふたつの流れ

一九八〇年の第六次党大会で金日成の後継者として公式に登場した金正日は、主体思想についての数多くの論文を発表し、主体思想の解釈権をもつ思想家であると内外にアピールしていた。北朝鮮の権力の源泉はイデオロギーの独占にあった。金日成の生誕七〇周年に際して、一九八二年三月に、金正日は主体思想を哲学の領域にまで踏み込んで論じた論文「主体思想について」を発表した。論文は、①主体思想の創始、②主体思想の哲学的原理、③主体思想の社会的、歴史的原理、④主体思想の指導的原則、⑤主体思想の歴史的意義まで論述していた。この文献は、主体思想の体系と内容を解釈した綱領的文献となり、主体思想は金日成によって創始され、金正日によって体系化されたと喧伝された。事実、この論文には当時の北朝鮮の哲学者、社会科学者の主体思想研究の到達点が凝縮されていた。この論文は、主体思想の哲学的理解の基軸文献として広く公認された。

一九八〇年代後半、ソ連にゴルバチョフ書記長が登場し、ペレストロイカ（改革）を提唱し、グラスノスチ（情報公開）と体制の枠内での自由化と民主化を押しすすめた。中国では、一九七七年に復権した鄧小平が文化大革命後の混乱を収束し、毛沢東批判をとりしきるとともに、八一年から経済で思い切った改革開放路線を推進した。社会主義陣営の体制崩壊の危機が迫っていた。

思想論を唱える金正日は、この危機を、主体思想を体制擁護の政治哲学に改作する方法で乗り越えようと試みた。一九八六年七月、党中央委の責任幹部との談話「主体思想教育における若干の問題について」を発表した。金正日は、談話で①主体哲学の原理を再確認し、②革命の主体、「社会政治的生命体」論を展開して、我々《ウリ》式社会主義の優越性を強調し、③ソ連のペレストロイカと中国の改革開放を否定的に論じていた。この「社会政治的生命体」論は、ある種の国家有機体説で、首領を脳髄、党を中枢神経、人民を細胞に比するもので、人民はこの生命体に寄与することによって、有限な肉体的生命を超越する、永遠不滅の社会政治的生命を首領から賦与されると説いた。国家全体をひとつの生命体と見なす理論は、第二次大戦前のナチスの国家統治理論に類似していて、知識人から総スカンを喰らった。また、個別科学である生物学の概念を全体科学である哲学の概念に流用するのは、方法論的にも誤謬に陥りやすいと批判された。

この理論の延長線上で、「オボイ（父なる）首領」、「オモニ（母なる）党」と呼ぶ、疑似的な血縁集団に似せて北朝鮮社会を描写する思考が生まれてくる。さらにその先に、金日成一族の血統を崇拝する、「聖家族」「白頭の血統」伝説まで生まれてくる余地があった。

現代を自主性の時代と規定し、その時代の精神的精髄を内包していた主体思想が、しだいに権力に阿諛する思想の色彩を濃くする過程で、真理を追究する普遍的哲学としての純潔性を失い、

金正日

独裁権力を合理化する政治哲学に変節しはじめたのである。

私は、一九八一年春、総合大学の兼任研究員時代の論文『チュチェ思想の世界観』（未来社刊）を出版した。この活字化された論文が、北朝鮮の哲学学会の博士学位審査の俎上にのせられた。私の博士論文審査を契機にして、主体思想研究に伏在していたふたつの流派の見解の違いが顕在化してきた。予想もしなかった出来事だった。

この論文審査で問題視されたのは、人間の本性をどう規定するかだった。金正日は、「人間は自主性、創造性、意識性をもつ社会的存在」と規定しているが、私の論文では、「人間は自主的意識と創造的力をもつ社会的存在」と規定している。この規定は金正日総書記の規定と少し異なる、ゆえに博士学位に該当しないという意見が出た。幸いにも、私の論文では金正日の命題が冒頭に引用されていたので、一〇大原則の執筆条項である「首領の教示、お言葉を演繹する」に抵触していないと弁護する人が出てきた。北朝鮮では、首領は新しい思想と理論の創始者であり、研究者や科学者はその解釈者に過ぎなかった。それゆえ論文や著作を発表するには、必ず最初に首領の教示を鄭重に引用して執筆せねばならない。つまり首領の命題がなければ、執筆はできなくなる。一九七〇年代以降、優れた著作が現れないのもそのためである。もしも、ある重要問題を首領に先立って定式化したら厳しく咎められ、社会的生命すら保障されない。私の著作は、金正日が「人間は自主性、創造性、意識性をもつ社会的存在である」という命題を一九八二年に定式化する前年に出たので、危うく不敬罪に問われるところだったが、弁護のおかげで罪を免れ、博士論文は通過したのだった。

私の博士論文審査の過程で、主体思想の解釈をめぐるふたつの流派、黄長燁の主体科学院派と

黄長燁

楊亨燮の社会科学院派とのあいだで陰湿な暗闘が展開されていたのである。ふたつの流派の特徴を簡潔に書いてみよう。

主体科学院派の総帥は黄長燁である。黄長燁（一九二三〜二〇一〇）は平安南道生まれ。東京の中央大学（中退）、金日成総合大学を経て、一九四九年にモスクワ大学でマルクス・レーニン主義を学んだ。一九五八年から六五年まで金日成の側近くで理論書記として仕えた。一九六五年から金日成総合大学総長、一九八〇年から主体思想、科学教育、国際関係担当の党書記を歴任した。六〇年代以降、金日成の「主体確立」の理念に、自身の人間中心の哲学の理念を加えて、「主体思想」の理論を集大成した。それゆえ「主体思想の生みの親」と評された。七三歳で韓国に亡命する以前の黄長燁は、名実ともに党中枢幹部、金日成側近として権勢をほこった。

社会科学院派を率いる楊亨燮（一九二五〜）は、咸鏡南道咸興市生まれ。金日成総合大学卒業後、モスクワ大学に留学。一九六一年より高級党学校校長。一九八〇年より朝鮮社会科学院の院長を務めた。二〇一〇年に党中央委政治局員に選出された。理論の切れ者と評された。

黄長燁の影響下にあった主体科学院派は、主として金日成総合大学の哲学、経済、歴史の研究スタッフが理論陣を張っていたが、その主張にはどことなく人文主義的（ヒューマニズム）で、学究的（アカデミック）な色彩が漂っていた。主体思想の解釈では、一九九六年頃までは党中央委「資料室（主体思想研究所）」、主体科学院の解釈が主流を占めていた。国際セミナーの各国代表の討論、朝鮮総連の活動家の講習には、もっぱら主体科学院系列の優秀な講師が出演していた。

私の主体思想の解説を聞いて、「雲間の月みたいに見えたり見えなかったり」と評した総連議長の韓徳銖が、この派の優秀な「まさかり」講師、金永春の講義を聴いて私に言った。「主体哲学がよくわかった、雲がとれて月が見えたよ」と。韓国の学生運動で一時急伸長した「主思《チュサ》派」も、この派の主張と解釈に依拠していた。

一方、楊亨燮が率いる社会科学院派は、主として高級党学校、社会科学院のスタッフが理論陣を張り、その影響下にある雑誌『哲学研究』などの執筆で活動していた。その主張は北朝鮮国内向けで、政治的（ポリッティク）で、実践的（アクティブ）な色彩を帯びていた。この派の強みは北朝鮮の新聞、報道、出版界をほぼ掌握していることだった。

主体思想の解釈をめぐり、両派には彼らだけが知る対立と目に見えない論争、誹謗中傷を伴う陰湿な闘争があった。例えば黄長燁派の哲学研究者の手によって「主体哲学教科書草案」がつくられ、全国の大学の哲学教科書として配布、使用されたことがあった。これに反対する社会科学院では、開城の成均館大学の学生の名をかりて、「教科書草案」の誤った解釈を列挙して、金正日に抗議の「親書」を送ったりした。それは、主体思想の解釈をめぐる異端狩りの体をなしていた。正統か、異端かの判断は、主体思想の解釈権をもつ総書記の金正日だけが裁決できたからである。内実は、イデオロギー論争の形をとった党内の権力闘争でもあった。

にわかに主体思想研究の道に入った私は、好むと好まざるとに関わらず、当初から黄長燁が率いる総合大学グループ、主体

楊亨燮

科学院派に組み込まれていた。そして海外研究者という「治外法権」的な立場にある私を利用して、主体科学院派の主体哲学に関する独自な見解、社会科学院派の見解と対立する主張を代弁させていた。その最初の著作が未来社から出た『チュチェ思想の世界観』であった。知らなかったとはいえ、黄長燁派のスポークスマン的役割、モルモット的役割をしていた私が、社会科学院派の攻撃のターゲットになるのは当然であった。しかし、私にとって主体科学院派の理論探求の学究的態度と真摯で謙虚な研究姿勢は好みにあい、優れた研究者との交流は私の研究意欲をかきたて、心地よい刺激になっていた。そして研究内容も方法もほとんど軌を一にしていった。

ゴルバチョフの登場と東西冷戦の終焉という状況のなか、韓国は北朝鮮の後ろ盾だったソ連、中国との外交関係を回復した。一九八八年にはソウルでオリンピックが開かれた。朝鮮半島の力のバランスが崩れ、北朝鮮の劣勢が誰の目にもはっきりしてきた。その翌年、「ベルリンの壁」の崩壊を皮切りに、東欧社会主義諸国の政権はドミノ式に崩壊の坂道を転げ落ちた。ルーマニアでは強権を誇ったチャウシェスク大統領を国軍が処刑した。一九八九年には中国でも、民主化を要求し天安門広場に集結した学生と市民を人民解放軍が排除する「第二次天安門事件」が起きた。そして一九九一年一二月には紆余曲折を経てソ連が解体し、社会主義陣営そのもの自体が消滅した。北朝鮮に計り知れない衝撃を与えた。

北朝鮮ではルーマニアと中国の事態から、政治の変動過程では軍の動向が決定的な影響力を持つという教訓を得た。金日成が君臨し、金正日が統治する体制のなかで軍の権力継承が進んだ。一九九三年四月、金正日は国防委員会委員長に選出され、軍最高司令官と国防委員長を兼任する軍のトップとなった。

一九九四年七月八日、金日成が急逝した。金正日は公式的な権力継承は先送りして、「三年服喪」が明けるまで「遺訓統治」を行った。一九九五年から九六年と続いた未曾有の自然災害で生産設備が破壊され、厳しい食料難に追い込まれた。この事態に対し、北朝鮮は軍の指導力を高める「先軍政治」をかかげ、パルチザン時代の「苦難の行軍」で切り抜けようとした。北朝鮮の社会科学者には、この政治スタイルの変更をイデオロギー的に擁護するという課題が提示された。

二　長期病気治療

一九九五年三月から一〇月まで、私は平壌の郊外、龍岳山麓にある主体科学院に滞在した。主体科学院は一万坪余の敷地に二棟の豪奢なホテル級の建物があり、主体思想を学ぶ外国からの賓客の宿泊に供与していた。この主体科学院は、黄長燁が率いる研究グループの拠点であった。私が訪朝するとき、いつも主体科学院の賓客用宿泊棟に滞在した。私には案内人二名、運転手一名、衛兵三名、料理人二名、その他に食事担当メイド、部屋掃除メイド、茶菓担当メイド、衣類洗濯メイド、さらに指圧師までついた。まさに王侯貴族の待遇だった。食事も申し分なく、自宅ではとても味わえない山海珍味が並べられた。毎日、午後三時に指圧師が来て、体をほぐしてくれた。

九月下旬のある日、指圧師のマッサージの気持ちよさに、つい眠り込んでしまった。かなりのあいだ眠り込んだのか、寒気を感じて目覚めた。薄着のまま寝込んだせいだった。医師が来て、風邪だと診断した。

科学院の外側では、百年来の集中豪雨による大洪水で、都市も農村も甚大な被害が出て麻痺状態になり、住民に伝染病が蔓延していた。しかし、私には医師と看護師がつききりで治療し、貴重なストレスマイシン、散薬、注射、点滴を施した。食欲が失せ、肉体が痩せ衰えはじめた。体重は五キログラムも一挙に減った。鄭重な看護が効を奏し、一〇月に入って、やっと病床から離れた。日本に帰ると伝えた。科学院側から、党創建五〇周年行事に参加してから帰れと指示された。式典、宴会、音楽祭に招かれた。

音楽祭のとき耳の異常に気づいた。シンフォニーの楽曲がコロンコロンと聴こえた。不思議な音だと思った。宿舎で自宅に国際電話を入れたが、ざわめき音だけで会話ができなかった。どうも体の調子がおかしい。病気かな。これも北朝鮮が豪雨、洪水の災害で苦しみ、餓死者まで出ている非常時に、私だけ贅沢三昧をした当然の報い、天罰だと自嘲した。これ以上、この国に迷惑をかけられない、病んだ無為徒食の士大夫《ソンビ》は早く帰ったほうがいいと思った。

北京航空で成田に戻り、ほうほうの体で八王子の自宅に辿り着いた。玄関に迎えに出た妻が驚いて、ベッドに寝かしつけた。我が家に幽霊が出たと思ったという。

すぐクリニックで診てもらった。耳鼻咽喉科では、左耳が難聴で電話での会話は難しいと診断された。次いで眼科検診で、緑内障、白内障と診断された。緊急に手術を受けた。施術後、眼科医は眼底がつぶれていて治せないと宣告した。視力は〇・〇五だと告げられた。新聞は大きい見出しがやっと読めるだけになった。文字を書くこともできなくなった。B４大の用紙に見出し並みの文字をどうにか書けるぐらいだ。さらに前立腺腫瘍の手術、鼻血を止める副鼻腔炎の手術をした。

これで終わらなかった。日本でも八例しかないという奇病、八つめの背骨の炎症が見つかった。わが寿命の尽きるときが来たと覚悟した。二か月間の長期入院で現代医学の粋を極めた施術を受けた。さらに胃潰瘍、吐血症なども治療した。一年余り、病院の入退院を繰り返した。夏は猛暑を避けて万座温泉に引き籠もった。長い入院生活のあいだに、朦朧とした意識のなかで、自分が過ごしてきた七〇年の軌跡を走馬灯のように想起した。夢と現実が交差した。

三　主体哲学は党の政治哲学

主体哲学のふたつの学派の相違点は、一九九〇年代初頭にはかなり判明してきた。一九九〇年一〇月、金正日は党中央委の責任幹部との談話「主体哲学に対する正しい観点と理解をもつために」で、党内に主体哲学に対する正しい観点と正確な理解をもっていない人々がいると指摘した。談話で指摘したいくつかの問題点は、黄長燁グループの主体哲学の解釈と主張に的が絞られ、それは「偏向」であると釘をさしていた。そして次の四つを「偏向」とした。

①　主体哲学の優越性と独創性をマルクス主義の見地から解釈しようとする偏向を正さねばならない。主体思想をマルクス主義の唯物弁証法の枠にあてはめて解釈する傾向がある。

②　対立物の統一と闘争の法則についての考察は、学術的見地ばかりでなく、革命実践の見地から歴史的に考察せねばならない。対立物の統一と闘争の法則が重視されたのは、資本主義社会の経済的矛盾と階級闘争の法則を哲学的に解明するのが重要だったからである。そのため、マルクス主義哲学が示した対立物の統一と闘争の原理は、社会主義社会発展の合法則性を解明するうえでは不合理な点が多い。

③　人間の本質的特性について正しい理解をもつべきである。人間の本質的属性を、生命物質

一般の自然的属性が発展、完成したものと理解してはならない。人間の本質的特性を生命物質の発展水準における違いとしてみるのは進化論的考察方法である。動物と区別される人間の本質的特性を、生物学的および社会的構成要素の多様性と結合方式の複雑さに求めようとするのも、誤った考察方法である。社会的存在についての認識を正しくもつべきである。社会的富も社会的存在に属すると考えるのは、人間と人間の創造した社会的富を同一視する間違った見解である。

④　自然改造、人間改造、社会改造の三大改造事業の相互間係を正しく理解すべきである。三大改造事業について論ずるとき、その歴史的順次性や特殊性を無視し、単に論理的に展開するだけでは、結局、革命実践とかけ離れた理論になってしまう。社会生活の三大分野の問題も機械的に解釈してはならならない。

この文書は、主体哲学研究に内在するふたつの流派の研究内容にまで踏み込んだ分析で、総書記の金正日が黄長燁派の研究傾向にイエローカードを提示したものと受け止められた。しかし、それはまだ主体思想研究グループ間の内部矛盾の表れで、「偏向」という抑制的表現で判定されていた。

しかしふたつの流派の面子をかけた抗争は、水面下で継続し、より先鋭化していた。

一九九五年一〇月、労働党創立五〇周年記念行事が終わり、私は病気治療で日本に帰る旅装を整えていた。世話になった黄長燁に日本に帰るあいさつをし、会話を交わした。思えば、それが平壌で交わした黄長燁との最後の会話だった。そのときの会話では、まず翌年二月にモスクワで開かれる主体思想に関する国際セミナーに参加する予定であることが伝えられた。さらに、主体思想がマルクス・レーニン主義者に受け入れられないのは、マルクス主義思想を標榜しながら唯物的弁証法とは縁もゆかりもない首領の神格化、絶対化を唱え、現在の独裁体制を思想理論で支えているからだ、と黄長燁は自らの考えを述べた。続けて、この点をモスクワ国際セミナーで釈明しようと考えている、あなたもそのつもりで準備してくださいと話した。彼の言葉には、悲壮感があった。並々ならぬ決意を聞かされ、私は緊張した。

一九九六年二月、モスクワで「自主、平和、友好に関する主体思想国際セミナー」が、三〇余か国から三〇〇名ほどが参加して開かれた。ところが予算の都合で、会場は駐ロシア北朝鮮大使館に変更された。朝鮮総連からは病気入院中の私に代わり、朝鮮大学校の玄源錫が参加した。

国際セミナーはスケジュールどおり進められ、無事に終わった。しかし舞台裏で事件が起きていた。黄長燁はモスクワ大学の哲学部教員二〇名ほどを大使館の別室に集めて、達者なロシア語で心にある思いを訥々と話した。それは主体思想が世に出た経緯、主体思想の深奥な内容、その哲学史的意義などであったが、「主体思想はわれわれの仲間が作ったものであり、首領の神格化、絶対化とは絶対に無縁である」ときっぱりと断言した。それはイデオロギーの審判者、金正日の逆鱗にふれるものであり、黄長燁による金正日への挑戦でもあった。

談話の全容は同行した監視員の手で録音されていた。録音は平壌ですぐ朝鮮語に翻訳され、関係者に配布された。こともあろうに、主体思想の海外宣伝の責任者が一〇大原則に反する言説を弄するとはなにごとだ、怪しからん、と党内は大騒ぎとなった。党機関紙『労働新聞』はモスクワ国際セミナーの論評で、黄長燁を「陰謀家、背信者、野心家」と名指しで非難した。金正日は即刻、黄長燁を呼びつけ、自己批判書を差し出すよう厳しく命じた。

一九九六年七月、金正日が党中央委理論雑誌『勤労者』に寄せた談話、「主体哲学は独創的な革命哲学である」が発表された。

前文は、「最近、我が国の一部の社会科学者が主体哲学の解説にあたって、我が党の思想に反する誤った見解を主張しており、そのような見解が対外的にも流布しているという問題が提起された」とあった。「一部の社会科学者」とは、黄長燁とそれに連なる主体科学院、金日成総合大学哲学部の研究者（私、朴庸坤も入る）を指していると、誰の目にもはっきりわかった。さらに、その思想は「わが党の思想に反する思想」、反党思想であると厳しく断罪していた。

前述した一九九〇年一〇月談話は、哲学研究者間の論争に対する金正日の中間審判で、まだイエローカードの提示であったとするなら、この一九九六年七月談話は、この論争に対する金正日の最終審判で、レッドカードの提示であった。

談話は法廷で判決を下す形式、まず罪名を反党思想と決めつけ、そののちに罪名の根拠を述べるものだった。それは主体哲学のふたつの流派の深刻な論争で焦点になった問題を明かし、黄長燁派の主張の誤謬がどこにあり、なぜ誤謬を犯したかを述べていた。主体哲学の係争点を難解な認識方法論まで掘り下げて検証した画期的な談話でもあった。

ここでは煩雑さを避けるため、主体科学院派の主張を誤謬、有罪とした理由を三つだけ挙げることにする。

第一点は、主体哲学の基本原理の解説を社会的運動に固有な合法則性の解明に方向づけず、それを物質世界発展の一般的合法則性の見地から解釈しようとしたことである、とした。

第二点は、物質の構成要素とその結合構造に関する論議を人間の本質的特性と関連させ、それを主体哲学の重要な内容であるとしたことである。これは主体哲学をマルクス主義弁証法の枠にはめて解釈するものであり、人間の本質的特性を生物学的属性の発展、完成として理解する誤った進化論的考察方法を正当化するものである、とした。

第三点は、主体哲学の解説、宣伝で偏向を犯した主要因は、哲学的問題を革命実践の要求から出発して探求しなかったところにある、とした。黄長燁派は主体哲学の解説で、民衆の運命開拓の道を実践的意味のない問題をもちだして論議した。また、主体哲学をマルクス主義の唯物論と弁証法を発展させた哲学とした。これは偏向である。

この談話で看過してはならないのは、主体哲学を「わが党の革命哲学であり、政治哲学」とはっきり性格づけたことである。

この談話以降、主体思想研究は空洞化、形骸化し、哲学的原理の基礎や基本原理に関する諸問題の学究的研究は衰退しはじめた。その後に登場した「先軍思想」に主役の場をゆずり、主体思想は徐々にその姿を消していった。金正日も主体思想に関する関心が薄れたのか、主体思想に関する談話、労作を出さなくなった。一世を風靡した主体思想も時代の制約性を免れえない思想であったのだろう。大同江の畔に立つ主体思想塔だけが、過ぎ去った時代の記念碑的遺物として風雨にさらされているだけである。主体思想研究に壮年期の情熱を傾けた私は、口惜しさ、侘しさを慰める術もなく、ただひとしおの感慨にふけるだけであった。

四　黄長燁の韓国亡命

一九九七年二月、金正日総書記の生誕五五周年を記念して、「二一世紀と人間の地位に関する国際セミナー」が東京で開かれた。一五か国から五〇〇余名もが参加する盛大な会だった。意外にも、北朝鮮の代表団は黄長燁が引率していた。日本に友人が多い黄長燁の知友関係を考慮したのかもしれない。しかし彼はまったく生彩がなかった。セミナーが終わったあと、彼が朝鮮大学校の教職員と学生の前で講演をしたが、主体哲学の話はまったくせず、宇宙が膨張して地球に住めなくなっても人類は生き残るだろうといった、荒唐無稽な話を延々と一時間も話した。聴衆はあっけにとられ、あれが党書記の話か、と評しあったという。私は病床にいたので直接聞いていない。

私も国際セミナーに参加し、討論するつもりでいた。それは病気による入院治療で適わなかった。ところが黄長燁から、どうしても会いたい、来てくれとの電話があった。私もその後の詳しい顛末を知りたかった。医師に外泊の許可をもらい、黄長燁の宿泊先である新宿の京王プラザホテルにかけつけた。彼には来客が多く、私と対話する時間がとれなかった。私は彼の隣室、総連中央国際局の副局長の部屋を空けてもらい休んでいた。夜半にようやく対話の時間がとれた。さらに早朝五時に起き、まだうす暗い都庁裏の新宿公園を散策しながら、黄長燁が立たされた苦境、主体科学院のこれからの展望、主体哲学研究の今後のスケジュールなどを聞いた。ところが別れ際に、彼はしばらく口ごもったあとで、ポケットから小さな袋を取り出し、ぽつりと言った。「金正日が私をこのまま放っておくはずがない。これ以上生きるのが苦しくなってきた。北京で入手した青酸カリがある。これを飲めば苦しまずに死ねるだろう。朴先生とは今生の別れになりそうです」と。私は自殺をほのめかす言葉を耳にして、激情がこみ上げ、動顛した。私たちはただ黙って、かたく抱擁しあった。私の両頬は涙にぬれた。新宿の都庁前公園に朝日が差し込み、街路に勤めに出る人たちの姿が現れてきた。

その後、私は病院に戻った。すると突然、朝鮮労働党中央委書記の黄長燁が北京で韓国に亡命したという、特別ニュースがテレビで放映された。私は病院の寝台の上で茫然自失した。昨夜と今朝会った、あの黄長燁が……。絶句した。

黄長燁は帰国のため駐中国北朝鮮大使館に滞在していた一九九七年二月一二日、駐中国韓国大使館に党中央の貿易担当副部長、金徳弘とともに亡命を申請した。この報道は、南北朝鮮はもちろん国際社会に大きな波紋を広げた。黄長燁の亡命申請の翌日、北朝鮮外交部のスポークスマンは「想像も出来ない出来事」だと前置きして、「もしも黄長燁が北京の韓国大使館にいるなら拉致されたもの」と主張した。黄長燁の亡命意思が確認されると、北朝鮮外交部は「変節者！ 卑怯者！ 去らば去れ」という声明を発表した。日本のメディアは、黄長燁の亡命は北朝鮮崩壊の前奏曲であると論評した。

黄長燁亡命を伝える韓国メディア

第7章　在日朝鮮社会科学者の真摯な魂を尋ねて

一　黄長燁の苦渋の選択

一九九七年二月、黄長燁は東京で開かれた国際セミナーに参加した帰途、北京で韓国大使館に亡命申請した。愛する妻や家族への想いを断ち切り、黄長燁は韓国亡命の道を選んだ。覚悟の選択だった。彼は亡命した理由を、北朝鮮の体制に義憤をおぼえ、それを変革するためである。何百万の人民を餓死させながら、栄耀栄華に現を抜かす独裁者金正日を倒すためである、と語った。日本のメディアは、金正日が亡命直後の秘密演説で、黄長燁を「犬畜生にも劣る」と激烈に罵倒した、と伝えた。

北朝鮮では、黄長燁の韓国亡命事件を「忘恩の徒の背信」「反党反革命」として糾弾し、黄長燁の思想の残滓と余毒を一掃する思想点検を進める一方で、彼の血縁や係累はもちろん、総合大学主体科学院の関係者を一斉に検束した。その数は主体思想の研究者二〇〇〇人とその家族を含めて約一万人に達した。黄長燁の妻は、亡命のニュースを聞くと同時に絶望して自殺した。平壌医大教授だった次女は、収容所に送られる途中、車から飛び降りて自殺した。次女の夫は亡命しようとしたが捕らえられた。その息子も捕らえられた。長女と三女は収容所に送られた。龍岳山麓にある主体科学院は、スポーツクラブに衣替えさせられた。

その後、金日成誕生九〇周年、金正日誕生六〇周年となる二〇〇二年を迎える前日、二〇〇一年の大晦日に特赦令が公布され、検挙者の一部に恩赦が適用された。しかし黄長燁の知恵袋だった学者や研究者らは職場への復帰は適わず、それぞれの出身地に戻された。多くは収容所の虐待で衰弱し、また高齢化も重なり、餓死せざるをえない境遇に追い込まれた。それ以降の消息、生死はまったくわからない。確かめる術もない。

後日、黄長燁は、「私のすべての生活の目的は、独裁体制において非人間的に苦しんでいる北朝鮮の勤労大衆を救うということ以外になにもないです。そのために家族もすべて投げ捨てました。そういう運命にある家族は、私の家族だけではないのです」「個人の生命よりは家族の生命がより尊い、家族の生命よりは民族の生命がさらに尊い、民族の生命よりは人類の生命がなお尊いというのが、私の座右の銘です」と苦渋に満ちた、沈痛な心情を述懐した。

韓国に亡命した黄長燁はさまざまな公開活動を繰り広げ、北朝鮮の実情を暴露し、金正日の世襲独裁を鋭い舌鋒と筆鋒で批判した。黄長燁は九九年に『金正日への宣戦布告――黄長燁回顧録』を出版して、金正日の統治術や戦争観を批判した。また、『私は歴史の真理を見た』では、北朝鮮の主体思想が封建思想に変質した過程や、そのことについての自分の見解を書いた。黄長燁は、自分が基礎を築いた主体思想が金日成、金正日を崇拝する封建思想に変質したと非難し、「個人の生命は有限だが、社会政治的生命は永遠である」という、主体思想の社会政治的生命観を金父子が「首領絶対主義」に歪曲したと論難した。また黄長燁は、首領絶対主義思想に歪曲される前に自分が体系化した主体思想を「人間中心の哲学」と命名し、それを基礎にして、『民主主義政治哲学』(〇五年)、『弁証法的戦略戦術論』(〇六年)、『人間中心の哲学原論』(〇八年)などを執筆し、出版した。

黄長燁はさまざまな講演と著作を通して、金正日政権の打倒を主張したが、金大中、盧武鉉政権時代の太陽政策の影響で、韓国で彼の主張は受容されなかった。以後一〇年間、彼は政権によって活動制限処置をうけ、事実上の自宅軟禁状態におかれたが、二〇〇八年、李明博保守政権の成立直後に解放された。それ以後、彼は海外旅行や執筆、講演などの自由が認められ、大学での講演や対北朝鮮放送への出演など、公開活動を積極的に行っていた。

二〇〇五年八月、私は二度目の故郷訪問の機会に、ソウルの黄長燁を訪ねた。八年ぶりの再会だった。互いに感無量で言葉が出なかった。彼との再会で、昔日の出来事が走馬灯のように想起された。総合大学で、主体科学院で、大同江ホテルで、主体哲学の理念を熱っぽく語り合った知己や親友たちはどこへ行ってしまったのか。懐かしい面影が脳裏に鮮明に甦り、哲学を議論しあった理性的な声がこだました。辛子明太子を肴に焼酎を飲みながら語り、笑い合ったあの夜の記憶が次々によみがえった……。涙滂沱と流れる想いを分かち合った。

哀しみの感情が収まったあと、私は哲学の師と仰いだ彼と、久しぶりに主体哲学や民主主義政治について思う存分に話し合った。久しぶりの話し相手だけに興にのった。もう北朝鮮で主体思想を発展させる研究者はいなくなった。ふたりの責任は重いことを自覚して研究を進めようと誓い合った。

二〇〇九年四月、私は黄長燁の出版記念会に出席するため訪韓した。鐘路区役所前の韓定食レストランで、同席したコリア国際研究所の朴斗鎮が、「黄長燁が韓国の黄長燁なら、朴庸坤は日本の黄長燁」だと紹介した。参加者はその紹介を聞いて、私の日本における地位と学問的権威を理解したという。

二〇一〇年一〇月一〇日、黄長燁は入浴中に息を引き取った。その日は北朝鮮の党創建六五周年にあたる日だった。北朝鮮労働党は、その日、金正日の三男、金正恩が公式の後継者であることを内外に公表した。亡命から一三年間、北朝鮮の世襲独裁を強く批判してきた黄長燁は、まさに三代目世襲が公表されたその日に永眠した。

同月一二日には、「北朝鮮の人権改善に向け尽力した」として韓国政府から無窮花章（国民勲章一等級）が贈られ、一四日には、遺体が国立墓地の顕忠院に埋葬された。顕忠院は「社会に顕著な貢献をした人物」を埋葬する墓地とされており、朝鮮戦争で犠牲になった軍人らが祀られている。ここに葬られた黄長燁はどう思っているのだろう。

米寿記念講演（ソウル）

二〇一五年四月八日、私は訪韓して、ソウルの民主主義政治哲学研究所で米寿記念講演をした。この研究所は黄長燁の韓国における活動拠点だった。集会の名称は「朴庸坤先生米寿記念――人間中心の政治哲学討論会」だった。私は午後三時から九〇分間の講演をし、そのあと九〇分間質疑応答をした。演題はマルクス主義経済学の功績と歴史的限界だった。この主題で講演できることは光栄だった。韓国の民主化の実現で、私のような思想をもつ者も自由に語れるのだと実感した。

講演では、ざっとこんな内容を話した。

・黄長燁の哲学は「人間中心の世界観」である。朴庸坤の哲学は「博愛の世界観」である。表現は異なるが、内容は同じである。

・私は「博愛の世界観」を確立したので、これを方法論的基礎として、マルクス主義経済学の再構築を目指している。

・マルクス主義経済学の功績は、①経済学の研究対象を生産関係に規定したこと、②経済学の六大批判体系（資本、賃金、土地、国家、貿易、世界市場）を確立したこと、③資本主義解剖の始点を商品に求めたことである。

・マルクス主義経済学の限界は、貨幣と資本の効用を過小評価したこと、経済恐慌と世界革命を結合させたことである。また社会発展の要因を階級闘争に求めたことである。

・人類社会発展の到達点は、共産主義社会ではなく、人道主義社会と命名すべきであろう。

そして、この米寿記念講演が、韓国における最初で最後の講演になろうとあいさつして締めた。内容はさておき、高齢者の頑張りを慰労する盛大な拍手を浴びた。

二　朝鮮大学校の最終講義

黄長燁系列の余毒の清算は、日本の朝鮮総連にも及んだ。朝鮮総連には黄長燁の亡命事件に対する党の公式見解が伝達され、活動家に向けて黄長燁派の主体哲学の誤謬を正す講演が行われた。社会科学系の学者と活動家には、黄長燁の思想的余毒を一掃する学習に続いて、批判と自己批判が求められた。東京の主体思想国際研究所は、事務局長の尾上健一の老熟した手腕で事態をうまく収め、黄長燁とのチャンネルをすべて切断した。大学内にあった私の研究拠点である社会科学研究所は、人事異動でほとんど空洞化された。残っていた「主体思想叢書」はすべて廃棄処分になった。

ターゲットは、黄長燁の系列人物であるこの私、朴庸坤だと誰の目にもわかっていた。私には当時、朝鮮総連の社会科学者としての学位と学職の肩書がすべて冠せられていた。共和国科学院院士、共和国哲学博士、共和国教授、そして在日朝鮮社会科学者協会会長、朝鮮大学校副学長、同社会科学研究所所長、朝鮮総連中央委員、おまけに主体思想国際研究所理事だった。総連にとって、肩書だらけに粉飾されたこの私をどのようにまな板にのせ、どう捌くかが残された問題だった。私の方は、焼いて食おうと煮て食おうと勝手にしろといった心境だった。

北朝鮮で黄長燁事件の後始末がついた二〇〇一年に、朝鮮総連を通じて訪朝するよう招請状が届いた。事情を勘ぐった妻が猛烈に反対した。妻の言い分は、「朝鮮に行けば二度と日本へ戻れないわよ。行ってはだめよ。殺されるかもしれないところへ、いまになってなぜ行かねばならないの。可愛がっている子や孫の顔も見られなくなるわよ」というものだった。一理あると思った。しかし、国が来いというのに行かなければ卑怯者と後ろ指さされる、といった屁理屈をこねて、訪朝を決断した。成田から北京経由で平壌に入った。六年ぶりの訪朝だった。党中央総連指導部の某部長が会ってくれた。彼は、北朝鮮の社会科学者と一緒に主体思想の研究をしてはどうか、と誘ってくれた。私はいま執筆している原稿を書き終えたら考えてみると、婉曲に断った。いくつか質問をした。まず、最近北朝鮮では主体思想を強調していないがなぜなのかと尋ねた。

彼は「いまは先軍時代です。主体思想のエッセンスは先軍思想です」と答えた。次に、党大会を開かないのはなぜかと尋ねた。彼は「経済建設がうまくいかず、成果を誇示する総括も、新しい経済発展の展望も描けないからです」と答えた。率直な答えだった。私に恭順の意思があるかないかの瀬踏みは済んだ。

日本に帰ると、総連中央から呼び出しがあった。赤坂プリンスホテルの和風レストランで、総連議長の徐萬述、宣伝局長の裵真求と会った。彼らから、「祖国の意向に従い、今後とも祖国の学者と共同研究せよ。また、ＮＩＲＡで執筆中の原稿は出版する前に宣伝局で事前承認をうけよ」と要請された。まだ私への処罰は保留中か、執行猶予中だなと感じた。

一九九七年春、新学期が始まった。私が教えていた経済原論と経済学史はすでに後輩に譲ったが、まだ非正規の特別講義スタイルで、経済学特講、哲学特講、社会科学概論特講を担当していた。哲学特講で、自由・平等・博愛を追求したフランス革命によって民主主義が発展したが、その理念は人間中心の主体思想の哲学的原理に含まれ、豊かにされていると話した。自由なくして自主性の発展はありえず、平等なくして創造性の発揮はありえないと強調した。言説に北朝鮮の政治体制に対する間接的な批判をにじませていた。学生たちは風変わりな講義に驚きながら、真剣に聞いていた。教授要綱にはない内容の講義となっていた。それがどうしたことか総連中央に漏れていた。おそらく私の講義そのものが監視対象になっていて、逐一報告することになっていたのだろう。数日後、富士見町の総連中央監査委の副責任者ら五名のスタッフが大学に来て、私の講義内容を把握するため、学生らにノートを提出させ、書き写された内容を調べていった。監査委は組織の綱紀を正し、規律違反を取り締まる機関だった。監査委が来て私のことを調べたということを、私は人伝に耳にした。

九七年の夏季休暇を信濃の万座温泉で過ごした。温泉療養だった。ある日、大学の第一副学長金守鎮が突然訪ねてきた。彼は総連中央の教育局長のとき、主体思想叢書『主体の教育学』の著者となった。磊落な活動家タイプでなく、生真面目な教育行政官タイプの男だった。彼が総連中央の意向を伝えに来たとほぼわかっていた。

「なにをしに万座まで来たのだ」と問うと、「学生から朴先生の講義に意見が出た」と、口ごもりながら答えた。「それなら講義をやめよう」と言うと、「いや、そういうわけではないのですが……」と言葉を濁した。その夜は一杯飲みながら世間話をして過ごした。翌朝、彼は帰っていった。数日後、その彼がまたやってきた。「総連中央は講義の中止を命じたが、私は曖昧にしか言わなかった。叱られたのでまた来た」とぼやいた。

一〇月、後期が始まった。政経学部経済科四年の哲学特講がセットされている教室に入った。哲学が好きで私なりに一所懸命講義してきたが、病気のためもう教壇に立つことはできなくなった、今日がみなさんとのお別れだ、とだけ話して教室を出た。これで四〇数年立った教壇から永遠に去るのだ。万感こみ上げるものがあった。寂寥感でもあり、悲哀感でもあった。

キャンパス中央の池のそばに、万座に来た金守鎮が成り行きを見守って、黙然と座っていた。二号館から学生が駆け寄ってきた。学生たちは「先生の講義を聴こうと哲学の教室に行ったら休講だといわれた。どうなっているのですか」と尋ねた。私は病気のためもう講義はできないと答えた。傍らで金守鎮がやりとりの一部始終に聞き耳を立てていた。

その夜、政経学部四年生が立川にある居酒屋「庄屋」の二階を借り切って、私に経済学と哲学特講のまとめをしろと頼んできた。広間は学生でいっぱいだった。胸が熱くなった。予期しなかった講義だった。私は大学で過ごした歳月を想起しながら、いくつかの思い出を訥々と話した。学生たちは一言も聞き漏らすまいと耳を傾けていた。これで最後の講義を終わる！　長いあいだありがとう！　と言って締めた。拍手に送られ、場を辞した。

三　ＮＩＲＡの客員研究員

総合研究開発機構（通称ＮＩＲＡ）は、国政、国際関係、地域を中心として政策提言を行っている日本政府傘下の政策研究機関である。私は奇しき縁で、一九九八年一月から二〇〇四年三月まで六年間、ここで主体思想に関する研究生活を続けることができた。まさに捨てる神あれば拾う神ありであった。

一九九七年一〇月、札幌にある「北太平洋地域研究センター」が開いた国際学術会議、「北太平洋地域の安定と発展のフォーラム」に参加した。ＮＩＲＡが参加者の親睦をかねて「かに道楽」で一席もうけた。たまたま理事長の星野新保と席を隣り合わせた。彼は黄長燁とも親しく、彼の招待で訪朝し、主体科学院で泊まったこともあった。話の流れで、自然に話題は二月に亡命した黄長燁のことになった。それと絡んで、私も七〇歳にしてようやくフリーになったと語った。すると理事長は早速、「それは好都合だ。来年から私のところで研究してほしい」と言い、隣にいた部下の近藤研究員にすぐ辞令を出す手続きをするよう指示した。まさに人生至るところ青山ありだった。

一九九八年一月から二〇〇四年三月まで、私はＮＩＲＡの客員研究員となり、自主研究「朝鮮社会の理論的研究」をテーマに、六年余りも自由に研究活動を続けることができた。七〇過ぎで制約もなく研究に集中できる環境ができた。ラッキーだった。前理事長の星野新保も新理事長の塩谷隆英も遠くから研究を見守り、北海道道庁から来た五名の研究員（近藤、佐々木、山田、堤、今泉）らもよく仕事を手伝ってくれた。

黄長燁事件後、私の念願は、北朝鮮の超一流の研究者と日夜討論した哲学探究で蓄積された学術的結晶をこのまま放棄するには忍びない、なんとか後世にその思索の痕跡でも残したい、という思いを実現することだった。法治国である日本に住んでいるゆえに生き残った私がやらねばならぬ仕事だと思った。それが事件の犠牲になった彼らへの義理であり、書き上げた本は彼らへの鎮魂の書となろうと思った。しかし、組織から疎外された私に協力してくれる在日の研究者は皆無だった。強い意志をもってひとりでやり抜かねばならないと気を引き締めた。ともに真理の道を探求し、中途で倒れた同志の恨をはらす、私なりの弔い合戦だと言いきかせた。

ＮＩＲＡの研究員生活を送る歳月はとても長く、またとても短かった。わが身の非才を嘆きながら、拙い筆力で、老骨に鞭うち、懸命に書いて、書いて、書き続けた。そばで見る人があれば、狂気を帯びた老人の奇態だと思ったかもしれない。しかし荒地にも作物が育つものだ。収穫のときが来た。主体思想にかんする研究資料集として、哲学論、政治学論、経済学論の三編をやっと編集した。さらに別冊として主体思想入門を編集した。主体思想研究の総括として、『人間中心の哲学的世界観』、『人間中心の社会歴史観』および『人間中心の人生観』を書き下ろした。ほっと一息ついた。

二〇〇三年末、予定していた七冊分の原稿が書きあがり、二〇〇四年三月に機構の研究員を辞した。機構ではそれを製本して、それぞれ一〇冊ずつ、合計七〇冊を宅急便で送ってくれた。

そのとき、主体思想国際研究所副理事長の尾上健一と朝鮮大学校政経学部長の韓東成がたまま我が家に遊びに来ていた。刷り上がったばかりの製本版七冊をセットで尾上に手渡した。韓東成に手渡すのは躊躇したが、数日後宅急便で送った。それは朝鮮総連へ回送された。主体思想の原理の解釈ばかりか、北朝鮮の金正日政権の非理を論難するくだりが随所にあった。文書は一〇大原則に抵触し、黄長燁事件の教訓を汲んでいなかった。反北朝鮮文書の意図的流布と解せられた。朴庸坤は改心していないと判断され、執行猶予は取り消された。

二〇〇四年一二月二三日、朝鮮大学校学長の張炳泰が副学長と一緒に私が住む八王子に来て、喫茶店で会った。学長は、「朴庸坤を副学長、研究所長から解任する」と厳しい表情で伝えた。その翌年五月にあった総連中央委会議は、私を中央委員から正式に解任した。これで朝鮮総連と関連した役職はすべてなくなった。しかし肩書で人の価値を判断することに慣れた人間社会は面白いもので、組織の役職をすべて解任された私を、「元副学長」「元中央委員」と呼び、その方が曰くありげで面白いとからかった。困ったものだ。親友たちに無役となったと知らせ、祝杯をあげたが、やはり「元」「前」の肩書で呼ばれた。どうしようもないと諦めた。

四　ＮＨＫスペシャル出演、在日朝鮮人の帰国問題を論ず

二〇〇九年は、在日朝鮮人の北朝鮮帰国事業が実現して五〇年を迎える年であった。

帰国事業は、朝鮮総連が一九六〇年代に展開した「地上の楽園」北朝鮮への帰還運動（北送運動）であった。この運動で一九五九年一二月から一九八四年までに、約一〇万人の在日朝鮮人が

永住帰国した。六〇万在日朝鮮人の一七パーセント、六人に一人が北朝鮮に渡った。在日朝鮮人はほとんど南朝鮮出身であった。しかし、帰国事業で身内が北朝鮮に永住帰国したため、在日朝鮮人社会と北朝鮮のあいだに切っても切れない血縁的紐帯が生じた。在日朝鮮人が永住の地に北朝鮮を選択したのは、社会主義へのイデオロギー的憧憬、日本における「貧困」からの脱出、メディアが煽る千里馬朝鮮への礼賛などが作用した。

しかし、数年後、帰国朝鮮人からイソップの言葉で綴った便りが届きはじめ、隠蔽されていた「地上の楽園」北朝鮮の矛盾と惨状を人々は認識しはじめた。帰国朝鮮人は「帰胞《キボ》」として、最下層の社会成分である「複雑階層」にランク分けされ、満足な衣食住も保障されない劣悪な生活を営んでいることを知った。「暮らせない、援助を頼む」という悲鳴が聞こえてきた。朝鮮総連も北朝鮮の帰国者の実情を知り、在日朝鮮人の怨恨の視線を感じはじめていた。「しまった！　帰国者を人質にとられた！」と臍をかんだ。しかし、気がつくのが遅すぎた。総連組織そのものが、北朝鮮が張った蜘蛛の巣に絡めとられていた。総連中央は朝鮮人を修羅の場に送り込んだ罪を隠蔽し、帰国事業への一切の批判を封印した。

北朝鮮への帰国事業は、私の人生設計にも大きな影響を及ぼした。

帰国船が新潟を出た年、一九五九年に、私は愛知大学講師の職を辞して、北朝鮮への帰国を決めた。そして日本人妻の帰国をも認めるという北の言葉を信じて、妻を娶った。初めて朝鮮総連と繋がりが生じ、中央学院を経て朝鮮大学校に配置された。

一九六〇年代初め、私の脳裏にあった北朝鮮のイメージは、北朝鮮の朝鮮中央通信や、労働党の広報紙誌である『労働新聞』『勤労者』『朝鮮画報』『朝鮮新報』などが伝える、「地上の楽園」「社会主義模範の国」だった。私は大学政経学部の教員として、そのイメージを勝手に膨らませ、数多くの文書をつくり講演をした。社会主義に陶酔していたため、こうあるべきという理想像をすべて北朝鮮の見知らぬ現実に置きかえていたのだった。

帰国事業と関連して、いまでも「席藁待罪（藁敷きに跪き、罰を待つの意。朝鮮王朝時代の臣下が国王に謝罪する形式）」しても悔いない過ちを犯したことがあった。金日成の還暦を迎えた一九七二年、金日成の業績を顕彰する主体思想塔、人民大学習堂、凱旋門、金日成競技場の建設に北朝鮮は国力を傾けた。陣頭に金正日が立っていた。朝鮮総連は、傘下組織まで挙げて、金日成へ捧げる高価な贈り物の準備に狂奔した。指揮棒は金炳植が振っていた。異なった意見を挟めば忠誠度が疑われた。贈り物の強要は、学校などの機関にも及んだ。

朝鮮大学校には、在日朝鮮青年同盟が贈る六〇名の自動二輪オートバイ隊に合わせ、二〇〇名の男女大学生を北朝鮮に送れという指示がきた。リストには大学に在籍している総連活動家の子弟、有力商工人の子弟がピックアップされていた。大学はパニックに陥った。北朝鮮の事情を薄々知る学生たちは反抗し、拒絶した。私は学生を説得する側にいた。「主席誕生六〇年を祝賀する栄誉ある代表団に選ばれたのだ。帰国すれば総合大学に入り、卒業後には社会主義建設の指導者として貢献できる。外国にも雄飛し活躍できる。日本にいても就職はできないし、活躍の場は狭い」と吹聴した。学生の家庭にも戸別訪問し、顔をしかめる父兄を必死に説得した。当時、私の社会主義や北朝鮮に対する認識はその程度だった。

それから数年経って、北朝鮮への自由往来の道が開かれた。私は三七回も往来した。いつも心にあったのは、北朝鮮に渡った知人、学生たちのその後だった。特に二〇〇名の大学生たちの

「その後」だった。私は同じ学部の同僚だった呉在陽、金宗会、親友だった崔水鐘の消息を訪ね、面会を申請した。いつも「出張中」と云われた。しかし、北朝鮮に渡った「帰国朝鮮人」には、彼らなりのネットワークがあった。誰それが、いつ来て、どこのホテルにいる、という情報を知っているようだった。

ある日のこと、私が泊まっていた大同江ホテル前を幾度も行ったり来たりしている青年を目撃した。ホテル前に出てみると青年が駆け寄ってきた。私が説得して北に送り出した二〇〇名の学生のひとりだった。彼の父親は古い活動歴をもつ元総連副議長の李心喆で、韓徳銖のライバルと評された活動家だった。母親は日本人であった。父はどうしているかという私の問いに、自然環境担当相を務めていると答えた。彼は贈り物だといって、花瓶をくれた。私は返すものをもっていなかった。心のなかで「済まなかった、許してくれ」と、謝罪の言葉をつぶやくだけだった。

またある日、万景峰号で日本に戻るため元山にいたときだった。出港までに少し時間があった。外貨食堂で飯を食べ、腹ごなしに海岸を散策した。岸壁にいた三名の青年が「先生！」と叫んで、走り寄ってきた。見ると北朝鮮へ帰るのは嫌だと手こずらせた学生だった。さぞ恨んでいるだろうと思った。彼らは「いま元山経済大学で学んでいる。心配しないでください」といって、私との巡りあいを喜んでいた。そして土産の蟹醤を差し出しながら、「みんなが見ているから帰ります。アンニョン！」という言葉を残して走り去った。遠くに消えていく彼らの後ろ姿を見ながら、私はどうしようもなく頬を濡らした。私があの有望な青年たちの運命を狂わせたという、悔悟の嘆きだった。

二〇〇七年一〇月、ＮＨＫスペシャルが在日朝鮮人の帰国事業五〇年を記念したＴＶ番組を制作した。不思議なことは、あれほどイヴェント好きな北朝鮮、朝鮮総連で帰国実現五〇年の記念行事はいっさい企画されていなかった。朝鮮総連を離れた私に、元副学長の肩書でＮＨＫから出演依頼が来た。私は万感の思いをこめて、帰国事業にかかわった思い出を語った。そこで朝鮮大学生二〇〇名を北朝鮮に送った秘話を公にしてしまった。これは朝鮮総連でも、朝鮮大学校でも厳重に封印されていたタブーだった。大学の沿革から永久に消去して、忘れてしまいたい出来事だった。いまでは厚い瘡蓋で覆われた古傷、良心に突き刺さったままの棘として、忘却の彼方に追いやられていた。

番組を見た人から賛否両論の反応があった。「よくぞ語ってくれた。あなたの勇気に力づけられた」という意見もあった。しかし北朝鮮と朝鮮総連、朝大から猛烈な抗議が来た。朝鮮中央通信は「朴庸坤は変節者である。ＮＨＫの番組は捏造劇である。出演した朴庸坤は、黄長燁と同じく人間の良心と義理を捨てた人間の屑である」と罵詈雑言を浴びせた。朝鮮総連は下部組織の講演で、「民族反逆者、朴庸坤の正体について」と題した文書を流布した。朝鮮大学校の教職員たちからは、ＴＶ出演をとがめる抗議はがきが連日届いた。

懲罰キャンペーンが終わった一一月、大学の教養部の責任幹部が訪ねてきて、金日成勲章、国旗勲章一級など国家受勲と共和国科学院院士、共和国博士、教授の証書を返還しろと迫った。私はすべてを段ボールに詰め込み、可憐な使者に託した。ＮＨＫスペシャル騒動は終わった。

五　晩秋の散策路、博愛の世界観を確立

二〇一五年一一月、私は齢八八歳、米寿を迎えた。長寿である。わが家系では三人いた弟たち

が先に他界し、妹たちだけが生を永らえている。人間の寿命は予測できない。生来病弱で大病を患ったことがある私が長生きするとは思っていなかった。老齢を迎えた私の体力は衰えたが、どういうわけか気力は健やかである。まだ記憶力は衰えを知らず、ほとんど勘違いすることなく過去を思い出せる。論理的な思索力もまだ健全に機能している。

私の健康法は散策、そぞろ歩きである。散策しながらあれこれと物思い、考えをめぐらす。遠い昔、哲学の大聖アリストテレスもぶらぶら歩きをしながら思索したという。ゆえに世人は逍遥学派と呼んだ。ドイツ古典哲学の学聖カントも散歩を日課とした。村人は定時に必ず散策に出るカントの姿を見て時間を測ったという。ゆえに村人は、カントが思索して歩いた道を「哲学の道」と呼んだ。彼らにあやかって、私も多摩丘陵の疎林の小径を散策し、私が歩んだ主体思想研究の日々を振り返る。散策の径で思考が冴え、インスピレーションが沸いてくる。書斎に戻って、残像が消えないうちにノートに書きとめる。

主体思想は、北朝鮮の領袖金日成が確立した主体概念に、哲学者黄長燁が提起した人間中心の哲学を結合して生まれた、二〇世紀の新しい世界観であった。人々は、自主性の時代である現代の精神的エッセンスを世界観化した新しい哲学として受容した。そして国際セミナーを通じて世界に普及した。しかしいつの間にか主体思想に異物が混入し、主体哲学の純潔性が踏みにじられた。自主性の哲学である主体哲学のなかに、異質な「革命的首領論」が潜入し、「社会政治的生命体論」に成長し、ついに「白頭の血統論」にまで行きついた。それは北朝鮮の憲法を越える「党の唯一思想体系確立の一〇大原則」にまで転化した。それは北朝鮮を、多元的な思想の営為を異端として弾圧する思想監獄に変容させるに至った。

私は国家の財産を横領した罪も、政治体制に反逆した罪も犯した覚えはまったくない。ただ私の頭脳のなかにある思考、世界観が為政者の逆鱗に触れただけである。社会科学の本来の役割は、民衆の側に立って無制限な権力行使を批判することでなかったのか。しかし、私は北朝鮮の苛酷な政治体制下でその役割を怠り、ときには権力に迎合までした。それを思うと、いまも良心の呵責に苛まれる。まだ私の心に、社会科学者としての良心の残滓が残っているのかと自問する。一抹の光明を見出す。私に残された仕事は、権力者に踏みにじられた主体思想、主体哲学を洗い直し、その純粋な思想の精髄を救い出すことではないのか。

晩秋の散策路で辿り着いた思考の結論に従って、私は晩年期の衰えかけた精力を主体思想の再整理に集中した。そして私は、尊敬してやまない先輩、学友の主体思想研究の貴重な成果を集大成し、それを活字にする仕事を一歩一歩進めた。そして二〇一二年五月にソウルの出版社、時代精神社から拙著『博愛の世界観』がA5判、五二〇ページの大冊として世に出た。私の顔写真と書籍の表題『사랑의 세계관』を見ながら、この本が、彼らの学恩に報いるささやかな贈り物になればと願った。

ここに、拙著『博愛の世界観』の要旨を記しておく。

本来、学術的概念としては「主体的世界観」とすべきであるが、あえて書名を「博愛の世界観」とした。両者は同じ内容を包含しているが、若干の語感の相違がある。未来の理想社会は、自由と幸福が保障される人道主義（ヒューマニズム）社会であらねばならない。私が考える主体的世界観はその理想に適応した世界観であり、また、世界を発展させる最も強い力は愛による統一であることから、その世界観を博愛の世界観と呼ぶべきだと考えた。

博愛の世界観は、人間の最大の関心事である、人間の運命開拓の道を解明したものである。世界観の使命は人間の運命開拓に奉仕するものであり、哲学の根本問題は世界で占める人間の地位と役割を解明するところにある。その結論は、運命の主人は自分自身であり、その運命を開拓する力も自分自身にあるという命題に帰結する。自由で幸福な生活を営むためには、自分自身の創造的力を発揮して自己の運命を開拓していかねばならない。これは当然なことである。

従来の哲学は、人間の運命と宿命を混同し、運命の内容を正しく把握してこなかった。人間の運命は、全知全能の神によって定められ人間の力ではどうにもならない宿命論とは異なる。人間の運命は世界で占める人間の地位と役割を意味し、その地位と役割は人間の創造的力によってより高められ、より強化されるというのが真の運命開拓の理論である。世界で占める人間の地位と役割の問題は、時代とともに変化発展し、永遠の課題となる。人間の運命開拓の真理の解明こそ、「博愛の世界観」に課せられた重要な課題である。

『博愛の世界観』書影

人間は世界のなかで生活する。世界は物質によって成り立つ。世界観の確立のためには、まず物質に対する正しい認識をもたねばならない。

マルクス主義哲学では、物質は人間の感覚の外にあって、人間の感覚に反映され、撮影され、描写される客観的実在であるとした。これは真理であり、唯物論の普遍的な命題である。しかし物質の哲学的概念に対するこの規定だけでは、物質の最終的、究極的な概念規定であるとはいえない。物質世界の多様な存在の発展水準とそれに相応する属性を、物質の客観的実在性だけで包摂できない。人間の本質と属性を解明することが、物質の主体性に関する把握の出発点となる。

人間は自主性、創造性、意識性をもつ社会的存在である。社会的存在とは、社会的富をもって社会的関係に結合されて生活する存在を意味する。人間は孤立して生きることはできず、自主性、創造性、意識性は社会に結合されてこそ生まれる。社会的存在の本質的属性は、自主的要求と創造的能力である。世界を改造し、その主人として生き発展しようとする生活的要求を自主的要求とすれば、世界を自己の要求にしたがって改造し、利用しながら生き発展しようとする生活的能力が創造的能力である。この自主的要求と創造的能力こそ、人間の運命を向上させる要である。自主的要求と創造的能力は、すべての物質の属性のなかで最も発展した属性である。

それでは人間以外の物質の属性とはいかなるものであろうか。物質は、すべての物質に共通する客観的実在性とともに、発展水準に相応するそれぞれの要求と力をもっている。すなわち、無生命物質は自らを保存しようとする要求と、それを実現しうる保存能力をもっている。生物学的存在は生存しようとする要求と、生存能力をもっている。社会的存在である人間は自主的要求と、それを実現しうる創造的力をもっている。一方、保存性は生存性に包摂され、生存性は自主性に包摂される。これは逆行することはなく、上昇するだけである。

発展段階を異にする物質がになう保存性、生存性、自主性を普遍的概念とするなら、それを物質の客観性に対する物質の主体性として定式化できるであろう。物質は客観性とともに主体性をになうことになる。この発見こそ、まさに主体思想の解明と、主体的世界観すなわち博愛の世界観の礎石となったのである。

物質の運動は客観的実在性を前提とするが、主体性がその運動の主導的役割を果たすのである。人間の運命は物質の客観的実在性に基づいて、自主的要求と創造的能力によって開拓される。

要約すると、無生命物質（有機物質）は自己を保存しようとする要求とそれを実現する保存能力をもっており、生命物質（生物学的存在）は生存しようとする要求と生存しうる能力をもっており、人間は自主的に生きようとする要求とそれを実現しうる創造的能力をもっている。物質の発展段階に相応してもつ、保存しようとする要求と力、生存しようとする要求と力、自主的に生きようとする要求と力を抽象化していえば、要求と力こそ主体性と命名することができるだろう。

物質の客観的実在性に根拠を置く従来の唯物論を客観的唯物論とするならば、主体性の発見による唯物論を主体的唯物論と命名することができるだろう。主体的唯物論の確立によって、物質の属性のなかで最高の発展形態である自主性をもつ人間こそが、すべての物質のなかで主人の地位を占めることが明らかとなった。人間の自主的要求が高まり、創造的能力が強化されてこそ、人間の運命は開拓されるのである。

物質を存在の側面で解明する理論を唯物論とするなら、物質を運動の側面で解明する理論を弁証法という。

マルクス主義弁証法は、すべての物質はある条件のもとで発生し、一定の歴史的過程を通じて発展し、ある契機によって消滅または交替するとみなし、物質の運動発展の法則を三大法則によって証明した。それはすべて正しい見解である。主体的弁証法は、これを基礎として、物質の変化発展における人間の役割を中心にして弁証法を展開する。

世界と人間との相互関係の変化発展における人間の役割の一般的特徴は、つねに人間が主導的、能動的役割を果たしていることである。すなわち、世界の変化発展を人間に有利に発展させることである。こうして世界で占める人間の地位が高まり、さらに人間が果たす役割も強化される。世界で占める人間の自主的な地位が高まり、創造的役割が強化されることが、まさに人間の運命を開拓する過程なのである。このように主体的弁証法は、人間の運命開拓の一般的特徴を解明する弁証法である。

マルクス主義弁証法の三大法則の要となる第二の法則は、世界あるいは社会の対立物の統一と闘争である。対立物のあいだには矛盾がある。この矛盾を解決し、事物を発展させるために、闘争をせねばならないと強調している。例えば、資本主義社会は資本家階級と労働者階級という対立物が統一されて成り立っている。この場合、労使関係には矛盾がある。マルクス主義は、この矛盾を解決するためには階級闘争をせねばならないと強調した。この主張は正しい。闘争しなければ解決できない矛盾には、闘争が必要である。しかし、闘争がすべての事物発展の動力になるとは限らない。闘争ばかりしていれば、社会は発展はおろか停滞、後退する場合もある。それよりも協調と団結も発展の動因になりうるし、さらに愛の統一は最も強力な動力となる。主体的弁証法すなわち博愛の弁証法はこれを強調している。人間の運命、人類の運命は愛の統一の水準に応じて開拓される。

それでは人間はなぜ自らの運命の主人となり、それを開拓していけるのだろうか。それはいかなる物質ももたない特別な属性をもつからである。人間は自主性、創造性、意識性をもつ社会的存在だからである。自主性とは、いかなる隷属からも離れ、主人として自由に生きようとする要求をもつことを意味し、創造性とは、世界に与えられたものに満足するのではなく、自らの創造的能力によって造りだしたもので生活できる能力をもつことを意味する。また意識性とは、自主性と創造性を保障する性質をもつことを意味する。これら自主性と創造性は、人間が社会的集団とならなければ発生しない。社会的集団を離れた個人は存在しない。集団は個人を産み、個人は集団を形成する。したがって個人を尊重せねばならないが、社会的集団がより重要である。要するに、個人と社会的集団は不可分離の関係にあり、人間は社会的集団のなかで自らの運命を開拓していくのである。

このとき意識が作用せねば、すべての人間的活動は停止される。このように意識が重要な役割をはたすので、主体哲学の研究では意識を最も重視してきた。

観念論者であるデカルトは、「われ思う、ゆえにわれあり」という名言を残した。たしかに意識が止まれば人間は死者となる。このように重要な問題について、従来の哲学では誤った問題提起をしてきた。哲学の根本問題は、物質が先か意識が先かという世界の始源の問題とみなされ、物質が世界の始源であると主張する理論を唯物論と呼び、意識(神)が世界の始源と主張する理論を観念論と呼んだ。こうして人間の運命と離れた論争、世界の始原はなにかという問題の論争に明け暮れた。

意識は物質と独立して存在するものではなく、物質の最高の発展形態である人間だけがもつ、脳の機能なのである。人間を社会的関係の総体と規定したマルクス主義哲学では、意識とは物質の反映であり、人間は反映された意識の反作用によって行動するとみなした。いわゆる反映論を確立したのである。これは正しい見解である。しかし反映論だけで意識を十二分に解明したとはいえない。意識が事物の反映であるだけなら、例えば資本主義社会はひとつしかないので、それに対してみな同じ意識をもつであろう。しかし現実には、資本主義を肯定する意識をもつ人もあれば、否定する意識をもつ人もいる。なぜ事物はひとつなのに、意識は異なるのだろうか。それは、意識が事物の反映であるばかりでなく、利害関係（要求）と力の反映でもあることを意味する。資本主義が自らの利益になる人はこれを肯定し、自らに不利になる人は否定する意識をもつようになる。したがって、自主的に生きようとする要求の高い人は意識水準が高まり、創造的能力が強くなれば意識活動も強化される。このように自主性と創造性を保障する意識は自主的要求と創造的力、すなわち要求と力の反映であり、利害関係の反映である。要求と力を高めることは意識水準を高めることであり、意識水準の高揚は自主的要求と創造的力を高めることである。

人間の本質的属性の解明は、世界における人間の地位と役割の解明の鍵である。人間のもつ自主性、創造性、意識性は他のいかなる物質ももつことができない。したがって、人間は世界のすべてのもののなかで主人の地位を占めることができ、すべての発展を決定できるのである。人間の主人としての地位と創造的役割は、運命の主人が自分自身であり、運命を開拓する力も自己にあることを裏付けている。

哲学の根本問題である、世界における人間の地位と役割の問題は、人類の歴史とともに発展する永遠の課題である。現代の歴史的課題は、核兵器を廃絶し、人類を滅亡から救出し、平和を守り、原子力の強大な力を生産力の発展に利用し、人類の運命、人間の運命を開拓することである。人類は、果たしてこの課題を達成できるのか。自主的要求を高め、創造的能力を強化し、意識水準の高い博愛の政治勢力を強化することが急務である。

博愛の世界観は、以上のような諸問題を哲学的世界観として解明した。

次に、社会歴史観をいかに確立すべきかの問題に移る。

人間は社会的存在なので、社会的生産をせねばならない。それでは社会はどのように成り立っているのだろうか。従来、マルクス主義唯物史観によれば、社会は土台と上部構造によって成り立っていると主張された。すなわち、生産力と生産関係が結合されて土台（経済）を成し、それに合わせて上部構造、すなわち政治、思想、文化、宗教などが聳え立つと説明した。ここで土台が主導的役割を果たし、土台が上部構造を規定すると説明した。土台のなかでも生産力が決定的な役割を果たし、生産力の発展水準によって社会の発展が規定されるとみなした。ここでは人間は生産力と生産関係の付属物として取り扱われ、人間の主導的役割は捨象されている。

主体的社会歴史観では、マルクス主義の唯物史観による社会構造を止揚して、社会は人間と、人間が創造した社会的富と、社会関係の三大結合要素によって構成され、社会には政治分野、経済分野および文化分野があり、これに従って人間は政治生活、経済生活、文化生活を営むと考える。経済が政治を規定し、政治が文化を規定するのではなく、それぞれ独立的分野として成立し、それぞれの生活を行うのである。もちろん三大分野が相互に依存して連係することで、社会は発展する。

社会の発展は生産力の発展に規定され、生産力と生産関係の矛盾を階級闘争によってのみ解決すると考えるのではなく、協調と団結、さらに愛の統一によって矛盾は解決され、社会は発展し、人類の運命も飛躍的に開拓されると考えるのが、主体的社会歴史観である。

マルクスは『共産党宣言』の冒頭で、人類の歴史を階級闘争の歴史であると規定した。その後、モルガンの古代社会論やダーウィンの進化論が出現して、階級のない共同体社会が発見された。このような状況に至って、エンゲルスは「階級社会では階級闘争の歴史である」との注を加えた。しかし共同体社会、階級社会、到来するであろう階級のない未来社会、すなわち人類の理想社会である人道主義社会をも含めて、これらの歴史をどのように規定すべきであろうか。これは、人間の本質的特性の科学的解明なくして解答を得ることはできない。社会歴史の発展は人間の発展である。

唯物史観に代わる主体史観では、人類の歴史は自主性の発展の歴史であると規定した。人間を代表する自主性は、その萌芽形態から始まり、社会と人間の発展とともに自主的要求が高まり、さらなる高い水準の自主性のために運動し、理想社会に至っても絶え間なく上昇していく。人間の運命も高い水準で開拓されていく。

最後に、哲学的世界観と社会歴史観を解明した理由は、人間がいかに生きるべきかを知るためである。人生観を正しく確立し、自己の運命、価値ある誇り高き人生を開拓するためである。

博愛の世界観（主体的世界観）は哲学的世界観、社会歴史観および人生観によって構成され、こうすることによって、人間の運命開拓に役立つ自らの使命を世界観が果たすことができる。

マルクスの聡明な娘が「人生とはなにか」と父に質問したのに対し、マルクスは「人生とは闘争である」と答えた。このマルクスの名言に若い青年の多くが奮い立ち、尊い生涯を闘争で終わった勇者も数多くいた。果たしてこの答えは正しいものであっただろうか。人間は自由で幸福な生活を欲求する。これが人生の目標であるとすれば、闘争はそれを実現するひとつの手段でしかない。

博愛の人生観では、人間は生命をもって生活する社会的存在であることを明らかにした。生命には肉体的生命と社会集団的生命がある。肉体的生命は有限であり、社会集団的生命は社会に貢献した度合いによって永遠の生命をになうことができる。地動説を唱えたコペルニクスの名も、相対性理論を発見したアインシュタインの名も、ダイナマイトを発明したノーベルの名も、中国を初めて統一した秦の始皇帝の名も、ヨーロッパ封建体制を崩壊させブルジョア民主革命の先頭に立ったナポレオンの名も、人類の歴史に永遠に残り、彼らの生命はおそらく人類の胸に永久に残るであろう。このように彼らの肉体的生命はすでに終わっても、彼らの社会集団的生命は永遠に残るであろう。

人間は永生する生命を獲得するために、肉体的生命を大事に保存せねばならない。この生命は活動、生活しなければ維持できない。人間はさまざまな生活を行っているが、それはすべて人間の属性を実現していく活動であり、生活である。すなわち自主的な要求を創造的能力によって実現する想像的活動、生活である。人間があらゆるものの主人となるためには、人間の本質的属性を十二分に発揮し、高貴な創造物を具体的に作り上げて行くことが求められる。こうしてこそ、自己の運命を開拓し、自由と幸福を獲得する価値ある人生を送れたといえる。

以上、博愛の世界観の要旨をまとめた。ここに述べた博愛の世界観は、私の研究生活の到達点であり、その成果の集大成であり、あらゆる受難を乗り越えてきた貴重な産物である。

主体思想は、主体的世界観すなわち博愛の世界観を確立するための貴重な哲学的概念を確立することによって、哲学史上に不滅の功績を残し、哲学の発展における自らの役割を立派に果たした。しかし主体思想自体が世界観ではなく、主体的世界観、博愛の世界観によって、哲学的世界観、社会歴史観および人生観を構成要素として体系化され、哲学的概念は包摂され、その輝かしい席を護ったのである。

朝鮮労働党七〇年の歴史を検証すると、党創建当初はマルクス・レーニン主義を指導思想に掲げて活動したが、一九六〇年代の党の唯一思想体制の確立期には、マルクス・レーニン主義と主体思想のふたつを指導思想とした。そして一九八〇年の党第六回大会では主体思想だけが唯一の指導思想であるとし、首領による絶対的な独裁体制とその血統による後継体制を築き上げた。それから数十年、歳月は無常に経過し、初代の首領、後継の首領も逝った。白頭の血統を継ぐ弱冠三〇歳の人物が三番目の首領に推戴され、二〇一六年春、三六年ぶりに党第七回大会を開き、「金日成主義、金正日主義」を指導思想に掲げた。主体思想は抽象化され、形骸化された。

時代の精神的精髄を自主性と捉え、それを主体思想として普遍化した、あの思想的営為も昔日のものとなったのだろうか。しかしこの問いに、私は否と応えたい。普遍的思想としての主体思想のエッセンスは、私たちが精根を傾け研鑽した主体的世界観、博愛の世界観の核心として脈々と息づいていると確信している。

ライフワークである『博愛の世界観』を書き終えた私には、もう大部の本を書くつもりも、その力も残っていない。あとひとつ望むことは、晩秋の散策路でとりとめもなく考えた私自身の時空の旅の軌跡を確かめ、記録に残すことのみである。

第二編　自由への憧憬、断想

1　花駕籠に乗った腕白坊主

私が五歳のとき、私を可愛がってくれた叔母（韓国語で姑母《コモ》、父の妹）の朴貴順が嫁ぐことになった。私は姑母と絶対離れないと意地を張った。孫の聞き分けのなさに祖父が折れて、婚礼の日、花嫁が乗る花駕籠（嫁ぐとき花嫁が乗る駕籠）に一緒に乗った。同行した祖父はこの珍事を婚家にどう説明したものか苦慮したであろう。祖父は駱駝の背に乗り、悠然と揺られていた。

花嫁を迎える姑叔（姑母の夫）の安嬉淳の家では、祝宴に出席する親戚、祝い客、隣近所の人たちが、いまや遅しと花嫁の到着を待っていた。花駕籠が着いた。人々は花嫁の姿を一目でも見ようと駆け寄った。花駕籠のすだれ戸が開くと、なんと子供の手を引いた花嫁が降り立った。人々は茫然として、しーんと静まり返った。子連れの後家が嫁いできたのか、と訝しんだ。しかし、花嫁は若々しく清楚でとても美貌であった。

祖父は婚主（婿の父親）とあいさつを交わしたあと、ことの経緯を説明したようである。そして、この聞きわけのない孫を預かってほしい、その代償に婚家に新しい家屋を建てさせてほしい、と頼み込んだ。婚主は我が家の嫁を慕ってついてきた子を追い返せない、いいでしょう、と納得した。私は祝宴でも姑母の近くの席に陣取り、出てくる料理を片っ端から平らげた。

そして一年のあいだ、新築した家屋で姑母たちと三人で一緒に暮らした。一緒に暮らすと、すぐ困ったことに気づいた。遊び友だちがいないのだ。それまで住んだわが家は大家族で、兄弟も多く、賑やかだった。隣近所には遊び仲間や喧嘩友だちも多かったので、退屈しない日々を過ごすことができた。ところが姑母の家には遊び友だちがひとりもいないのだ。ひとりぼっちの寂しさに参ってしまった。強情を張ってついてきたからには、いまさら家に帰ると泣きべそをかくこともできない。じっと我慢するだけだった。畦道に寝転がって空に流れる雲を眺めていろいろ夢想してみたりした。田畑にいる虫を捕まえて、いじくったり、殺してみたりした。草木のあいだを飛びかう蝶を追いかけたり、林間を飛ぶ蜻蛉を捕らえようとしたり、ひとりで走り回った。

　一年経った。よく辛抱した。小学校へ入学するために、懐かしいわが家の門をくぐり、庭に立って両腕を広げ、思いきり深呼吸した。わけもわからないが、涙があふれ出て、頬をぐっしょり濡らした。

花嫁が乗る花駕籠

　私は幼い頃、よく喧嘩をした。殴り合いの喧嘩が大好きだった。ほとんど私より大きく強い奴と喧嘩したので、いつも殴られ、痛い目にあった。殴られても泣いたことはなかった。私の眉間には三センチくらいの傷跡が、いまでも縦皺になって残っている。小学五年の頃、橋の上で喧嘩して、殴られて、下へ逆さまに落ちた。それも石の尖がりに落ちた。噴出した鮮血で両目も開けられなかった。どのように家に帰ったか、まったく覚えていない。私は縁側に寝かされ、そばで祖父が傷の手当てをしていた。全羅道の田舎だから、すぐ駆けつけてくる医者はいなかった。近所の人は「庸坤は死ぬ」と思ったそうだ。幸い骨には異常がなく、手厚い介護で助かった。

私は喧嘩では負けても決して泣かなかった。が、一度だけ父親に殴られ、あまりの痛さと口惜しさで泣いた。子供の頃、すぐ下の妹をよくいじめた。妹もまた私によく嫌がらせをした。朝起きて洗面台に行くと妹が先に顔を洗っている。兄が来たから急いで洗って退けばよいのに、わざとのろのろし、洗面台を空けない。私は腹が立って、洗面台を蹴っ飛ばし、妹の頭にゲンコツをお見舞いする。そこをよく父に見つかってしまう。

兄はおとなしい性格で、どうしようもない弱虫である。同級生に殴られ、めそめそと泣きながら帰ってくる。私は「誰にやられた。そいつの名を言え」と聞き出す。「そんな奴に殴られ、泣く奴がいるか」と、まず兄貴を一発殴り、敵討ちに駆けだす。そこをまた父に見つかってしまう。

ある日、父が私を猫なで声で優しく呼び、部屋にちょっと来いと言った。部屋にはすでに兄貴が立たされていた。私もうっかりしていた。父が私を叱りつけるつもりでいる気配を感じていたのに忘れていたのだ。部屋に入ると、いきなり「庸坤！　ズボンを脱げ！」と叱咤がとんだ。ズボンを脱いで兄貴の横に立った。「また兄弟で喧嘩したな」と、怒声がとんだ。父はまず兄貴のふくらはぎを細い竹鞭でピシッピシッと打ち据えた。兄貴は痛さに悲鳴をあげ、すぐ泣きだした。私の番がきた。父は竹鞭でふくらはぎをなんども打擲した。ピシッピシッ！　あまりの痛さに我慢できず、じたばたと飛び跳ねた。しかし、謝らなかった。業を煮やした父は引くわけにもいかず竹鞭の打擲を続けた。私の強情さに根負けした父は、竹鞭を手放し、「出ていけ！」と言った。私は家の外に飛び出し、誰もいない祠堂の裏で、声をあげて思いきり泣いた。ふくらはぎは血だらけになっていた。泣き顔を拭いてから、母屋に戻った。「なぜ止めに来なかったのだ」と、母に怒鳴る父の声が聞こえた。父も気が滅入ったのだろう。私が幼い頃に泣いたたった一回の記憶である。

その頃は出生届を四、五年遅らせるのは普通だった。私の家は一〇〇日宴が済むと出生届を出した。学校へ行くと五歳も年上の同級生と机を並べることになる。私が一〇歳くらいの頃、兄貴を殴った奴は一五歳くらいだった。図体はでかく大人そのままだった。そんな奴と取っ組み合いをするのだから、まともにぶつかっても勝てるはずがなかった。しかし喧嘩は終わるまでわからないものだ。私は奴の股座に素早くもぐりこみ、急所のタマタマを掴んで思いきり引っ張った。悲鳴をあげて奴は大きな図体でぶっ倒れた。私は奴の首根っこを踏みつけ、「次に兄貴を殴ったら、半殺しにするぞ」と怒鳴った。それから奴の兄貴いじめは終わった。

こんな子供の世界を父が知るはずがない。だが、私には父の折檻が無念だった。兄貴を殴ったことは悔いていている。私が故郷を出て以来、兄貴と会っていない。その兄もすでに他界した。

村のアジョシ（おじさん）たちは、よく私をからかったりして楽しんでいた。こんなことがあった。「お前の父さんが言っていたよ。瓦葺の母屋は容兊兄さんに住まわせ、竹林と果樹園の番小屋に庸坤を住まわせるとね。賢いお前をそんなところに住まわせるとはひどいね。お父さんには告げ口するなよ」と言って笑った。私は父への機嫌取りのつもりで、こうこうしかじかと一部始終を告げ口した。私はてっきり父が、よく話してくれたと喜ぶだろうと思っていた。ところが違った。父は厳しい顔で「庸坤、そこへ座れ」と言った。「アジョシたちが告げ口するなと念を押したのに、なぜ言うのだ。それは愚か者のやることだ。立派な人間になりたければ、人の悪口は言うな。むしろ人のいいところを見つけて褒めてやれ。悪口も褒め言葉もすべて相手の耳に入る。悪口を言われた人は悪い感情をもち、褒められた人は良い感情をもつ。これを肝に銘じろ」と諭した。私は恥じ入り、父の偉さを悟った。それ以後、人の悪口を決して言わないのが、私の座右の銘のひとつになった。

話は戻る。

姑母の家から戻った私を慰撫するためかどうかはわからないが、数年後、祖父はわが家と道路を挟んだ向かい側に家を建てた。そこへ姑母夫婦を引っ越しさせた。嬉しかった。私は小学生の頃、両方の家を行ったり来たりして生活した。

それから三五年後のこと。一九七〇年に姑母から会いたいという手紙が舞い込んだ。姑母がドイツで暮らしている娘を訪ね、その帰りに羽田を経由するので空港でぜひ会いたいとあった。懐かしい姑母に会える！　心が躍った。前夜、故郷で過ごした出来事が次々に想起され、興奮して寝つかれなかった。渡日してから初めて会う肉親である。

私は、土産に渡す箱詰めチョコレートをぶらさげて、羽田空港へ行った。午後一時に大韓航空機到着の表示があった。搭乗客出口で六〇歳ぐらいの女性客が現れるのを待った。だが出てこない。塔乗客はすべて出たようだった。掲示板に午後三時、大韓航空機離陸の表示が出た。無情にも機は飛び立った。私は腑抜けになって、ロビーに立ち尽くした。

後日、会えなかった経緯を知った。想像もしなかった出来事、分断朝鮮の離散家族の縮図のようなドラマがあった。

ドイツに行った娘は、朴正熙政権時代に労働力輸出政策に応募して、看護婦として集団就職したひとりであった。渡独した娘に会う官製面会旅行も集団的に組織されたものだった。その全スケジュールは韓国中央情報部のコントロール下にあった。羽田空港で知人親戚と面会すると申請したのは姑母だけだった。面会希望者は朴庸坤、中央情報部のブラックリストに載っている人物である。姑母はそれを知らない。面会の申請をすればすぐ会えると思っていた。中央情報部スタッフは、姑母を空港へは出さず、搭乗タラップの下で待て、と指示した。言われたままに姑母はタラップ下で私が現れるのをいまかいまかと待ち続けた。機の出発時間が来た。タラップを外すから、急いで乗れ、と命ぜられた。姑母は私が現れるのではと、後ろを振り向き、振り向きしながらタラップを登った。また一度振り向いた瞬間、脚を踏み外し、コンクリートの地面に叩きつけられた。哀号！　無残にも腰と脚を折ってしまった。乗務員が駆け下り、姑母をおぶって機に運び込んだ。機は飛び立った。

数年後、姑母は骨折した腰が全治せず、恨を残して他界した。姑母は朦朧とする意識のなかでも、庸坤に一目でも会いたい、と呟いたという。国際電話で、親類が姑母の死を知らせてきた。妻が泣きながら、大学にいた私に伝えた。私は暗然として情の深かった姑母の面影を忍び、ひとり頬をとどめなく濡らした。

一九九〇年代、韓国の長編記録映画『野人時代』を観た。こんな場面があった。大統領職にあった朴正熙が国賓としてドイツを訪問した。大統領は在独韓国看護婦の前で、「あなたたちをドイツに送り出した当時の韓国はとても貧しい状況だった。みなさんに苦しい思いをさせ申し訳なく思っている。心からお詫びを申し上げる」と語る場面があった。私はこのシーンを見て、いろいろな思いを深めた。ドイツ訪問の帰路、不慮の災害で病の床に臥せ、そして逝った姑母の冥福を祈った。

人はだれでも過ちをおかす。それを深く反省する人も、また黙殺する人もある。過ちを悟り悔やむ人をいつまでも憎んでも仕方がない。その映画には、朴正熙が財閥企業「現代」の社長鄭周永とふたりで、「われらも必ず富裕な暮らしを実現しよう」という歌を歌っている場面がある。六〇年代に軍事政権批判を続けた私も、それには共感を覚えた。国民の幸福を願い、豊かな生活を保障しようと、立派な政策を模索する政治家、後進国の自国経済を世界水準に近づけようと努力する企業家の姿は心を打つものがあった。しかし、私は「日韓会談」が進行しているとき、北朝鮮の見解を鵜呑みにして、この会談は南北朝鮮の永久分断を固定化し、韓国経済を日本に隷属化させるものであると、全国津々浦々に講演して歩いた。当時、私は北朝鮮のいいなりに宣伝して歩く御用学者に成り下がっていた。愚か者の典型だった。それでも社会科学者だと自負していたから、実に気恥ずかしい限りである。

一九七三年、また姑母の家から手紙が来た。姑母の次男安炳夏が、米国から東京経由で帰国するから会ってほしいという。手紙に凛々しい軍服姿の炳夏の写真が同封してあった。一〇歳のとき別れた、あの鼻ったれ小僧がこんなに成長したとは！　感無量であった。軍での地位は空軍大尉だった。その彼が朝鮮総連の活動家、朝鮮大学校の教員に会う危険を承知で会おうと言ってくれた。

私は羽田空港へ指定の一時間前に着いて、到着掲示板を見た。ところが大韓航空機の到着案内はなかった。不思議なこともあると思いながら、指定時間まで待った。空港ガイドに大韓航空機の到着を確認したら、本日は大韓航空機の到着便はないと答えた。私は慌てた。封筒を取り出し、写真と手紙を見せた。しばらく見ていたガイドは、これは福生の横田空軍基地経由だと教えてくれた。迂闊な自分に腹を立てながら、電車を乗り継いで横田基地へ急いだ。基地のゲイトで守衛に尋ねると、三〇分前に機は出発した、若い将校がこのゲイトで訪ねてくる人を待ちあぐねていたと言った。全身から力が抜け、その場に座りこんだ。

二〇〇五年に家族で故郷を訪問した。私の兄弟や甥のなかで博士号を取得した者が一四名おり、たまたま私たちの訪問時に、二名の甥、朴珍換がモスクワ大学で経済学博士を、朴秀萬が全南大学で工学博士を取得した。私が妻とふたりで居るとき、ふたりそろって博士学位論文を見せながら取得報告をした。このふたりは同期で中学まではよく勉強したが、高校に入って勉強しなくなった。その理由は、アカの叔父（私をさす）が日本の朝鮮総連で活動しているから、国立大学には入学できないと諦めたからだった。彼らが諦めたのは従兄の苦しんだことを見たからでもあった。

彼らの従兄、朴炅浩は兄の次男で、頭脳明晰で活発な青年だった。彼は全南大学の入試で最高点をとった。合格間違いなしと確信していたが、面接で「残念だが、他の大学へ行ってくれ」と言われた。彼は志望を変え、海軍士官学校を受験した。ところが海軍少将の校長から「君を合格させるわけにいかない。君に合うところを探して進学しろ」と言われた。彼は叔父の存在を恨んだ。そして私立大学の土木科に入った。卒業後、努力して土木建築技術士（博士号相当）を取得し、韓国で一流の土建会社の経営陣のひとりとなった。いまは叔父さんを恨んでいないと笑った。

勉強を放棄した珍換と秀萬は心配した親に説得され、気を取り直した。その頃、韓国の軍事政権期が終わって文民政権期に替わり、反共一点張りが多少緩んだ。そのため、ふたりとも優秀な成績で国立大学に入学し、同じ年に博士号を取得することができたのである。胸のつかえがとれたようで、ほっとした。

秀萬は背が高く男前だった。隣に座っていた妻が「映画俳優にしたいようないい顔よ」とお世辞を言った。

記念に祝宴をすることになった。切り盛りする座長は安炳夏だった。三〇年前の横田空軍基地ですれ違った彼が、やっと会えたときには空軍将校ではなく工学博士になっていたので、びっくりした。彼はもともと学問好きだったが、家計が苦しいため学費のいらない空軍士官学校に入り、空軍パイロットになったのであった。

一九八〇年、光州市民が全斗換軍事独裁に反対して民主化を求めて蜂起し、全羅南道道庁と光州市庁を占拠した。全斗換は膨大な軍事力を動員し、武力鎮圧に乗り出し、蜂起した市民、学生を無差別に弾圧、虐殺した。五・一八事件である。数千人を超える犠牲者を出しながら勇敢に闘った光州市民の民主化闘争は、韓国の民主化運動の新次元を開いた画期的闘争であった。

盧泰愚が大統領に就任し、光州市民の犠牲者の霊を慰めながら、その償いとして新たに工科大学をつくると約した。数年後、工科大学の代わりに、韓国先端科学技術院の分院として光州科学技術院を設立し、改めて優秀な科学技術者を募った。

その際、彼は科学技術者として再出発し、工学博士の学位を取得した。その後、韓国の先端科学技術の発展に貢献したことを評価され、副院長に抜擢された。

腕白坊主の私が、曲がりなりにも日本で社会科学研究者になり、秀才の次男が韓国で先端科学研究者になったことを、天国で微笑みながら祝福している姑母の冥福を祈願して、ふたりで抱擁しあった。

2　没落両班の娘、亡き母を偲ぶ

私の母、洪得金は光州近郊の裕福な家の跡取り、朴亭周に嫁ぎ、男五人、女四人の子を産んだ。私は次男だった。私は幼い頃から母の愛情を知らずに育った子であった。私が乳離れする頃、祖母は私を母から無理やり取りあげ、別棟の祖母の部屋で育てた。乳飲み子をとられた母は、私を遠くから見守るしかなかった。

母の実家は朝鮮王朝時代の上流家庭であった。外祖父は朝鮮王朝の官僚で、高い地位とかなりの財産を持っていた。しかし朝鮮王朝の滅亡とともに、母の実家も没落した。外祖父には一度だけ会ったが、気品のある風格を備えていた。王朝滅亡で官職を失ったが、気位は高く、人を睥睨する両班気質をそのまま保っていた。

その娘を嫁がせる相手が両班ではなく中人（両班と常民の中間の階層）なのに、なんで持参金が必要なのか、以ての外だと外祖父は考えていた。むしろ身分の高い家の娘を貰うのだから、そちらこそ有難く思え！　という態度だった。それが誇り高い祖母の癇に触ったのか、祖母の母に対する風当たりは冷たかった。

祖母は嫁ぐとき、持参金として、かなり多くの田地をもってきた。村一番の美人でもあった。それだけに見栄をはり虚栄心も強かったようである。ところが母は嫁いでくるとき、持参金をもってこなかった。祖母は持参金なしで嫁いできた母につらく当たり、兄が産まれたあとも、父に離婚をしつこく迫ったようである。しかし私を産んだあとは離婚を迫ることはやめた。祖母は私がよほど可愛かったらしく村中に自慢してまわった。祖母との確執で母は婚家で辛い目にあったと思われる。中学生の頃、外伯母に会ったとき、私の手を握りながら「お前は産まれたときから親孝行をしたのだ」と言ってくれた。

外祖父母が亡くなったあと、母は私を実家の祭祀に伴おうとした。祖母も叔父も、なぜか行ってはいけないと反対した。その理由は知らない。しかし私は反対を押し切って、母の実家へ行った。実家は立派な瓦ぶき屋根の家屋が二棟も並び立ち、ふたつのこじんまりした離れ家もあった。わが家より豪壮であった。朝鮮王朝で権勢を誇った両班の痕跡が残っていた。実家を訪ねた夜、私は物心ついて初めて母の傍らで寝た。幸薄い母子であった。

母の思い出がいくつかある。

母は祖父の外出時に、私がひとりで食事をしていると、必ず私の傍らでキムチをちぎり、匙にまるめてのっけてくれた。母がよそったキムチは実に美味しかった。

祖父母との確執で気苦労した母はいつも遠くから私の暮らしぶりを見守っていた。姑母の話では、私が木浦商業を受験するとき、二月の寒い夜明け前に清水をくんで身を清め、私の入学を祈念していたという。私は小学五年のとき、叔父に「お前はこれから俺の子になるのだ」と聞かされ、連れていかれた。それからは叔父を父親と呼び、生父をアボジと呼んで区別した。そして父親（養父）の家で暮らした。
一三歳で下宿生活するため家を出るとき、父親とは玄関で別れたが、生母は村はずれまで見送り、私の姿がみえなくなるまで立ちつくしていた。

それから三〇余年後、私は日本で暮らし、故郷の韓国は軍政下にあった。里心がついて無性に母の声を聞きたくなった。あらかじめ弟に手紙を出し、一九七六年九月一日、夜九時に国際電話をかけると知らせた。国際電話局に申込んだ。母と話すのは三〇年ぶりだ。緊張した。電話の前で中学生と小学生の子供たちも待たせた。しかし九時になっても電話はかかってこない。国際電話局に問い合わせた。韓国国内の事情で通じないという。夜半、一時過ぎに電話の呼び出しベルがなった。眠っていた子供たちが起きあがってきた。電話の向こう側には、母と弟の妻がいるだけであった。私たち家族はかわるがわる母にあいさつをした。私は電話口で「オモニ！　この不孝者を許してください」と詫びた。母の小言があるものと思っていた。しかし、電話口から「この母はお前がやっていることを知っている。故郷へ帰ってきても、お前は息もできないはずだ」と、愁いを含んだ声が聞こえてきた。その言葉に、七〇歳を過ぎた老母が不肖の息子、アカと指さされた息子のために、迫害と侮蔑に堪えてきた苦労の数々を想起した。私は胸詰まる思いで、「オモニ、許してください」と大声で叫び、泣いた。老母は「庸坤や、男らしくきれいに生きるのだよ！　今夜は孫の流暢な朝鮮語を聞けて嬉しかった」と言って、自分から電話を切った。その電話のあと、妻は「オモニに気配りが足りなかった。嫁として親孝行も出来なかった償いに、毎月一万円の小遣いを送るわ」と決め、一年間ずっと送金した。

弟は兄から電話がかかってくることを警察に予め通告し、録音したテープを届け出たらしい。その夜の対話の録音テープのコピーを私にも送ってきた。そのテープはいまも手元に保管されている。

一九七九年一月中旬、大学で勤務中に妻から電話があった。韓国にいる弟から、「オモニが逝った」という手紙が届いたという。妻は涙声だった。私は無常観にとらわれた。渡日した不肖の息子をいつも気づかって、苦労ばかりしたオモニは終に黄泉の客となった。私はオモニ！　オモニ！　と情をこめて幾度も呼んだ。不肖の息子からなにひとつ孝行もされずに、オモニは終に不帰の客となった。彼岸へと旅立った母の冥福を祈って、幾度も土下座礼をした。

3　血肉の絆、五〇年ぶりの再会

一九九八年五月、すぐ下の弟の朴鐘三から、「今年四月に定年退職した。兄さんに会いに行きたい」という連絡があった。渡日五〇年、その間、親兄弟に一度も会っていなかった。嬉しい連絡だった。心ときめく思いだった。私は成田空港に駆けつけ、到着ロビーで弟を待った。大韓航空機は定刻に到着し、搭乗客はすべて出た。しかし弟の姿は見えなかった。私は案内嬢に仔細を話し、搭乗者リストを確かめた。リストには弟の名が載っていた。乗ったのは確かだ。どこへ行ったのか。私は途方に暮れた。そのとき、六尺はある白髪の大男が足早に近づいてきて、「ヒョンニム（兄さん）」と大声で叫んだ。ぎょっとして大男を見たが見覚えがなかった。「違うよ。人違いだ」と言いながら、手で拒絶のジェスチャーをした。大男は二、三歩後ずさりして、私の顔をまじまじと見つめ直した。「ヒョンニム、私が鐘三です！」と叫んだ。弟だ、と私もその瞬間にわかった。思わず抱擁しようとした。しかし彼は私の腕をすり抜け、空港ロビーの外へ出て行った。呆気にとられた。あとで聞くと、弟は溢れる涙を見せまいとしたのであった。

私が中学生、弟が小学生の頃に別れて、ずっと会ったことがなかった。そのあいだに五〇年余りの歳月が流れていた。私の脳裏にある弟は小学生の小僧っ子のイメージのままだった。それが白髪姿で私の前に現れた。まさに浦島伝説の現代版だった。しばらく経って、到着ロビーにふたりの妹と婿の三人がリュックを背負い、両手に布かばんを担ぐ姿で出てきた。五〇年ぶりに会うヒョンニム・オッパ（兄さんの意）に食べさせようと、手作り料理をもってきていた。それで税関検査が手間どり、最後になったという。誰もいなくなった空港ロビーで五人が揃った。五〇年ぶりの再会を喜び、妹は「アイゴー、アイゴー」と声を出して泣いた。南北朝鮮に分断された離散家族在日版の再会図であった。再会をはたした肉親の絆を確かめる心からの歓喜の表現だった。

弟が私と会ったとき一瞬後ずさりしたのも、それなりのわけがあった。一九九六年にもうひとりの弟である鐘琪の娘、エランが夫と一緒に日本に来たとき、私の家に電話を入れた。そのとき私は前立腺癌の手術後で入院中だったが、ふたりは病院に見舞いに来てくれた。帰国してから私の状況を知らせた。二年後に日本へ行く機会があるから、ヒョンニムを韓国へ連れて帰ろうと考えた。異国で死なせるわけにはいかない、先祖の祠堂がある故郷に骨を埋めるのが道理だと考えていた。おそらく癌の病で衰弱したヒョンニムは空港まで出迎えに来られまい、そう考えていたという。それがヒョンニムひとりで空港に迎えに来ていたので、本当にヒョンニムかと半信半疑だった。しかしヒョンニムの額に三センチほどの傷跡があるのを見て、間違いないと確信した。そして先ほど「ヒョンニム！」と大声で叫んだのだ。弟が話す再会時の瞬間の心の動きのエピソードだった。私は胸が熱くなり、大きな弟を抱きしめた。

その夜、八王子のわが家では、韓国から五〇年ぶりに訪ねて来た兄弟姉妹を家族うち揃って歓待した。食卓には韓国からわざわざ拵えてきたご馳走が並んだ。ビールと酒で乾杯し、互いの暮らしぶりを伝える話の華が咲いた。五〇年間に生まれ故郷がどう変わり、そこに住む人々が人生をどう生きたかを弟妹が詳しく話してくれた。それを聞きながら、私は大声で笑い、そして目頭を拭った。手を叩いて喜び、また身を振るわせて悲しんだ。気がつくと窓の外は明るくなっていた。五〇年間の消息をいっぺんに話し、聞くには、あまりに夜が短かすぎた。

朝鮮と日本は玄界灘を挟んだ、近くて遠い位置にある。その気さえあれば、日帰りでも行き来できる近隣の間柄だ。しかしわが祖国は東西冷戦の狭間で南北に分断され、朝鮮戦争で互いに殺し合った。戦後も平和協定は結ばれず、互いに敵対関係を続けてきた。それは朝鮮半島で生を営む人々に言い尽くせない辛酸を嘗めさせた。親子兄弟が引き裂かれ、南北朝鮮に離散して暮らすことになった。その極限状況が半世紀以上も続いた。在日同胞社会にも三八度線が引かれ、朝鮮総連の組織に連なる人々は「アカ」のレッテルを貼られた。

日本を訪れた姑母に記念品をわたす長男

渡日してから朝鮮総連のネットワークに捕われ、数十年の組織生活で、いつの間にか朝鮮大学校副学長、総連中央委の中央委員になり、在日社会科学者協会会長になっていた。兄弟といえども私と連絡をとりあえば、反共を国是とする韓国の国家保安法違反として、必ず逮捕、処罰されることは、三尺童子までも知っていた。私たち兄弟はこの五〇年間、葉書一枚もだすことなく暮らしてきた。ただ弟の鐘琪から私の娘宛に、祖父母の死、父母の死を知らせる私信が来ただけだった。

一九九九年四月、今度は定年退職で国家公務員生活を終えた弟の鐘琪が、妹ふたりとともに来日した。

この弟は私のためにずいぶん苦労した。彼が光州市庁で係長だった頃、中央情報部（ＫＣＩＡ）の職員が訪ねてきて、「日本へ行って兄を連れ戻してこい、または兄を思想転向させ、総連から足抜けさせろ、うまくいったら課長にも部長にも昇進させる」と迫ったそうである。鐘琪は「勧めても韓国へ戻る兄ではない、決して思想転向する兄ではない」と拒絶した。その後もしつこくつきまとって兄の転向工作を迫ったという。

しかし韓国の政情が変わった。軍事政権から文民政権に替わった。弟は中央情報部の監視対象から外れ、思いっきり活躍できるようになった。弟は一所懸命勉強して、公務員昇格試験を受け、課長そして部長に昇進した。課長職にあったとき、五・一八光州市民抗争の犠牲者追悼慰霊碑を建立し、英雄たちの墓地をつくる仕事に尽力したという。そして定年前には光州広域都市の総務局長にまで登りつめた。

そして定年退職とともに、彼は新たに「ワールドカップ文化市民運動光州広域協議会」の事務局長に任命された。私は二〇〇〇年に故郷を訪問した。そのとき、彼はスタジアム工事現場を見せながら、「見てください、この観客席から慰霊塔が眺望できるように設計したのです」と語った。鐘琪はワールドカップが終わったあと、多くの市民の推挙で、光州市長選挙に出るつもりでいた。しかし好事魔多しとか、二〇〇一年に膵臓癌の手術がうまくいかず、六三歳を一期に他界した。合掌！

4　第二次総連同胞故郷訪問団

二〇〇〇年一一月一七日、私は第二次総連同胞故郷訪問団の一員として、五三年ぶりに故郷を訪問した。

二〇〇〇年六月、韓国大統領金大中が北朝鮮を訪問し、国防委員長（党総書記）金正日と一緒に署名した歴史的な南北共同宣言を発表した。この六・一五南北共同宣言を受けて、総連同胞故郷訪問が九月（五〇人）、一一月（一〇〇人）に実施された。日程は五泊六日だった。いままで総連系同胞の韓国訪問は、韓国と民団側の主導で秋夕の時期に合わせた墓参団が組織されていた。先祖の墓参りの便宜を図るものとされていた。故郷を忘れがたい高齢の少なくない同胞が墓参団に参加した。それは総連組織の弱体化を狙うものだった。しかし六・一五宣言を受けて実施された総連同胞故郷訪問団は、一般の在日同胞ばかりでなく、高齢化した総連活動家ＯＢの訪韓まで許容する画期的なものだった。彼らは金浦空港に降り立つまで親戚の安否も解らず不安な心情であった。しかし杞憂だった。空港に降りるや否や、熱い歓迎を受け、出迎えた肉親と抱擁し、水より濃い血の絆で結ばれた肉親の情を肌で確かめ合った。

私も訪問団のひとりとして金浦空港に降り立った。空港にはソウルに住む妹や従兄弟、親戚二〇名ほどが出迎え、歓迎の花束を胸に抱かせた。先導車の案内で空港からホテルまで、小一時間、漢江沿いの高速道路をノンストップで走り抜けた。聳え立つビル群、整備された公園、ゆったり流れる漢江の景観が車窓を流れていった。美麗だった。いつの間にか、私はジョギングや散策をした平壌の大同江の遊歩道を想起し、ふたつの首都に流れる大河の情景を較べていた。大同江は人影もなく静かだったが、漢江は通行する人々で賑やかだ、と。

ホテルでは韓国赤十字社の歓迎の宴会が開かれた。その日はたまたま私の七三歳の誕生日に近かったこともあって、思いがけず、韓国で誕生日を祝ってもらった。勧められるままに、祝い膳の美味しい料理と酒を堪能した。その翌日には『ハンギョレ』新聞のインタビュー取材があった。後日、私が韓国を離れた日の同紙にインタビュー記事が掲載された。

『ハンギョレ』紙(二〇〇〇年一一月二二日付)

[ニュース・人物]主体思想元老学者、朴庸坤総連顧問「北韓の実情に合う改革開放が必要」

北側も改革開放をしなければならない。しかし北側が進めなければならない改革開放は中国やロシアと異なる。第二次総連同胞故郷訪問団の一員として、五三年ぶりに南側を訪ねた総連社会科学者協会、朴庸坤顧問(七二歳)は、北側が遭遇する「変化の風」を認めた。朴顧問は一九八九年の東ヨーロッパ社会主義政権の急速な崩壊以降、彼らが選択した資本主義への投降が、北側の改革開放とは距離があることを明らかにした。しかし、彼は「北側が実情に合わせ、国際的に協調しながら、改革開放を進めるためには日本、アメリカと国交を正常化することが必要」であるとしながらも、具体的な方策を直ちに提示することはできなかった。変革の嵐のなかで独り、苦悩する北側の一側面を表現する姿であった。

朴顧問は去る九三年、北側の学位学職授与委員会で「院士」称号を授与された。博士より学問的業績が高く、国家に対する忠誠心が格別でなければ授与されない。社会科学分野では朴顧問と金日成総合大学の朴時亨（歴史学）、全演植（経済学）の三名だけである。彼は総連同胞が進学する日本の朝鮮大学校の副学長でありながら、八三年から今日までこの大学の社会科学研究所（主体思想研究所）所長を兼任している。朴顧問は韓国内でも引用されている『主体的世界観』をはじめとする二一冊の著書を執筆した元老学者である。

彼は過去の社会主義は真の社会主義でないと信じている。それは「すべての思想と体制の究極的目的である自由と幸福を実現できなかったばかりでなく、対立思考のイデオロギーのなかで暴力だけが乱舞したためである」と説明した。朴顧問は「思想と体制を絶対化してはならない」としながら、「二一世紀はこの歴史的過程で乱舞した暴力を理性に転換させる義務がある」と強調した。その実現がまさに「六・一五共同宣言」であると、彼は確信している。

朴顧問は、ことに主体思想を実現するためには、民主主義が必須不可欠である、と釘をさした。北側の民主主義がどれほど保障されているか、との問いに対して、彼の答えは、明快なものでなかったが、かみしめるべき深みのあるものだった。「留意すべきは、北側の国内的、国際的環境が実に困難なものであったことである。これを無視して、民主主義だけをとりあげてはならない。しかし原則的には民主主義なくして自主性、創造性が実現されないことは明確である」。

インタビューを終えた直後、ソウルから光州へ、わが故郷へと旅立った。空路なら三〇分、陸路なら三時間。私は陸路での光州入りを望んだ。時間がかかっても、道路沿いの風景を眺めたいと思った。高速道路で感じたことをふたつ記す。ひとつは、韓国の高速道路は途中に料金所がないこと、道路はひとつの道路公団が管理しているからだそうだ。もうひとつ、高速バスはほぼ定刻どおり走行するということ、高速バスの走行時には一般車は絶対にバスレーンを走らないという。高速バスには渋滞がなく、定刻を厳守しているらしい。

故郷を訪れた筆者を歓迎する横断幕

一一月一八日正午過ぎ、生家近くのレストランに兄弟姉妹が揃って、七三歳の私を迎えてくれた。さすがに胸がときめいた。兄弟ひとりひとりと抱擁しあった。故郷の山河も見違えるほど変貌し、弟妹も年齢を経て白髪の相貌になっていた。感極まった思いにとらわれた。

昼食会には、全羅道名物のホンフェ（紅エイ）料理が出た。幼かった頃私が好んだ料理だった。食後、すぐ生家へ向かった。「歓迎、朴庸坤博士」の横断幕の下で家族と近隣の人々が拍手していた。私は、「ただいま帰りました。感謝します」と言いながら、最敬礼をした。生家に足を踏み入れたが昔の面影はなかった。

生家では兄弟三人分の揃いの韓服が誂えられてあった。韓服に着替えた。祖先を祀った祠堂に帰国あいさつをし、父母の墳墓に行った。墓前に跪き、「この不孝息子がただいま帰りました」と言った。こみ上げるものがあって、言葉にはならなかった。ただ嗚咽するだけだった。森羅万象が静まり返り、黄泉へと旅立った父母の墓前で慟哭する白髪の老人の姿だけを映し出していた。そこにあるのは無常感だけだった。次いで墓の裏手にある果樹園に向かった。入口にもうひとつの墳墓があった。誰の墓か、兄弟は説明しなかった。私は父が囲っていた妾の墓碑だと直感した。

その夜、兄弟や親戚が集まり、私の故郷訪問を慶ぶ宴会を開いた。五〇年ぶりに故郷に戻り、兄弟、親戚と再会し、父母の墓を詣でた感慨を述べ、感謝の意と苦労をかけた詫びを述べた。私が朝鮮総連にいたとばっちりで被った差別と迫害の話も出た。朴炅浩は全南大、海軍士官学校入学をはねられ、やむなく私大土木科で学び、土建会社の幹部になったという。末弟の鐘千は東京オリンピックのフェンシング登録選手になったが、金浦空港でアカの兄がいる東京へは行かせられぬと出場を辞退させられたという。弟、鐘琪は全南大学大学院で政治学博士を取得しながら、光州市役所の一職員として差別を受けてきたが、金泳三文民政権以後、市総務局長、ワールドカップ光州市協議会の事務局長になったという。あれやこれやの昔話、思い出話に夜は更けていった。

翌朝、弟と一緒に昔懐かしい裏山に登り、竹林（三〇〇坪）と果樹園（五〇〇坪）を見て回った。竹林には三〇坪ほどの庭があり、鶏の飼育場になっていた。竹林の一角に湧き水があり、そこには芹が育っていた。ホンフェ料理に欠かせない野菜だ。自然だけは昔のままだった。

眺望がきく果樹園の一角に新しく殿閣ふうの家屋が建てられていた。縁側に座った。弟がぽつりと語った。「この家はヒョンニムの家だ。兄弟で建てた。いずれヒョンニムは故郷に戻り、生涯を終えるだろう。そのとき住める家を準備した。私たちは農地改革によって出た金で、それぞれ家を建てた。しかしヒョンニムの取り分はない。この竹林と果樹園をヒョンニムの取り分にしようと決めた」と、淡々と話した。損得勘定と私利私欲が染みついた私は、兄弟の無私の情愛に胸が熱くなった。「ありがとう。気持ちだけ受け取る。もし故郷に戻ることがあれば、この家屋だけ使えればいい」と答え、弟の手を握った。

裏山からの戻り道だった。確かにあったはずの、面長（村長）朴一東の四棟もあった家屋敷が跡形もなく消えているのに気づいた。そのわけを聞き、愕然とした。

一九五〇年六月、朝鮮半島に戦争が勃発した。当初、朝鮮人民軍は破竹の勢いで南進し、洛東江以南を残して半島全域を占領した。七月には朝鮮人民軍が全羅南道をすべて占領した。私が住んでいた面（村）は南労党系列の影響が強かったので、南進した朝鮮人民軍に協調した。占領地域に、北朝鮮の末端行政組織である面委員会を組織し、李承晩政権に繋がる勢力を摘発、粛清した。その対象に日本の植民地統治下の面長だった朴一東が含まれていた。彼は理知的で聡明な人間で、端正な顔立ちの偉丈夫だった。私の遠縁の親類に当たり、親しみを感じていた。漢学者だった祖父とはウマが合い、酒もよく一緒に飲んでいた。北朝鮮人民軍の占領下で朴一東は反動分子として捕らえられ、村内を引きずり回された。無残にも朴一東の鼻に穴をあけ縄を通して、鼻輪をした農牛のように引きずり回した。これ見よがしに道路脇に村民を集め、罵詈雑言を浴びせるよう命じた。朴一東の顔は膨れ上がり、面貌は完全に崩れてしまった。彼は私の祖父を見つけて、「炳起（祖父の名）よ！　私は残酷に殺されていく。このざまを見忘れるな。肝に銘じろ！」と絶叫した。祖父は直視できず、その場に崩れ落ちた。朴一東の家族は反動家族として、すべて銃殺された。

一九五〇年九月、米軍は仁川に上陸し、洛東江流域まで米・韓軍を追い詰めていた朝鮮人民軍を挟撃した。朝鮮人民軍は暗闇に紛れ、強行撤退した。このとき多くの南の容共的人士が義勇軍として北朝鮮に撤退する人民軍に同行した。残された家族は、この義勇軍の離散家族となった。息を吹きかえした韓国国防軍の復讐がはじまった。この面でも、人民共和国を支持し、人民軍を支援したという理由で、二〇〇人余りの村人が捕まり、小学校の校庭に集められた。処刑の始まりだった。銃口が向けられた。そのとき、「撃つな！　銃をおろせ！」と怒声がなった。私の父の怒声だった。銃は降ろされた。「みな同じ同胞だ！　私の親戚だ！」と、父は怒鳴った。間違いなく道岩面の住む人々の多くが朴家の血縁であった。思想や信条よりも血縁の絆を守るのが人間の道理だった。私は弟が語る亡き父の勇気ある行動を聞いて、父の真の強さを知った思いだった。深い感動を覚えた。

朝鮮戦争の三年間に、北朝鮮軍と韓国軍は交互にローラー戦を繰り返した。戦場となった村々では同胞間の殺し合いが繰り返され、その都度忘れがたい憎悪が募っていった。この戦争による犠牲者のない家族を探すのが難しいほど、この戦争の惨禍は激しかった。

五〇年前の戦火に包まれた村であった北朝鮮軍の「反動狩り」、韓国軍の「アカ狩り」の凄惨な現場に立ち尽くして、戦争の実相も知らず、上っ面の知識だけで社会科学を論じてきたと恥じ入った。私の心身を紛らわす煩悩がまた生じてきた。

翌日、一一月一九日正午、甥の朴民浩の結婚式に親代わりとして参席した。五年前に兄はなくなっていた。朴一族で私が最年長者だった。私の故郷訪問中に甥を結婚させるため、急遽、日取りを早めたようだ。三〇〇名ほどの客が参列した。披露宴で祝杯だけあげ、席を離れた。五〇年ぶりに会う木浦商業学校の同級生七名が食堂で待っていた。

木浦商業時に在籍した学年には朝鮮人七五人、日本人七五人の学生がいて、一学級五〇人の三クラスで編成されていた。解放後に日本人学生はみな母国に引き揚げた。朝鮮人学生七五人のうち、一五人が南労党のパルチザン闘争に参加したり、兵役にとられ朝鮮戦争に従軍して亡くなったという。二〇〇〇年の時点で生きているのはわずか二〇人だった。全羅道に在住する七人が、みな顔を揃えて会いに来てくれた。懐かしかった。ソウルに在住している一三名とは後日会った。この二〇人以外にも、北朝鮮に義挙入北した者がふたり、日本に密航した者がひとり（私）いた。私は北朝鮮に行ったふたりの消息を知っていた。ふたりとも平壌に住んでいた。そのうちのひとり、鄭立は一九四八年に義挙入北し、労働党の対南朝鮮関係の仕事をしていた。彼との面会は適わず、彼の家族とだけ会った。しかし一回だけ人目を避けて、夜遅く大同江の遊歩道で会ったことがある。もうひとり、金英柱（名が金日成の弟と同じ）は名を金永洙に変えていた。彼は朝鮮戦争時、ソウル大学商学部の学生だったが、撤収する人民軍とともに、義勇軍として北朝鮮に行った。そして朝鮮社会科学院経済研究所で、韓国の政治経済を研究していた。彼の韓国の政治経済研究の水準が高く、党内幹部向けの講演は好評だったという。同級生たちは、北朝鮮に行った学友の消息に興味をしめした。

しかし同級生との話題は学生時代の思い出ばかりで、小難しい政治談議は一切しなかった。朝鮮総連活動家の故郷訪問だから、私を刺激しないよう気を遣ったのだろう

今度の訪韓でぜひ行ってみたかったのが、光州の無等山だった。わが家からそこまでは車で三〇分ほどの近さであった。私は光州に明るい弟の案内で、光州事件の犠牲者を葬った「国立五・一八民主墓地」を敬虔かつ沈痛な心情で訪ね、詣でた。

一九八〇年五月、全斗煥の軍事政変と金大中の逮捕を契機に、光州市で学生らの抗議デモが起きた。戒厳令が布告され、出動した空挺部隊の無慈悲な鎮圧で、至るところで流血の惨事が起きた。これに抗議して一般民衆も学生デモに合流し、デモ参加者は二〇万人に膨れ上がった。デモ参加者は武器庫を襲い、武装した市民軍を形成した。鎮圧軍と銃撃戦を展開しながら、一時的に全羅南道道庁を占拠した。学生と市民の犠牲者は二〇〇〇名に達したといわれる。犠牲者たちの遺体は手押し車やトラックに積まれて、現在の墓地のある場所に埋められていた。その後、光州事件は民主化運動として再評価され、墓地の聖域化が行なわれた。

墓域の前に参拝広場があり、「五・一八民主抗戦追慕塔」と、銃を持って戦う市民軍「武装抗戦軍像」、彼らを後方支援する人々を表した「大同世上軍像」が並んでいる。そして後ろの壁面には、光州事件にまつわる詩人金準泰の有名な詩「おお光州よ！　わが国の十字架よ」が刻まれている。その最初の部分を書いておく。

ああ、光州よ　無等山よ
死と死のあいだで　血の涙を流す　我らの永遠なる青春の都市よ
我らの父はどこに行ったのか　我らの母はどこで倒れているのか
我らの息子は　どこで死にどこに埋められたのか
我らの可愛い娘は　またどこで口を開けたまま横たわっているのか
我らの魂は　またどこで裂かれ　散り散りにかけらとなったのか……

詩は、途中に、夫を気づかい、家を出て犠牲になって死んだ妻の語りを入れている。

私はあなたによくしてあげたかったのです　ああ、あなた！
ところで私はあなたの子供を孕んだ身で　どうして死んだのですか
あなた！　すみません、あなた！　私から私の命を奪ってゆき
私はまたあなたの全部を　あなたの若さ　あなたの愛　あなたの息子
あなたの……
ああ、あなた！　私がけっきょく　あなたを殺したのですか……

私は無等山麓の墓域に佇みながら、深い物思いにふけった。七〇年代の韓国民主化闘争は、民衆を覚醒させ、光州人民抗争へと発展した。そしてあの頑迷な軍事独裁政治を打倒し、民主的な

文民政治を実現した。それは韓国現代史の新紀元の誕生だった。

翌日の二〇日、私たちは智異山国立公園を訪ねた。智異山は全羅北道、全羅南道、慶尚南道の三つの道にまたがる広大な山域で、白頭山に発し太白山脈から小白山脈へと続く気の流れがこの峰に昇るとされてきた天王峰（標高一九一五メートル）を主峰に、一〇〇〇を超える多くの峰々から構成されている。智異山一帯は山岳信仰の聖地、仏教の聖地ともされた。智異山は、多くの貴重な植物や生物が生息している山岳であった。『東医宝鑑』で有名な許浚が、若い頃、薬草を採り、医術を磨いた山でもあった。

智異山はまた、深い谷や急峻な山並みで構成される地形と、韓国南部のすべての地域に隣接する地の利のため、軍事戦略上で重視され、歴史上でも抵抗の地となった。朝鮮王朝末期の甲午農民戦争では蜂起した農民が山中で抵抗を続け、日韓併合時には抗日義兵闘争の拠点となった。一九四八年に起きた麗水・順天事件では、反乱部隊が山中に立てこもった。朝鮮戦争では、韓国軍の反撃に遭った朝鮮人民軍兵士が立てこもったほか、朝鮮人民軍に呼応する市民も人民軍に続いて山に入り、大規模なパルチザン抵抗闘争を展開した。抵抗拠点とされる遺跡の近くでは、いまでも人骨が出土するといわれる。

智異山は眉目秀麗であり、峡谷には清らかな湧水が溢れ、温泉が湧き出ていた。登山客も多く、それを慰撫する大規模なサウナ温泉場もあった。家族みなで温泉浴を楽しんだ。床暖房がなされ、ミストサウナで体をほぐした。甥っ子がマッサージをしてくれた。

次いで、「春香伝」のラブロマンスの舞台、南原にある「広寒楼園」を訪ねた。それほど大きな規模の公園ではなかったが、月の国の宮殿にちなんだ広寒楼、こじんまりした湖や洒落た橋があり、中国の東に浮かぶ三神山をかたどった庭園、湖上に建つ楼閣である玩月庭、春香をまつる春香舎堂などがあった。道令の夢龍と妓女の春香が身分制の枠を乗り越え、艱難を乗り越え、愛を貫き通した情景が浮かんだ。

公園を逍遥していると、末妹の玉順が「オッパ（兄の意）」と呼んで、肩を並べてきた。「オッパ、このまえアジュモニ（ここでは父の妾をさす）の墓を見てずっと考えたの。アジュモニがなくなったとき、みんなは父と母の墓の隣に墓をつくろうといったわ。だけど私が反対したのよ。オッパ、私は末娘よ。母がアジュモニのためにどれだけ悩み苦しんでいるかをずっと見てきたの。その母をひとりにできなくて、進学もしなかったの。私もアジュモニを憎んでいたのよ。だから母と同じ場所に墓をつくるのは許せなかったのよ」と涙まじりに語った。聞く私も目頭が熱くなった。「いや、お前の考えは間違っていない。近くにいた末娘としては当然だろう。しかし、もういまとなっては父を中心に考える必要もあるだろう」と話した。

昼食になった。全羅道の料理は美味しいが、南原の料理は特に美味しく、なかでも酒の美味しさは格別だった。ドンドンスル（うわずみ酒）がうまかった。智異山の自然水と、湖南地方の滋養米でつくった酒だった。美味しいはずだ。

その夜は弟の鐘琪の家で送別宴があった。客が帰ったあと、兄弟だけで集まった。玉順が「広寒楼園」で話したことをみなに語り、「私の考え方が間違っていたようです。兄さんの言うとおりにするつもりです」と結んだ。私は妹の手を握り、「ありがとう」と繰り返した。玉順は決して間違っていない。ただ私以上に母親思いであっただけだ。みなの心はひとつになった。父を中心にして考えよう。父は母もアジュモニも愛したはずだ。それを確信して父の墓を中央にして両隣に母とアジュモニの墓をつくったらどうだろう、とみなに問うた。傍らにいたアジュモニが産んだ異腹のふたりの弟が泣いた。長いあいだ、胸につかえていたものが流れおちたようである。そこで年内にアジュモニの墓を移すことに意見が一致した。親不孝以外になにもしたことのない私が、初めてて親孝行をしたような不思議な錯覚に陥った。

五泊六日の短い日程だったので、木浦には行けず、母校の木浦商業学校と、初恋のひと、白和仙の家を訪ねることは適わなかった。それだけが心残りとなった。

5　家族とともに再び故郷訪問

二〇〇五年夏、私は家族連れで、再び故郷を訪ねた。私も齢八〇に近くなり、妻子に故郷への道を教えておきたいと思ったからだ。他郷で暮らして半世紀が過ぎたが、まだこの地に根を下ろしたとは言い切れない。子供たちに父祖の地、ルーツを直接見せて、自分なりのアイディンティティを探す糧になればと思った。

弟の鐘三が、韓国で過ごすスケジュールを組んでいた。生家へ行く途中に光州大学校前を通った。なんとそこには光州に住む朴家の親戚一〇〇人ほどが出迎えてくれた。あまりの多さに正直驚いた。紹介されても、とても覚えきれなかった。生家に向かった。道路に「朴庸坤博士家族一行を歓迎する」と書かれた横断幕が掲げてあった。生家で一休みし、すぐ裏山に散在する先祖の墓参に行った。出かける直前にザーッと雨が降った。すぐ止んだが、蒸せかえる暑さが戻った。山道はぬかるみ、泥まみれになった。どうにか祖父母、父母の墓に生花を捧げ、あいさつの礼をとった。

村の公民館で歓迎の宴があった。私のあいさつに続いて、妻にもあいさつが求められた。妻は日本語で「初めて夫の故郷を訪問して感に堪えない。朝鮮総連にいたため、みなさんに多くの苦

家族とともに故郷訪問
由緒ある故家で

労をかけた。こんなに歓待していただいて感謝する」と話した。日本で朝鮮大学校で学び、民族学校で教員をしていた長男の妻が通訳した。宴のあと、近くの道谷温泉で旅の疲れを癒した。

翌日、大型観光バスを借り切って、八〇人ほどの親戚と一緒に日帰り旅行をした。バスのなかで、一九七六年にいまは亡き母と交わした国際電話の録音した音声が流れ、七九年に死去した母の葬儀を写したＤＶＤ録画が流された。バスのなかが厳粛な雰囲気になった。次に、車内はカラオケに合わせた「ノレチャラン（歌自慢）」に移った。

そうこうするうちに、バスは黄海に向かって開けた朝鮮半島の最西南の港町、木浦に着いた。バスは気を利かして、青年期に私が学んだ木浦商業高校に回ってくれた。校門横には「金大中先生出身校」の碑石が立っていた。青年期の思い出が次々と甦り、とても懐かしかった。家族にわが青春の証である出身校を見せられて嬉しかった。木浦の見どころは儒達山。山全体が儒達公園やいくつかの寺刹で構成され、頂上付近の岩場からは木浦と多島海の景色を楽しめる。私たちは見晴らしのきく岩場に座をつくり、弁当を広げた。食後、美術館、博物館を見学した。

国道二号線を一時間ほど走行したのち、広い蓮池がある公園に着いた。泥沼に咲く蓮の花が美しかった。「蓮は泥より出でて泥に染まらず」という成句があるように、蓮華は清らかさや聖性の象徴とされた。蓮華は泥が濃いほど大輪の花を咲かせるという不思議な性質を持っている。澄んだ水のなかでは小さな花しか咲かない。泥水（迷いの世界）に染まらず、美しい花を咲かせる姿が仏陀の教えと一致することから、蓮華は仏教の教えをあらわす花になっている。

しばらく行くと霊岩郡の「王仁博士遺跡地」に着いた。一九七〇年代に「霊岩郡一円に王仁博士の遺跡と伝説が多い」という伝聞に基づいて、一九七三年に二度にわたる現地調査で「王仁の誕生地は霊岩に違いない」とされた。一九七六年、全羅南道は霊岩郡鳩林面聖基洞一帯を「王仁博士誕生地遺跡」として史跡に指定し、王仁廟を建設し、霊岩を「王仁博士の故郷」として売り出した。王仁に関する文献史料は日本にだけあって、韓国には文献資料も、考古史料もない。しかし日本の文化を開明した王仁はここ霊岩の人であったとして、王仁廟に祀られ、王仁遺跡公園が整備されていた。

ともあれ、王仁は朝鮮半島からの渡来人として、先進的学問を日本に伝えた象徴的な存在である。『古事記』には、応神天皇のときに渡来して「論語」一〇巻と「千字文」一巻を天皇に献上したとある。たとえ伝説としても、百済の文化の影響下で日本の文化が花開いた事実は否定しえない。誇らしい気持ちになった。

喉が渇いたので水を飲みたくなった。兄の次男である炅浩が、私と息子の尚宇を湧出する薬水池に連れていってくれた。冷たい薬水で喉を潤した。まさに甘露水だった。三人で公園を散策した。炅浩が王仁博士の説明をしたあと、わが家の族譜（家系）について語った。わが朴家の二〇代前の始祖は李王朝の文班官僚として宮廷にいたが、政争に巻き込まれ、流刑に処された。流配地は隣の道谷面であったが、まもなくいまの道岩面に移った。文班家系だけに、子孫に漢学者は多く出たが、政治や商売にたずさわった人はいなかった。現在、祖父の孫以下の世代にも学業で身を立てる人が多く、これまでに一五人もの博士を輩出している。従妹の順子は、息子が三人揃って博士になったので、隣近所で「博士をたくさん育てた母」と呼ばれている。

家族連れの故郷訪問を終えた。妻は「いままでの人生で一番楽しい思いをした」と言った。孫の正樹は「日本に帰らない、韓国に住みたい」と主張した。私は家族を連れてきたことを嬉しく思った。

6　王仁博士を顕彰する百済門

二〇〇五年のある日、思いがけない人物から電話があった。どなたですかと尋ねると、「李根休の息子の李峰守です」と名乗った。驚いた。「君は朴正任姑母の息子だって?」「はい、ヒョンニム、私は正真正銘の正任オモニの息子です」「どこから電話している?」「いま、大阪の枚方にいます。ここにある王仁博士の墓前に百済門を建立するために来ました。竣工したら知らせます。そのときお会いしたいと思います」。電話は切れた。

ひとむかし前の記憶、正任姑母の面影が思い出された。姑母は三歳上で、いつも私を可愛がってくれた。姑母が小学五年生、私が二年生のときのある日だった。一緒に登校している途中、突然蜂の大群に襲われた。誰かに巣を壊された蜂が一斉に飛び立ち、私たちふたりに襲いかかってきた。群れになった蜂は私の顔を刺し、袖口から入って胸も刺した。近くの民家に飛び込み難を避けたが、刺された傷が激しく痛んだ。姑母も全身蜂に刺されていたが、自分よりも私を必死で介護してくれた。献身的に手当てをしてくれた姑母の姿が思い出された。

成人した姑母は金融組合に勤めていた李根休と結婚した。当時の婚姻慣習は、妻家で婚礼の式をあげ、妻家で初夜を迎えた。その日の夕刻に近隣の若い男衆が集まり、新婿を「いびる」習わしがあった。若い衆は鬱憤晴らし気味に「やい、俺たちの村から処女を盗んでいくこの野郎!とっちめてやる!」と、婿の足の裏を鞭で叩いた。「やい! なんとか言え! 痛いか、この野郎！」ピシャリ！　ピシャリ！　と叩く。婿は悲鳴を上げ、嫁の母に「チャンモ、助けて！」と助けを求めた。チャンモ（妻の母）はしばらく知らんふりをして、頃合いを見て「それぐらいで勘弁してやって。うーんとご馳走を出すから」と助け舟を出す。若い衆は「いやダメだ。足の裏が腫れちゃったから鞭打ちは止める。その代わり歌を歌え」と強いた。婿が歌った。それが驚くほどいい声だった。やんやの喝采だった。「今度は新婦が歌え」。新婦は逃げ回った。やりとりは続いた。「代わりに私が歌う」「お前の歌はもう聞いた。嫁が歌え」「私が女声で歌う」。婿は透みきった美声で歌った。みな唖然として聞き惚れた。

太平洋戦争中の朝鮮でも徴兵制が布かれていた。李根休に赤紙が届き、徴兵されて東南アジアに派兵されることになった。彼は家系を守る三代一人息子だった。彼は軍営を脱走した。憲兵隊による一斉捜索が続いた。日本が敗戦し、総督府は消えた。どこに隠棲していたのか、李根休は無傷で戻ってきた。村では彼を英雄視した。彼は平然と解放の喜びを満喫していた。

その息子が李峰守だった。李峰守から、二〇〇六年一〇月一四日に大阪府枚方市で行われる百済門竣工式のセレモニーへの招待状が届いた。前日、妻と一緒に大阪へ行き、日航ホテルで宿泊した。

枚方市には、四世紀末に朝鮮半島から日本に漢字と儒教を伝えた王仁の墓があった。考証の末、一七三一年に「博士王仁之墓」と刻んだ長方形の墓石が建てられ、一九二八年に大阪府の史跡に指定された。枚方市は、王仁の生誕地とされる韓国霊岩郡と市民レベルで交流し、「論語」と「千字文」を日本に伝えたとされる王仁博士の功績を顕彰する百済門の建設を二〇〇五年から進めた。百済門は高さ五メートル、幅四メートルの瓦屋根の様式。王仁博士の偉業を称え全羅南道霊岩郡に建つ王仁廟にある門をイメージした。設計は韓国の朝鮮大学建築科で韓国文化財建築様式の専門技術を学んだ李峰守（全羅南道和順郡、三真設計所属）が請け負った。奇しくも、彼こそ私の従弟であった。

午後三時の定刻に竣工式の式典が始まった。式典では韓国服を着たひとりの男が忙しく立ち回っていた。家内が「あの人は孫の正樹に似ているわ。きっとあの人が峰守さんよ」と指さした。私は弱視ではっきりは見えなかったが、姑母の夫に似た印象をうけた。式典は功労者への表彰に移った。李峰守に「設計・監修」の表彰があった。壇上に上がった彼は姑母の夫の面影そのままだった。私の胸は感動に包まれた。表彰が終わったあと、初めて互いに確認し、かたく抱き合った。「峰守や」「ヒョンニム」。抱擁したまま感涙した。私は彼を家内に紹介した。「式典が終わったらゆっくり会いましょう」とあいさつして、彼は離れていった。彼の後ろ姿を見送りながら、家内が感心したように言った。「血統は争えませんね。とても優しそうで、綺麗な顔立ちだわ。ハンサムね」。家内が言ったように姑母の夫も美男子で通っていた。彼は親譲りの美男子、イケメンだった。

第二部は竣工を祝う歌と踊りだった。司会も李峰守が流暢な日本語でこなした。竣工式には、峰守の姉の叔京と兄の炳国が同行していた。叔京は看護学博士であり、古典舞踊の名手であった。峰守は姉が舞う古典舞踊に合わせて鼓（チャンゴ）を

百済門と王仁の墓

叩いた。多才多芸な男だと感心した。姉の夫である申仁鉉は、理学博士で光州の朝鮮大学教授を務め、東京大学に交換教授として来日していた。韓日共同の地質学研究の門を開いた学者であった。兄の李炳国は教育工学修士だったが、写真が趣味で、式典の傍らでカメラを手に撮影に余念がなかった。

一連のセレモニーが終わったあと、百済門の前で親戚がみんな揃って記念撮影をした。百済門の柱には設計・監修者として李峰守の三字が刻まれていた。私は王仁博士の墓石の前に佇みながら、遠い飛鳥、大和の時代から途絶えることなく綴られてきた朝鮮と日本の交流の歴史を振り返り、深い感慨にふけった。朝鮮半島と日本は一衣帯水の近隣で、古代から連綿と人物が往来し、思想文化の交流を重ねてきた。その交流史で、日本に初めて「千字文」と儒学を伝えたという王仁博士の名は燦然と輝き続けるだろう、と。

7　三千里錦繍江山紀行

私たち朝鮮人は、生まれ育った祖国、朝鮮半島の山河を、しばしば三千里錦繍江山と呼ぶ。朝鮮の山河は絹地に錦を刺繍したように美しいという比喩である。

事実、朝鮮半島は中国大陸と同じく中国地塊に属する安定陸塊で、古く安定した大地なので、断層はほとんどない。それゆえ地震が非常に少なく、済州島を除いて火山も稀である。朝鮮半島の脊梁をなす山脈は、古くから「白頭大幹」と呼ばれている。白頭大幹とは「白頭山から始まる大きな山脈」という意味である。それは白頭山に始まって、太白山脈（金剛山）を経て、智異山に至るまで、水の流れに切られることなく続き、国土の背骨をなしている山脈を示す固有名詞である。白頭大幹！　その名を聞いただけでも私たちは白頭山を思い浮かべ、豊かな精気と威容を感じ、自然と気分がよくなる。白頭大幹という言葉には、昔から朝鮮民族の精神世界の内面に綿々と流れる、白頭山に対する独特ながらも共通の情緒があるといえよう。

私は一介の在日朝鮮社会科学者に過ぎないが、南北分断状況にあるにも関わらず、幸いにも壮年期に、北朝鮮にある白頭山、金剛山、妙香山を訪れる機会に恵まれた。また晩年期には、南朝鮮にある智異山、漢拏山に訪れる機会にも恵まれた。朝鮮の秀麗な自然遺産に心洗われた。そればかりか、朝鮮半島に残る史跡を訪ねて、李王朝の都ソウルはもちろん、新羅の古都慶州、百済の古都扶余にまで足を延ばした。目を閉じると、訪れた朝鮮の山々の思い出、古の都の佇まいの残像が次々に浮かんでくる。実に懐かしい。

私は朝鮮と中国の国境にある白頭山（別名、長白山）に三度も訪れた。一回目は一九七四年八月、総連教育者代表団（七〇名）。二回目は一九七七年九月、社会科学者代表団（一四名）。三回目は一九八一年一一月、金日成総合大学創立三五周年総連教育者祝賀団（一〇名）。いずれも平壌から恵山までは高麗航空の空路で行き、空港から白頭山麓のホテルまで車で行った。一番印象深かった最初の訪朝、七四年夏の白頭山初登頂の思い出から書き留めよう。

白頭山は、朝・中国境にまたがる休火山で、海抜二七四四メートル、朝鮮半島の最高峰である。冬は雪に覆われ白く見え、夏は頂きを覆う浮石で白く見えるため白頭山とよばれる。頂上には、周囲一八・七キロメートル、水深三八四メートルの神秘的で透き通った天然カルデラ湖「天池」がある。

白頭山は、朝鮮民族にとって、建国神話の檀君神話と深く関わる聖山である。まだ虎が煙草をふかしていた遠い昔、万物の創造神である桓仁が実子の桓雄に下界に住むように命じ、風伯、雨師、雲師など三〇〇〇人とともに地上へ送り、「弘益人間」という建国理念を与えた。桓雄は白頭山頂の神壇樹の下に降りてきて、そこを神市と命名し、律法を制定して人間に芸術、医療、農耕を教えた。このとき、虎と熊が人間になりたいと願い出た。桓雄は虎と熊に二〇片のニンニクと一本のヨモギを与え、それだけを食しながら一〇〇日間洞穴に閉じこもるよう命じた。虎は耐えられず洞穴を出てしまったが、熊はじっと耐え三七日目に人間の女に変身した。熊女は神檀樹の

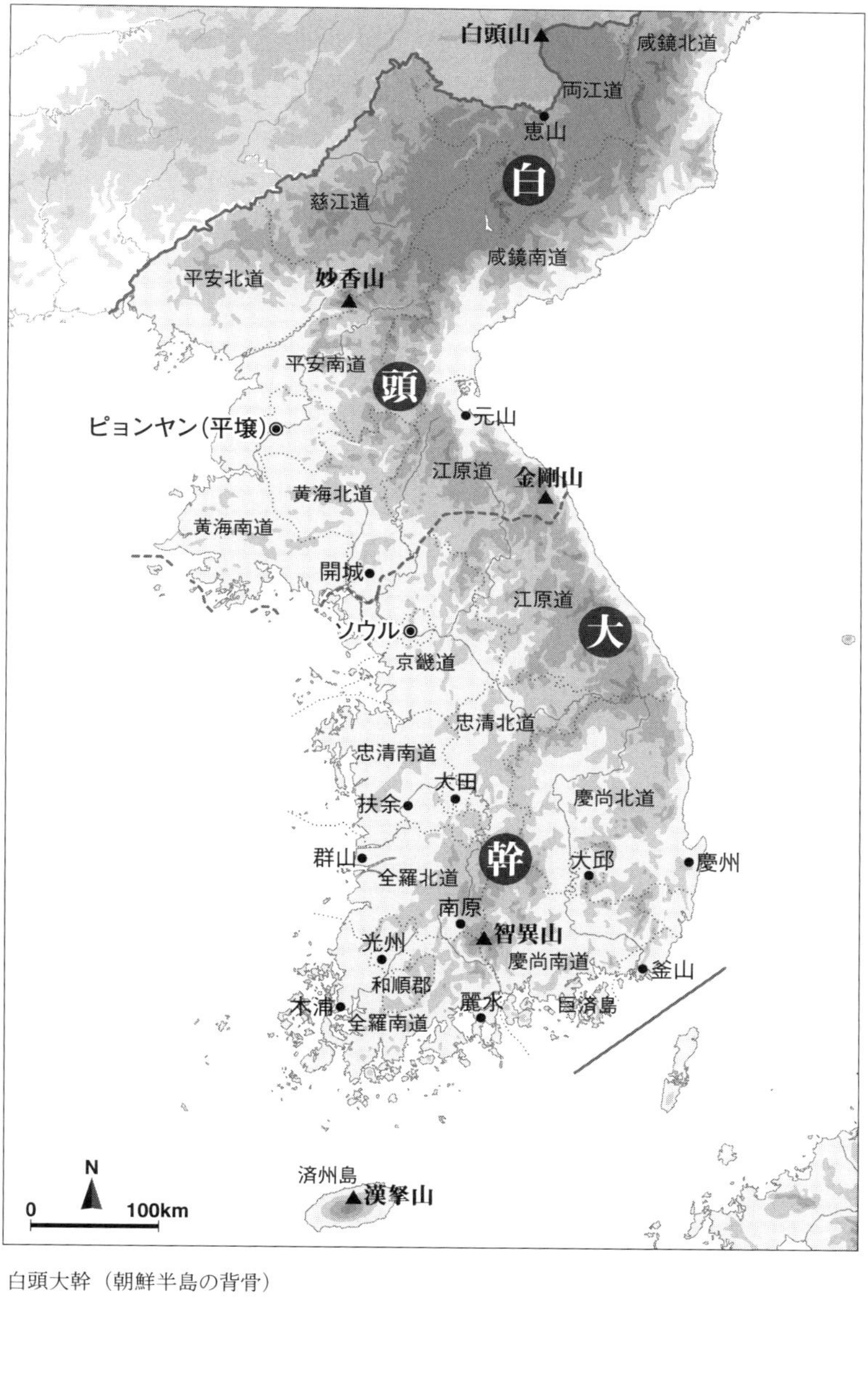

白頭大幹（朝鮮半島の背骨）

下で子供を生むことを願い出た。桓雄は熊女を娶り、子を成した。生まれた子は祭壇を支配する統治者、檀君となった。檀君は賢明な指導者で、紀元前二三三三年に平壌城へ移り、古朝鮮を建国した。史書『三国遺事』にある檀君朝鮮の有名な説話である。その後も白頭山には、高句麗の始祖朱蒙、高麗の太祖王建との由来が伝説として残っている。

二〇世紀前半、帝国主義日本は朝鮮併合、満州国建国など野蛮な植民地支配を進めた。これに抗して朝鮮民族は中国民族と連合して抗日武力闘争を展開した。白頭山の深い密林は、根拠地を作るうえで天然の要塞となった。長白県黒瞎子溝には金日成ら満州派抗日パルチザンの密林根拠地があり、ここを根城にして日本軍と血腥い死闘を繰り返した。

ソ連軍による北朝鮮解放とともに満州で活動した抗日パルチザンも帰国し、北朝鮮の政権を掌握した。その後、政権を握った金日成、その後継者金正日は、白頭山を金日成の偶像化、神格化のための伝説づくりの舞台に転用した。特に一九六〇年代以降、党の唯一思想体系確立キャンペーンで、新たに白頭山伝説の現代版がつくられた。白頭山は、金日成の抗日遊撃隊の伝説の舞台、「民族の太陽」と仰がれる金日成の霊山となった。そればかりか、白頭山の麓にある白頭密営には、「朝鮮の光明星」金正日の生家が設営された。いまでは

白頭山頂上、カルデラ湖・天池

白頭山全域が「絶世の愛国者、百戦百勝の鋼鉄の霊将、偉大な金日成将軍の不滅の抗日革命業績を万代に末永く伝える貴い革命的財富であり、民族の知恵と才能が集大成された誇り高き革命遺産」として、神聖不可侵の聖域になった。

一九七四年八月、私は総連教育者代表団七〇人のひとりとして、初めてて憧れの聖山、白頭山を探訪した。北朝鮮側から白頭山を訪れるには、普天堡から三池淵を経て白頭山に登頂するルートをとる。朝鮮人民革命軍が抗日戦争を繰り広げた戦跡地であり、そこを革命の聖地として野外博物館にした金日成神格化のための学習コースであった。途上で眺望した三池淵の湖水、鯉明水の瀑布、遠くに聳える白頭の山脈などの自然景勝は、筆舌に尽くせぬほど素晴らしかった。

このコースの最大の観光ポイントは高山地帯の湖、三池淵である。白頭山の噴火で流出した溶岩で一本の川が塞がれ、三つの自然湖を形成した。三つの湖水で最大のものは周囲が約一・三キロメートル、水深三メートルで、いずれも流出する河川はない。湖上にたちこめた霧がうすれ、はるかに白頭山の連峰を望むとき、湖を囲む唐松林が水面に投影してかすかに揺れる。湖の水は清く澄み、周辺に咲く花々と調和して実に美しい。

三池淵には、朝鮮人民革命軍の祖国進軍を記念して建立された、金日成の銅像と烽火塔、彫像群から成る三池淵大記念碑が二五〇メートルの幅で築かれている。金日成の銅像は白頭山の高原を背景に建てられ、周囲にそれぞれ「祖国編」「敬仰編」「進軍編」「宿営編」「祖国の水」など八〇余像から成る群像が並んでいる。実に見事な鋳造彫刻像であった。私は湖畔に立ち、澄み切った湖水に掌を入れた。自然の息吹が肌を通して心に触れた。静かな感動を味わった。

三池淵から白頭山への登山道はよく整備され、頂上までは車で登ることもできる。白頭山の頂上にある天池をとりまく峰々は、森林限界（海抜一七〇〇～二〇〇〇メートル）の上にあり、火山噴石に覆われた草原が広がる。天池は度重なる火山爆発と陥没によって生まれたカルデラ湖で、水深三八四メートル、水量一九億五〇〇〇リットルに達し、世界の山頂カルデラ湖で、最も深いという。私は朝・中国境に跨る朝鮮の霊峰白頭山の頂上に立ち、最も高い将軍峰を仰ぎ見、その底に深閑と佇む天池を覗き見しながら、身震いするような陶酔感に酔った。広大な山頂の神秘的な景観に見惚れるわが身の矮小さを感じ、宇宙の摂理に畏敬を覚えた。生涯で決して忘れることのない感動であった。

二回目の白頭山登頂は、一九七七年九月の主体思想国際セミナーで、思いがけなく主体思想に関する基本討論をした直後だった。討論したあと、俄か哲学者に変身した私の精神はどこか高揚していた。この白頭山行には、総合大学の主体思想研究者たちも同行した。ところが思いがけなく、宿泊した国際観光ホテルで、九月二六日のディナーが私の五〇歳を祝う誕生パーティーになった。食卓に山海の珍味が盛られ、いくども祝杯が交わされた。私は驚き、謝意を表した。そして有頂天気味に、「私は主体思想研究に生涯をささげる」という言葉であいさつを終えた。

三回目の登頂は、一九八一年一一月に金日成総合大学創立三五周年祝賀団の団長として訪朝したときだった。一一月の白頭山は冠雪して、登攀路は凍りついていた。無理を承知で、ベンツで頂上に登った。冠雪した白頭山の連峰は神々しく輝いていた。しかし風は冷たく、気温は低かった。下山だ。ベンツは凍りついた道をゆっくり徐行した。突然、車がスリップして、峡谷に滑り落ちた。幸い怪我人もなく、車も大破しなかった。山中で助けも呼べず、代わりの車もなかった。西日が傾きはじめ、急に冷えてきた。自力で脱出する以外に方法はなかった。同乗していた全員が重いベンツを押し上げ、また押し上げげた。寒風に吹き晒されながら、汗びっしょりで車を押し続けた。山神の配慮か、ベンツのエンジンがかかり、峡谷からどうにか抜け出すことができた。命からがらの思いだった。その後、白頭山登頂の誘いが幾度かあったが、すべて敬して遠ざけた。

北朝鮮で白頭山と並ぶ名山の金剛山は、太白山脈に属する江原道にある山で、最高峰は毘盧峰（一六三八メートル）である。金剛山には、夏には蓬莱山、秋には楓岳山、冬には皆骨山と言う別名がある。金剛山は内金剛、外金剛、海金剛の、大きく三つの地域に区分される。最高峰である毘盧峰がある中央連峰を境とし、西側を内金剛、東側を外金剛、東端の海岸部が海金剛である。内金剛や外金剛には、東西四〇キロ、南北六〇キロに渡って連なる、約一万二〇〇〇峰の花崗岩からなる奇岩怪石の山々や美麗な渓谷がある。外金剛は荒々しい男性的な景観、内金剛は穏やかな女性的な景観、海金剛は東海（日本海）の波頭や三日浦の絶景が展開する。華厳経から名前をとった金剛山は中国にも知られ、北宋の蘇東坡をして「願生高麗国一見金剛山」（一生のうちに高麗の金剛山を一度見ることが私の願いだ）と言わしめた。

私が初めて金剛山を探訪したのは、一九七四年夏、総連教育者代表団一行に同行したときである。登攀路は最も有名な九龍淵を巡るコースだった。整備された登山路は歩きやすく、岩のトンネル「金剛門」を抜けると、金剛山四大絶景のひとつ、玉流洞渓谷の美しい景色が広がっていた。絶景に次ぐ絶景だった。登山道に沿って流れる渓流はあまりに澄んで魚影はないが、ここで飲む水も甘露だった。ただ登山道のあちこちに金日成将軍を称える石碑が建てられ、景観を損なっていると感じた。建立の年月も不自然だった。一時間半ほどで九龍瀑布を望む観瀑亭に着いた。一〇〇メートルほど下の滝壺、九龍淵に一直線に流れ落ちる瀑布と、そこに浮かぶ七色の虹の絶妙な美に造物主の妙技を感じて、陶然として我を忘れた。さらに、近くの分かれ道から急な道を登りつめると、絶景を望む九龍台岩の上に着いた。下方の深い渓谷を見下ろすと、数珠繋ぎになった大きな八つの淵、上八潭が見えた。有名な「金剛山八仙女」の伝説の地であった。

次いで、道が険しい万物相コースを登攀した。九龍淵コースの雄大な景色とは違い、急峻な岩峰が周囲に聳え立つ禁欲的な景色が続き、登山道も高度感たっぷりの険しい道だった。頂上に立って展望すると、金剛山一万二〇〇〇峰の全景と東海の青い海原が一望できた。私は眼前に広がる雄大で荘厳な大パノラマに心を奪われ、表現する詩心の貧しさを恥じた。

海金剛は、江原道を流れる南江が東海に注ぎ込む河口の海岸一帯に開けた絶勝である。千妙万態の奇岩巨石に打ち寄せては水しぶきをあげる波濤の風景、全島が岩石の島に根を張った松の見事さに驚嘆する松島や「関東八景」の第一にあげられる海に浮かぶ叢石亭などは、画人たちの垂涎の景勝地である。また温井里温泉から東方一二キロにある湖、三日浦も「関東八景」のひとつに数えられ、湖内に松が生い茂る臥牛島、湖岸には温泉がある景勝地である。昔日、国王が日帰りの船遊びに来たが、あまりの美しさに魅せられ三日も遊び呆けたという伝説から三日浦と呼ばれたという。しかし、この海金剛は南北の軍事境界線に近接し、北朝鮮人民軍の軍事統制地域になっている。まことに残念である。

ところが私はある年、特別な許可をうけて、この海金剛を訪れたことがある。この区域の海は漁船も出入りしない禁漁区で、人民軍兵士が素潜りして魚介類をとって、ときたまバーベキューをしたりする。私は兵士のガイドと三人で、小舟で海金剛の浜に出た。岩間には機関銃の銃口が見え隠れしていた。兵士は素潜りでアワビをとった。それを韓国側の兵士たちが注視している。私は手を振って、「アンニョンハセヨ（こんにちは）」と言葉をかけた。兵士たちも手を振って答えてくれた。「ご苦労さん。元気でいてね」と声をかけ、帰り支度をはじめた。「気を付けてお帰り！」という声が返ってきた。

北側の軍事境界線の東海側は、白砂青松の美しい海外線が続いている。しかし海岸は鉄条網が張り巡らされ、砂浜は地雷原になっている。それが海金剛の悲しい現実だった。

朝鮮有数の名勝地、妙香山は、平安北道香山郡、平安南道寧遠郡、慈江道熙川市など三道の境にそびえる毘盧峰（一九〇九メートル）を主峰として、三七五平方キロメートルの広大な地域を占める自然の景勝の集合体である。平壌―香山観光道路を利用すれば首都から二時間で行ける。登山客や団体観光客も多く、海外からの賓客の定番の観光地である。

妙香山の観光地区は、「上元洞」、「万瀑洞」、「毘盧峰」の三つの地区に分かれ、上元洞登山道と万瀑洞登山道、毘盧峰登山道の三つの登山コースが整備されている。

①上元洞登山道＝上元洞は妙香山のなかでも中心となる観光地である。登山道は全長五・五キロと三つの観光区のなかでも一番短い。上元洞は妙香山の法王峰と五仙峰の南側傾斜面にある渓谷をいう。谷の中腹、標高五〇〇メートルのところに上元庵がある。上りは上元洞入口から上元庵を経て法王峰に到る登山道である。僧侶の墳墓群である西浮屠、さまざまな滝と潭沼、

仏教の庵などを見て回り、法王峰の頂きに至る。下りは法王峰から上元庵に下り、天神楼、祝聖殿、五仙亭仏影台を経て金剛の滝を巡る登山道である。

②万瀑洞登山道＝万瀑洞は香盧峰の南側傾斜面をなす渓谷。大小無数の滝や淵や奇岩が連なる。この登山道には、入口から九層の滝を経て檀君台から華蔵庵を経て戻る下りの道がある。登山道にはさまざまな姿の滝、八潭をはじめとする数多くの潭沼、周囲の景色とよく調和のとれた絶妙な奇岩怪石が続けざまに広がる。檀君台には、古朝鮮の始祖王檀君が生まれ育ったといわれる洞窟がある。ここで檀君が弓矢の稽古をしたと伝えられている。

③毘盧峰登山道＝妙香山で一番山勢が険しく、登山者たちに深い印象を残す探勝路である。千胎洞の渓谷から白雲台を経て毘盧峰まで登り、そのまま同じ登山道に下るか、あるいは毘盧峰から七星洞、下毘盧庵まで下り、金剛庵を経て毘盧峰宿営所に至る。毘盧峰は峻険な山で、動植物の種類も多く生態学的にも貴重な場所である。山頂からは西海（黄海）が洋々と広がる景観が楽しめる。

妙香山は朝鮮仏教の名山でもあり、高麗時代以来の多くの仏教寺院や史跡が残っている。壬辰倭乱（文禄・慶長の役）の勃発時、妙香山の西山大師（休静）が僧軍を組織して、豊臣秀吉の侵略軍と闘ったことで知られている。

北朝鮮の国宝第四〇号である普賢寺は、九六八年（高麗光宗一九年）に創建された華厳宗の寺刹で、本尊は普賢延命菩薩である。寺には大雄殿を中心に、二四棟の建物が建ち並んでいる。ここに高麗の「八万大蔵経」の一部が保存されている。

また、妙香山から約一・五キロメートル離れた場所に、朝鮮建築を模した巨大建築「国際親善展覧館」があり、金日成と金正日に贈られた世界各国の宝物、物品が展示されている。山麓には金日成、金正日や党幹部、軍将校連の別荘も散在している。

私は生涯に三七回も訪朝し、主に主体思想の研究や著作の執筆をした。在日朝鮮社会科学者の代表格として、いつも準国賓級の待遇をうけた。滞在期間中に主体思想の提唱者である金日成主席の接見を受ける機会もままあった。晩年期の金日成は妙香山の別荘で執務することが多かったようだ。私は仕事と休養を兼ねて妙香山をたびたび訪れた。

一九九〇年九月、金日成が東京にある主体思想国際研究所の関係者を、妙香山の山荘に招いて接見したことがあった。日本側は研究所理事長の井上周八、事務局長の尾上健一、東大教授の関寛治、埼玉大教授の鎌倉孝夫が、北朝鮮側は党国際担当書記の黄長燁、そして私が参席した。金日成は洒脱で饒舌だった。

「金正日組織秘書はとても孝行者だ。目が悪い私を気遣って、拳ぐらいの文字で報告書を書いてくれるし、耳が遠いのを気遣って音声も高くしてくれる。組織秘書の背が低いのは、パルチザン時代に母親の乳が足りなくて、山羊の乳を飲ませたからだ」「東欧社会主義体制が崩壊し、国際・国内情勢が厳しくなっている。経済建設にも悪い影響を及ぼしている。しかしアジア社会主義は強固であり、わが国はもちろん慌てふためくことはない」「一〇日後に自民党の金丸信副総裁が来朝するが、彼と会ったら日本を称賛し、激励するつもりだ。いままで日本は米国の政策にいつも〝はい、はい〟と追随してきたが、ようやく〝いいえ、いいえ〟と言えるようになった。高く評価していると（〝はい〟〝いいえ〟は日本語で喋った）」「日本の自主化は大事だ。朝鮮大学校での主体思想の研究と普及も大事だ。頑張ってください」。

一九九二年一〇月、平壌で朝鮮知識人大会が開かれた。私は在日朝鮮科学者代表団の一員として、この知識人大会に参席した。大会のあと、金日成は妙香山で宴席を設け、私たちを招いてくれた。金日成はその席で、労働党の党章について「党章のデザインには、中央は知識人の象徴としての筆、左に労働者の象徴であるハンマー、右に農民の象徴である鎌を配置している。労働者が中央でなく、なぜ知識人が中央なのかと反対する人もいた。遅れた祖国を発展させるには先進的科学技術の導入が必要だが、それは知識人だけができる仕事である。党章は、知識人を国家の重要な柱とする党の政策を表している」と説明しながら、私たちに祝杯の酒を注ぎ、料理をすすめた。私たちは主席に謝意を表した。

その翌年の一九九三年、金日成に招かれ、みたび妙香山の山荘を訪ねた。金日成に「主体思想叢書」の特別装丁本を献上し、仕事の進行状況を伝えた。親しくご苦労だったと言われた。私は緊張しながらも、その栄誉を満喫した。

しかし、金日成は一九九四年七月に急逝した。思いがけなかった。私は国父金日成の葬儀に参列する朝鮮総連の弔問代表団の一員となり、後継者の金正日に丁重に弔意を述べた。

一九九五年春、私は「主体思想叢書」の執筆のため、平壌の主体科学院に滞在した。余暇を見つけて妙香山に遊び、世界各国から贈られた貴重な宝物が陳列されている国際親善展覧館を参観した。いろいろな想念が脳裏を駆け抜けた。

この年の夏、北朝鮮が未曽有の自然災害に襲われ、民衆は塗炭の生活苦に喘ぐことになった。

私も健康を害し、治療のため入退院を繰り返した。麗しい妙香山を訪ねる機会は、おそらくもうないだろう。

＊＊＊

白頭山に始まり、金剛山、雪岳山、五台山などの名山を経た白頭大幹、約一六三〇キロメートルの山脈は、小白山脈の南端にある智異山で終わる。白頭山に発し太白山脈から小白山脈へと続く気の流れがこの峰に昇るとされ、「頭流山」とも呼ばれる。智異山は全羅南道、全羅北道、慶尚南道にまたがる山並みの総称である。一〇〇〇を超える多数の峰々から構成され、天王峰（標高一九一五メートル）を主峰とし、般若峰（標高一七三二メートル）、老姑壇（標高一五〇七メートル）を合わせて三大峰と呼ぶ。

智異山一帯はかつて山岳信仰の聖地であったほか、仏教の聖地ともされ、古くは三国時代から、最近では朝鮮王朝時代に排斥された仏教寺院が智異山に寺基を求めた。韓国三大寺院に数えられる華厳寺のほか、燕谷寺、双渓寺、松広寺、実相寺などがある。智異山の人馬を寄せ付けない地形が幸いし、多くの自然林が残り、貴重な植物や生物が生息している。

私は、老齢期を迎えてから生まれ故郷と往来できるようになった。韓国にいる血縁の兄弟や従弟たちは、族譜で一番の年長者になった私にいろいろ尽くしてくれた。訪韓するたびに近辺の景勝地を連れ歩き、慰労をしてくれた。おかげで智異山には二〇〇〇年一一月に初めて訪れ、二〇〇八年四月にも再度訪ねる機会が生まれた。近年になって、在日同胞で山が好きな人々は、ツアーを利用して智異山登山をすることが増えているようだ。しかし私は、智異山の広い山麓の比較的人気のある観光地を訪れたに過ぎない。一回目の智異山への訪れは前述した。二回目の訪れの印象を書き留める。

春爛漫の四月、智異山を訪ね、山の中腹に建つ見晴らしのいいホテルに泊まった。豊富に湧き出る温泉に浸かり、旅の疲れをとった。夕餉には智異山の山菜料理を堪能し、豊饒なトントン酒に酩酊した。

翌日、再び「春香伝」の舞台、南原を訪ねた。南原は八年前に訪れたときとは違い、新しく「広寒楼苑」や「春香テーマパーク」がつくられ、智異山国立公園の拠点都市に整備されていた。公園では古典芸能パンソリの「春香歌」が演じられていた。私はつい引き込まれ、唱劇「春香歌」の一幕から三幕まで観てしまった。年甲斐もなく、李夢龍と成春香のラブロマンスに魅惑され、わが青春の日々を思い重ねていた。公園の周りには朝鮮王朝期の古典家屋が立ち並び、昔ふうの装いの屋台飲食店が軒を並べていた。近くには、智異山の色とりどりの山菜を並べて商うアジュモニたちの露店もずらりと並んで壮観だった。

私は散策しながら、この智異山が北朝鮮側のパルチザン根拠地だったことを考えていた。社会科学者の思念はそういう方向に向かってしまう。そして、この智異山を舞台に闘ったパルチザンの英雄的闘争を叙事詩的に描いた大河小説、趙廷来の『太白山脈』を思い浮かべていた。

南原から国道二七号線を南下すると、順天を経て本土から大きく突き出した麗水半島に入る。その突端にある都市が麗水である。途中の河川堤には、桜がいまが盛りと咲き誇っていた。韓国の南海岸はリアス式海岸であり、島々や海の景色が綺麗である。そのなかでも麗水は韓国一の美港として有名である。また李舜臣将軍の足跡が多く残っている都市でもある。

私たちは李舜臣将軍戦跡地ツアーの観光船に乗って、中央洞にある鎮南館をはじめ、李舜臣広場や姑蘇台墮涙碑、水中城の将軍島、突山浦の亀甲船模型体験館を訪ね、李舜臣将軍の息遣いを身近に感じた。鎮南館は、李舜臣が率いた水軍の大本営である鎮海楼を、後任の李時元将軍が一五九九年に再建した韓国最古の大型木造建築物とされる。

次いで、麗水から巨済島に足を延ばした。巨済島は済州島に次ぐ大きい島であり、捕虜収容所遺跡公園が整備されていた。遺跡公園では、朝鮮戦争時の捕虜の生活を記録物や写真、映像、模型を通して見られるようになっていた。朝鮮戦争があった一九五〇年から五三年、私はまだ愛知大の学生だったが、戦争の推移に非常な関心をもっていた。戦争末期の板門店休戦会談で注目を浴びたのが、この捕虜収容所だった。

一九五〇年六月二五日、北朝鮮人民軍が三八度線全域で一斉に奇襲南侵を開始し、ソウルは三日で陥落した。米・韓軍は、国連軍の支援を得て洛東江橋頭堡を死守する一方、マッカーサーの仁川上陸作戦で戦況を逆転させた。しかし、中国義勇軍の介入で再び三八度線を中心に激しい局地戦が展開された。戦争中に増えた捕虜を収容するため、一九五一年から巨済島に捕虜収容所が設置され、人民軍捕虜一五万名、中国軍捕虜二万名など最大一七万三〇〇〇名の捕虜を収容した。一九五一年七月に最初の休戦会議が始まったが、戦争捕虜問題で交渉は難航した。特に、反共捕虜と親共捕虜のあいだで流血殺傷の事件が頻繁に発生し、一九五二年五月七日に収容所司令官ドッド准将が捕虜に拉致されるなど、冷戦時代の理念対立を凝縮した現場の様相を呈した。一九五三年六月一八日、李承晩政権の強引な反共捕虜釈放を契機に、一九五三年七月二七日に休戦協定に調印することで戦争は終わり、収容所は閉鎖された。
休戦協定締結から六〇余年経ったいま、当時の巨済島捕虜収容所は一万坪余りの規模の遺跡公園となり、朝鮮戦争に使用された戦車や野砲、ヘリコプターなどの戦争遺物とともに、当時の捕虜の生活が窺えるさまざまな遺品が展示されている。テーマ展示館を参観すると、捕虜発生の背景や休戦後の捕虜の処理過程などについて、具体的な想念がわいてくる。そのとき、ふと北朝鮮で偶然出会った退役将軍との会話が思い出された。一九七七年のある日、老齢の実直で柔和な印象の元少将がぽつりと語った。彼の弁によると、五〇年六月、彼は咸鏡北道で国境警備の任にあたっていたが、突然、部隊を連れて六月一七日までに三八度線北に移動せよという緊急指令をうけた。指令された一七日に三八度線北に到着し、ただちに臨戦態勢に入った。一週間後、六月二五日未明に「三八度線を越え、南に進撃しろ!」という命令を受けたという。私はびっくりした。朝鮮戦争は南側の米・韓軍が先に手を出したのではなく、北朝鮮が先に手を出したというのか。戦争は帝国主義者の本性だ、米・韓が戦争をはじめたに決まっている、という私の愚かな先入観がひっくり返った。まさにコペルニクス的転換だった。その後、東大教授の和田春樹が書いた『朝鮮戦争』を読んで、朝鮮戦争は、革命戦争による南朝鮮解放を夢見た金日成がはじめたという確信がいっそう深まった。

二〇一〇年に世界自然遺産に登録されている済州島を訪ねた。一九四八年六月一四日、わずか二〇トンの小さな漁船に乗って朝天面の寒村から命からがらこの島を脱出して、実に六二年の歳月が流れていた。

済州島は朝鮮半島の西南、日本海、東シナ海、黄海のあいだにある火山島である。済州島には、「三姓神話」という耽羅民族の独自の建国神話がある。太古の済州に「高、梁、夫」の姓を持つ三人の神人が、漢拏山の北山麓の地の穴（三姓穴）から現れたのが現在の済州の人々の先祖であるという。三世紀頃、耽羅国ができ、四世紀頃には百済に、半島統一後は新羅に朝貢していた。高麗は一一〇五年に耽羅国を郡として直轄領に組み込み、一二一四年から済州と呼んだ。しかし、元（モンゴル）に抵抗した三別抄軍が済州島を拠点に反乱を続け、その反乱が元・高麗軍によって平定された後には、済州島は元の直轄地に組み込まれることになった。元は済州に牧場を設け、馬産地にした。朝鮮王朝時は済州島は全羅道に組み込まれ、政争に敗れた王族や両班の流刑地となった。

一九四八年四月、南朝鮮の単独選挙に反対する済州島四・三事件が発生し、約一〇万人の島民が官憲に虐殺された。この虐殺事件で多数の済州島民が難民となり、命からがら日本に逃れて来た人々も少なくなかった。私も広い意味で済州島難民として日本に亡命して、在日朝鮮同胞社会に溶け込んだひとりであった。

済州島の中心には漢拏山（一九五〇メートル）がある。約二〇〇万年前、火山の噴火によってできた火山島である。済州島は石と風と女の三つが多い三多島といわれる。火山島であるため、火山の噴火により流出した火山岩が多く、台風が度々通過する上、季節風の吹く地域であり、また漁労のため海に出て遭難するなど男性の死亡率が高かったことに由来している。済州島の「済州火山島と溶岩洞窟」は、二〇〇七年六月、韓国で初めて世界自然遺産に登録された。漢拏山の優美な姿は、済州道民の心の故郷であり、頂上の噴火口の白鹿潭は貴重な動植物の宝庫である。四つの登山コースが整備されている。済州島には、一二〇を超える溶岩洞窟が点在している。特に島の東に広がる拒文岳溶岩洞窟系は、遙か太古の火山活動を伝える世界屈指の溶岩洞窟系で、学術的にも世界的に価値の高い自然遺産である。

六二年ぶりに見る済州島は、天地開闢以来の大変貌をとげ、まるで浦島太郎になった私はただ目を瞠るばかりであった。済州島は韓国のリゾートアイランドになり、国際空港を中心に交通網が整備され、リゾートホテルや観光ホテル、ゲストハウスが林立して観光客で埋めつくされていた。免税店ではショピングが楽しめ、市民の台所用品から高級ブランド品、大自然が生み出した済州特産品などがところ狭しと並んでいた。私は、目前の資本主義の繁栄をいつの間にか社会主義の貧困と対比している自分自身を発見して、はっとした。

＊＊＊

二〇〇七年、八〇歳を迎えた年に訪韓した。ソウルで兄弟たちに連絡して蔚山空港で落ち合った。弟の婿が病院長をしている総合病院で健康診断をした。健康は心配なし。かねてから願っていた新羅の古都慶州を訪ねることにした。

朝鮮の歴史は「朱蒙」、「大長今」、「イサン」など、韓流史劇ドラマの盛行にともない、日本でもかなり知られるようになった。ここで大雑把に朝鮮史の流れを確認しておく。

朝鮮半島において学術的な検証が可能となる最初の国家は古朝鮮（衛氏朝鮮）である。衛氏朝鮮は漢の武帝に滅ぼされ、楽浪郡、真番郡、臨屯郡、玄菟郡の漢四郡として四〇〇年間直轄支配された。楽浪郡が駆逐されたあと、朝鮮半島は高句麗、百済、新羅の三国鼎立時代を迎える。高句麗は四世紀に領土を拡大し、平壌に遷都するが、隋との戦争で国力を消耗する。百済は全羅道を領し、三七一年には漢山城を都としたが、高句麗の攻撃により落城し、扶余に遷都した。新羅は慶尚道のソラボル（慶州）を都にし、唐と連合して高句麗、百済を圧迫した。唐・新羅軍は六七六年に高句麗、百済を滅ぼし、統一新羅に発展した。この三国時代に仏教、儒教文化が高い水準に発達した。隣国日本へ仏教や学問、技術を伝播する役割をはたした。七世紀以後、朝鮮は新羅と渤海の並立する南北朝時代に入る。渤海は高句麗の将軍、大祚栄が高句麗の故地に建国した国で、「海東盛国」と呼ばれた。

統一新羅は文化芸術の興隆に努め、特に仏教文化は爛熟期を迎える。しかし一〇世紀に入ると新羅は権力抗争で衰退し、九三五年に王建が建国した高麗に併合される。

高麗は新羅を吸収し、初めて朝鮮半島における統一国家をつくりあげた。高麗では仏教は国教とされ、世界文化遺産「八万大蔵経」もつくられた。しかしモンゴル（元）の侵攻で国力が衰退し、一四世紀末、李成桂によって滅ぼされた。李氏朝鮮王朝は儒教に基づく国家体制を築き、世宗の時代にハングル文字を創案するなど、あらゆる分野で発展した。しかし一五九二年、壬辰倭乱（文禄・慶長の役）で国土が荒廃し、外国勢力の侵略によって次第に衰退していった。

慶州は都市全体が「屋根のない博物館」と呼ばれ、約千年間に及ぶ新羅の燦爛たる仏教文化が花開いた旧都である。慶州観光の中心は、新羅人の仏国浄土である吐含山とその麓にある仏国寺、そして頂上にある石窟庵である。

仏国寺は、石窟庵とともに護国の念願を達するために新羅第三五代景徳王によって創建

（七五一年）された寺刹であり、高い築台の上に平地を造成してそこに殿閣を建てた、朝鮮半島随一の広壮な伽藍を有する。寺院を支える基壇と、そこに設えられた整然とした造りの石段と石塔、それに見事な木造建築の美しさが印象的で、石と木の調和が荘厳な雰囲気を醸し出している。境内は三つの区域に分かれ、各区域はひとつの理想的な彼岸世界である仏国を形象化している。大雄殿区域は現世仏である釈迦牟尼仏の法華経の彼岸世界、極楽殿区域は極楽浄土を主宰する阿彌陀仏の無量寿経の世界、毘盧殿区域は法身仏である毘盧遮那仏の華厳経の蓮華蔵世界を表したものである。一九九五年に世界文化遺産に指定された仏国寺は、新羅全盛期の最高の傑作品と評価されている。

新羅千年の歴史と息遣いが感じられる石窟庵は、新羅の文化と科学、宗教的な情熱の結晶体である。石窟庵は吐含山の麓に位置して、仏国寺からは約八キロメートル、山頂に車で向かう途中にある。石窟庵は花崗岩を手入れし、それを積み上げ、ドームの型に築いてからその上に土を覆いかぶせ、まるで洞窟に見えるように建てられた石窟寺院である。圧巻は高さ三・四メートルの釈迦如来坐像で、花崗岩を丸彫りした仏教美術史上屈指の傑作であり、温和な表情と全体の調和は、まるで体温が感じられそうな存在感がある。

私は多くの参観者とともに新羅の仏教文化の精華を満喫しながら、ふと少年期に故郷の生家近くにある雲住寺（運舟寺）の「千仏千塔」で遊んだ日々を回想していた。雲住寺には、山の尾根の左右に千の石仏と千の石塔があるといわれるほど、無数の石仏と石塔があることで知られる。現在は大韓仏教曹溪宗の寺院で、数多くの観光客が訪れている。私は小学生時代に遠足でよく行ったが、多くの石仏彫刻を不思議な気持ちで眺めたものだ。誰が、いつ、なぜこの千仏千塔をつくったのだろうか。この疑問に答えてくれる伝説を聞かされたことは、鮮明に覚えている。

そういった伝説のひとつは、新羅末の道詵国師が朝鮮半島の地形を流れていく船（行舟）にたとえて、太白山と金剛山をその船首、月出山と漢拏山をその船尾、扶安辺山を船の舵、嶺南智異山を水棹、そして雲住寺のある場所を船腹に見立てたとするものだ。船が水に浮かぶためには、船腹を押しあげなければならない。そこで千体の仏像と千基の塔を一昼一夜のあいだに道力で造形し、千仏を船頭、千塔を櫓にして秘宝鎮圧しておいたことが千仏洞雲住寺の始まりとされる。この伝説によって雲住寺は、運舟寺という別名を持つようになった。雲住寺は「雲がとどまるところ」という意味で、運舟寺は「船を動かす」という意味だそうだ。

もうひとつの雲住寺の伝説は、もっと神秘的で子供心に刺激を与えた。それは、弥勒仏を一晩で建造することができたら首都が変わるという、神秘的な予言の話である。高麗に捕虜として囚われていた百済人たちがその予言を信じ、地上に弥勒の竜華世界を開こうと、みなで石を運び、弥勒仏を刻むのに夢中になった。ようやく工事が終わろうという頃、働くのに飽きた小僧が「コケコッコー」と鶏の鳴き声を出したせいで、石工たちはみな夜が明けたと思い、がっかりして働く意欲を失くしてしまった。そして、工事半ばの仏像は起き上がれず、横倒しのままで二体が残された。これが雲住寺で最も有名な横たわる仏像、臥仏の伝説である。臥仏が起き上がるとき、百済再興の夢が適うという。

私は仏国寺石窟庵の端麗な釈迦牟尼石像と、雲住寺の素朴で気恥ずかしそうな石仏を頭のなかで較べながら、この朝鮮半島の人々の心に脈々と受け継がれた大乗仏教の色即是空、空即是色の世界観を考え直していた。

二〇一一年四月、忠清南道の大田、天安、牙山、扶余を旅して、扶蘇山城地域を要に、古代朝鮮の百済の歴史と文化に大まかに触れた。最初に立ち寄ったのは、三・一独立運動の象徴的人物である柳寛順の故郷、天安市にある「独立記念館」だった。この記念館では、日本帝国主義による朝鮮半島支配の受難と、ブルジョア民族主義者による独立運動をはじめとした抵抗の歴史を、八万五〇〇〇点以上の資料によって一望することができる。七つの展示館に野外展示場、その他の付帯施設からなる広大な博物館で、時間に余裕がなく駆け足で見ざるをえなかった。

次いで隣市の牙山にある李舜臣の祠堂、顕忠祠を参観した。李舜臣（一五四五〜一五九八）は、壬辰倭乱において朝鮮水軍を率いて活躍し、日本軍を苦しめた水軍の総帥である。李舜臣は崇高な精神と統率力で壬辰倭乱を勝利に導いた功績で、死後には忠武という諡号が送られた。李舜臣はソウルで生まれたが、八歳のときに牙山に移り、武官として科挙に合格するまでこの地で騎馬術や弓術の鍛錬にいそしんだとされる。死後、李舜臣はこの場所に祀られることになり、一七〇六年に祠堂が建てられ、その翌年に国王の粛宗が顕忠祠と名づけた。祠堂の内部には李舜臣が揮毫した掛け軸や、その生涯を描いた「十鏡図」が保管されている。併設されている遺物館には、国宝第七六号の「乱中日記」や国宝第三二六号の長剣があり、李舜臣の暮らした家や弓道場、亀甲船の模型も展示されている。顕忠祠の正門である忠武門をくぐると、祠堂の入り口には紅い門があり、傍らには「天円地方」という儒教的理念を反映した、朝鮮王朝時代の伝統様式である方池円島式の庭苑がある。私は池端の木陰に座って、民族の英雄李舜臣の高尚で清潔な精神世界を静かに偲んだ。

この旅の狙いは、百済の古都扶余の遺跡をこの目で見て、百済の息吹をこの心で感じることだった。

古代朝鮮半島で百済、高句麗、新羅の三国が対立した三国時代。その一国である百済（紀元前一八～紀元六六〇）は、漢江中流域に都城を置いていたが、高句麗、新羅に圧迫され、五三八年に泗沘（扶余）へと遷都した。泗沘は、大河白馬江と自然の防壁扶蘇山に囲まれた豊饒な平野であった。百済はこの地で政治的、軍事的、文化的に繁栄した全盛期を迎えた。扶蘇山城は、百済が唐と新羅の連合軍に滅ぼされるまでの約一二〇年間、王都泗沘の繁栄を支えた軍事的象徴であり、百済最期の瞬間まで王宮の泗沘城を守護した山城であった。

百済の武王（？～六四一）は、百済の隆盛のために高句麗と同盟を結び、唐との外交に国力を傾注した。しかし、その子で百済最後の王となった義慈王は、軍事を強化して領土を拡大していくが、やがて享楽に溺れ忠臣の諫言にも耳を貸さなくなり、国を衰えさせていった。その間に、新羅では善徳女王の甥の金春秋が武烈王として即位。唐との外交を成功させると、百済の隙をついて唐に援軍を要請、金庚信将軍らが率いる一八万の大軍を百済へ攻め込ませた。義慈王は泗沘を逃れ、扶蘇山城と泗沘城は陥落した。

この旅で、私は一三〇〇余年の時間を経て、百済滅亡の現場で悲運の王国に思いを馳せた。

まず扶蘇山門前にある、義慈王時代の大臣で百済三大忠臣とされる成忠、興首、階伯の功を称え、位牌と肖像が祀られている三忠祠堂を参観した。策士で行政手腕に優れた成忠は、王の堕落ぶりを見かねて諫言した結果投獄されるが、敵軍が攻めてきたときの対策を遺書で書き残すなど最後まで百済の未来を考えていたと伝えられている。軍事的知略に秀でた成忠とともに百済の双璧だった興首は、のちに流罪にあった獄中で新羅の攻勢に対して成忠と同じ防衛案を説いたといわれている。百済の名将階伯は、滅亡の淵に立たされた百済の将兵五〇〇〇人の決死隊を率い、五万の新羅軍と果敢に闘って戦死した悲運の将軍。いずれも歴史ドラマに登場する有名な人物たちである。

落花岩

次は、扶蘇山城観光のハイライト、白馬江を走る遊覧船による扶蘇山の全景と落花岩の参観である。小白山脈に端を発し半島西南部を潤す錦江は、扶余を通る流域だけは白馬江とよばれ、百済の時代には泗沘水とよばれた。その名の通り、錦のように柔和で優雅に流れる川である。遊覧船に乗り込んで川の流れに身をまかすと、スピーカーから落花岩にまつわる伝説や歌曲が流れてくる。

扶余の白馬江を見下ろすように高くそびえたっている岩の絶壁が、落花岩である。落花岩は泗沘城が陥落したとき、百済の三千宮女が白馬江に身を投げたという伝説の史跡である。女性の貞節を命がけで守った百済宮女のけなげな心根が滲む深い淵である。一九二九年、扶余郡守だった洪漢杓は、伝説にちなむ百花亭という東屋を建てて現在に残した。朝鮮王朝時代の著名な儒学者である宋時烈は、絶壁の下に「落花岩」という特大の書を彫刻した。

この日は観光客も多くなく遊覧船は空いていて、さいわい落花岩の真下、白馬江の流れを望む船縁に座ることができた。私は泗沘水の淵を見つめながら、扶蘇山城から満開の美しい花が散るように生を閉じた三千宮女を想った。思わず李光洙が作詞した「落花岩（泗沘水）」を口ずさんだ。悲哀感で涙腺が緩んだ。

落花岩（泗沘水）

泗沘水のさざ波　夕日が映える
柳花舞い散る　落花岩の跡地に
なにも知らぬ幼子ら　無心な笛の音
心ある旅人　心痛みむせび泣く
落花岩　落花岩　なぜもの言わぬ

七百年も栄えた　扶余城旧跡に
春の芽吹きに　昔の輝き甦る
九重に耀く宮闕　旧跡はいずこ
万乗の貴紳　どこに隠れたのか
落花岩　落花岩　なぜもの言わぬ

夜半に波間で　鼓音が聴こえ
華の宮女ら　どこへ消えたか
情人がくれた　絹衣のチマ抱き
泗沘水の深淵に　身を投げたのか
落花岩　落花岩　なぜもの言わぬ

扶余から西海岸に出て、海を眺めながら南へと進んだ。西海で一番美味しい魚料理を出すという料理店で昼食をとった。前評判に違わぬ新鮮な海鮮料理が出た。口に入れると、舌が溶けそうな甘美な味が広がった。甘露！　甘露！　満腹した。

さらに南へ車を走らせた。しばらく行くと、数年前に完工した防潮堤の上を走る四車線の国道が眼前に現れた。それは二〇〇六年四月、一五年の工事を経て完成した新萬金《セマングム》防潮堤だった。この防潮堤は全羅北道富安面の大項里から群山市の飛鷹山を結ぶ超大型の堤で、全長三三・九キロメートルにおよび、「海の万里の長城」と呼ばれている。セマングムは、全羅北道群山市の南を流れる錦江と金堤市を流れる東津江の河口一帯に広がる干潟である。その広大な水域は多様な生物が生息しており、また渡り鳥の主要な飛来地としても有名であった。防潮堤の完成でセマングムは外海と遮断され、干潟に棲む生物の多くが死に絶え、豊かだった干潟の陸地化が進んでいる。韓国は、防潮堤完成で、新たな農地と水資源を獲得し、防潮堤上の国道建設で群山－扶安間の所要時間を短縮し、周辺の産業振興を図ろうとしている。現在、農地造成や企業団地としての分譲、世界最大規模（五四〇ホール）のゴルフ場、韓国内最大級の展望タワー建設など、観光開発の計画をもっている（この防潮堤工事には、周辺漁業者や環境保護団体が反発、反対運動を起こした。数次に渡る工事差止請求は、一九九九年と二〇〇五年の二度、最高裁によって棄却された）。

ともあれ、防潮堤国道を走るマイクロバスの車中で、兄弟たちは景観を眺めながら歌を歌ってはしゃいでいた。私は韓国が到達した土木建設技術の粋を目の前にして感慨に耽った。環境への負荷は別として、北朝鮮の西海岸の干潟を埋め立てて広大な耕地を造成するなら、北の食糧問題解決の助けになるだろう、と。統一の日の早からんことを願った。

8　女人万華鏡

愛は生命と生命の結合であり、心と心の和合である。愛はすべての人間生活の基であり、苦楽をともにする人間関係の礎である。

愛には、男女間の愛、家族に対する愛、同志愛、民族と人類に対する愛などさまざまな形態がある。男女間の愛（夫婦愛）は、生命と生命の結合の典型であり、愛の本質的特徴を示している。

愛の深さは無限であり、愛の喜びと苦しみもまた無限である。愛は勇気を与えるとともに、深い悲しみも与える。だからこそ、愛の賛歌とともに愛の哀歌も歌われる。喜びと悲しみをともにする愛を求めない者は誰ひとりいない。

私は愛の喜びよりも愛の悲しみを多く味わった。愛の悩み、愛の苦痛が多かったのが、人生の嘆きでもあった。

木浦の初恋

学生運動を通じて芽生えた愛情は、あまりにも大きな悲劇であった。木浦で出会った白和仙のことは、第一編でも述べた。決して美人ではないが知性的で聡明な女性であった。なによりも私の活動をよく理解し助けてくれた。

一九四八年三月三一日、日本に行かざるをえない事情を語り、「一〇年たてば必ず帰ってくる。

それまで待ってくれ」と頼んだ。さすがに彼女は立ちあがれなかった。夜一二時の外出禁止時間が迫ってくる。やむをえず彼女を抱きあげ、お寺の階段を注意深くゆっくりと降りてきた。重さを感じなかった。大通りに出た。「元気で待っていてね」と、一言残して暗闇のなかに消えた。

日本にきて最初に観た映画が『嵐が丘』であった。主人公が嵐に吹かれながら恋人を抱いて歩くシーンに、私が彼女を抱えて階段を降りた情景を重ねた。前方から女子学生らしい女性が歩いてくると、彼女が笑顔で寄ってくるような幻想におそわれた。

朝鮮戦争が停戦となった。彼女の弟から世にも悲しい手紙が届いた。朝鮮戦争が勃発し、人民軍が破竹の勢いで南下してきた。難をのがれるために家族は釜山に避難したが、彼女だけは頑として家族の言うことを聞かず自宅に留まった。彼女は私の影響によって社会主義者となっていた。人民軍の勝利を確信し、彼らが進攻すれば合流して闘うつもりでいたようだ。人民軍が勝利すれば、私もきっと日本から帰ってくるだろう、胸をはって誇らしく迎えようと夢をみながら、『共産党宣言』か『空想から科学への社会主義の発展』でも読み耽ったのであろう。

ところが人民軍は、崇高な思想を抱き理想の実現を夢みている純粋な女性が自分たちを家のなかで待っているとは知らず、ただ反動の家であるとの理由だけで四方から放火したのである。革命の炎ではなく、自分の家が燃える炎のなかで、白和仙は花の蕾のような短い人生を終えた。

弟の手紙に茫然となり絶句した。私を信じ、思想に目覚めて活動をともにした同志！　私はそれ以来真の愛情を感じたことがない。妻を愛そうとかなり努力もしたが、つねに空しいものとなった。黄昏の人生、いつ生涯を終えるかも知らないが、彼女へのあまりにも悲しい愛だけは深まるばかりである。

私は彼女と男女間の愛を一度もささやいたことはない。同じ思想に結ばれ崇高な理想を夢みながら、互いに信じ助け合い、短い期間ではあったが活動（苦楽）をともにした。人間の愛のなかで最も貴重な尊い愛、同志愛にかたく強く結ばれたのである。たとえいま、心から渇望する真の愛に酔うことはできなくとも、最も貴重な同志愛を胸の奥深くに秘めている。もし、彼女が生きていれば、一九五九年に韓国に帰国したであろう。運命のいたずらなのか。

私は友人とともに飲み屋へいって、酔うと歌うこともある。「木浦の涙」を友人が歌いだすと必ずやめさせる。この歌の感情、詩調を知らずに歌うと味がなくなってしまう。この歌は私が歌うべきである。

船頭の舟歌　かすかに聞こえ
三鶴島　波深く　沈みゆく
埠頭の新妻　濡れそぼる　裳裾
離別の涙か　木浦の悲しみ

三百年のうらみを抱いた　露積峰の下に
足跡はっきり残り　私の胸をしめつける
儒達山の風も　栄山江を抱き
あなた恋しと　泣く心　木浦の涙

情緒あふれる原語で歌えば、いつも白和仙の顔が脳裏にうかび、いつのまにか涙が頬をぬらしている。

新婚旅行で消えた花嫁

私は一九五九年（三二歳）まで恋愛をしなかった。決して朴念仁ではなくむしろ多感な人間であるかも知れない。恋愛をしたいとも思ったし、友人の恋愛をうらやましくも思った。

愛知大学の学生時代の話である。大学のすぐ近くにある、鈴木来次郎さんの家で下宿した。大学の食堂が一〇〇メートルも離れていなかったので便利であった。

ところがその下宿に治子というひとり娘がいた。色白で口数の少ない女性で、いつもにこにこと微笑んでいた。すぐ近くに従兄の家があり、彼と養子縁組をすることになったので、私は大学の寮に移った。家族中で親しくしてもらったので、結婚前日、お祝いをしようと豊川に誘った。ボートに乗った。彼女に化粧用コンパクトを手渡し、彼女の母に下駄、父に羊羹をプレゼントした。

「朴さんにはもっとたくさんボートに乗せてもらいたかった」と、彼女はもらした。私たちは一緒に外出したのも、ボートに乗ったのも初めてだった。「結婚すればご主人にたくさん乗せてもらえますよ」と、私は思ってもいない言葉を口にした。

その夜遅く、彼女が寮に来て、部屋の掃除をしてくれた。私は大病を患ったばかりで健康が十分に回復していなかったので、昼のボートがこたえたらしくベッドに横たわっていた。「なにかしてもらいたいことはありませんか」と蚊の泣くような声でささやいた。「なにを言っています。明日は結婚式ではありませんか。用事が一杯あるはずだから早く帰りなさい」と追いかえした。

新婚旅行から帰ってくる日、鈴木さんの家を訪ねた。玄関を開けた途端、治子の母が私の胸に顔を埋めて号泣した。「治子が新婚旅行先のホテルで姿を消してしまったの。私が悪かった。あの子があなたを愛していることを知っていながら、強引に結婚させたのです」。慰める言葉がなく、呆然とするばかりであった。連絡があれば知らせると約束した。複雑な気持ちだった。私の責任ではないが、私の存在がひとりの女性を不幸にしたことも事実である。

数日後、電話があった。翌日の午後一時、静岡の浜名湖で待つという。私はそのとき在日本朝鮮人留学生同盟東海支部の委員長の職にあり、翌夕、朝鮮映画祭を主催することになっていた。一時に浜名湖で彼女と会い、そのまま名古屋に行けば、映画祭に間に合うかもしれない。しかし、いまの彼女の精神状態を考慮すれば、いかに日本人とは結婚できないと思っていても予期しない事態がおこるかもしれない。だからといって、待ちぼうけをくらわすのも残酷である。いかにすべきか、迷える羊の悲しい顔が頭に浮かび、どうすることもできなかった。彼女の母親に電話の内容を告げ、私はいずれ韓国に帰る人間だから、愛情があっても結婚することはできないと率直に話した。母親はわかりましたと言いながら、なおも涙を流していた。

幸い治子は、いま幸福に暮している。彼女は菓子製造業に就き、のちに豊橋市役所の職員と再婚した(本当は初婚である)。ふたりの子供に恵まれ、いまはプラスチック工場を経営している。あのやさしい口数の少ない彼女に、そんな商才があるとは知らなかった。

歌を忘れたカナリア

女性にはつねに興味をもっていたが、恋愛や結婚にはいっさい関心を示さなかった私にも、ひとりだけ結婚したいと思った人がいた。その女性、李相姫は愛知学芸大学声楽科で学ぶ学生であった。朝鮮人女性であれば、一緒に帰国できる。彼女も理解し、結婚の約束をした。

朝鮮の風習では、親の承認なしに勝手に結婚することはできない（時代の変化でいまはその習慣も反古になりつつあるが）。

親友の崔水鐘（愛知大学の講師、六〇年に帰国）が、岡崎にある李相姫の家を訪ね、朝鮮奨学会理事を務めていた父親にふたりの結婚の承諾を求めてくれた。私は崔水鐘が出てくるまで彼女の家の塀にもたれて待っていた。しばらくして彼が出てきた。「どこの馬の骨だか知らない男に娘をやるわけにはいかない」と父親に怒鳴られたという。気の短い私もカッとなり、「そんな娘などこちらからご免だ、家柄をいえば私の家も決して劣らない」と息まきながら、興奮して帰ってしまった。それから、彼女と会うことはもうなかった。

俊才で知られている崔君もあまりにも正直である。少しカムフラージュして伝えてくれたなら、それほど怒らなかったであろう。愛し合い結婚を約束したふたりだったから、再会すればなんとか修復できたかもしれない。

その後、彼女は日本で結婚し、北朝鮮に帰国した。一九七九年に訪朝した折、咸興に住んでいる教え子の河泳彩からの手紙が、私が滞在していた大同江ホテルに突然届いた。私はほとんど団長格で平壌を訪問しているので、そのたびごとに新聞やテレビに報道される。一方、帰国者は自分の知人が来るのではないかと注意深くみているので、私の訪問はその都度知れ渡る。だから手紙を出したのである。

河泳彩と李相姫は同じ岡崎出身で親友であった。河泳彩の手紙の内容によれば、李相姫は交通事故に遭い、頸を傷めて声楽家としては致命傷となる怪我を負ってしまったらしい。その後、金策高等学校で英語の教師をしていた彼女は、子供がいなかったせいか夫婦別れをして母親と一緒に住んでいた。彼女は子宮癌にかかり、咸興医科大学病院で手術を受けて入院中であった（咸興医科大学は朝鮮戦争で負傷した患者を多く手術しており、東北大学医学部の申教授も所属していたので、外科は北朝鮮で最も優れていた）。ときどき見舞いに行くが、朴先生の話ばかりして会いたがっている。一度会ってもらえませんか、と訴える切実な内容だった。

李相姫の父親の頑固さと私の短気で結婚はできなかったが、ことさら恨んでいるわけではなかった。約二〇年ぶりに彼女の近況を知り、患っていることを知れば見舞いくらいしてもよいではないかと考え、彼女を平壌に呼ぶように特別の措置をとった。

彼女はホテルのロビーで待っていた。懐かしかった。容姿も昔と変わらず端麗で、顎の傷もなくなっていた。知り合った当時とほとんど変わらない。「娘時代と変わりませんね」と声をかけた。「そういわれると嬉しいです。でも歌を忘れたカナリアになりました」と淋しそうに答えた。

総合大学のスタッフが気をきかせて、彼女が私の泊まっているホテルで宿泊できるように取りはからってくれた。普通、国内の人は泊まれない。聞くと、彼女の母が鍼の専門家で、金策市では名医といわれているらしかった。母親は、彼女を平壌に呼んだことを喜んでいたという。もともと母親は私との結婚に賛成していたらしい。

その後、平壌を訪問するたびに李相姫を呼びだし、一緒に食事をした。最後に会ったのは、一九九一年の一一月であった。元山港で船に乗るので、そこまで見送りにきた。同行した朝大の教授たちと食事をし、部屋に戻って二次会をした。酒が入り、それぞれが歌を歌いだした。

そのときの訪問団のなかに、歌のうまい教授がいた。私の家に学部の教員が集まって食事をするとき、興にのって彼が歌いだすと、近所の人たちがどこかの歌手が来たかと錯覚するほどうまい。すると家内は「自分の顔が悪く音痴なので、学部に残す人はみなハンサムで歌のうまい人だけですね」と決まって冷やかす。私は「いや、頭の良いのが第一条件だ」と反論する。

その彼が歌い、みなはやんやと喝采した。ところが最後に、李相姫が「白い野ばら」を原語で静かに歌いだすと、歌にこめられた哀調、胸に迫る淋しさと悲しみに、場はしんと静まりかえった。私も、歌手を夢見た彼女の生涯はそれほどつらく、悲しく、淋しかったのであろうかと思い黙りこんでしまった。歌い終えて帰る彼女を、夜行列車の駅まで見送ることすらできなかった。

李相姫が一九九四年になくなったことを知らせる丁寧な手紙を、彼女の母親からいただいた。娘が晩年、生きる喜びを感じて少しでも長生きできたのはあなたのお陰である、と感謝の言葉が綴られていた。彼女の冥福を祈るほかかない。

糟糠の妻

一九五三年四月、大学院生になったので学生寮を出なければならなくなった。たまたま掲示板に貼り紙をしていた学生課の田村ヒロ子（のちに妻となる）を見つけ、それはなんの貼り紙かと聞いたら、私の家に離れ家があるので貸すことにしたのですと答えた。それを私が借りましょうといった。離れ家を見ないで借りるのですかと聞き返され、いや君の家（そのすぐ近くで下宿したことがあり、同期の田村哲男の家だとすでに知っていた）なら知っている、貼り紙をはる必要はないと言って、ただちに引っ越した。それほどの荷物があるわけではなく、引っ越しにも慣れていた。

田村哲男は世界経済研究所（進歩的なことから当時注目され、優秀な研究員が集まっていた研究所）に就職を決めたが、彼が面接を終えて東京から帰ってきたその日に父親が交通事故で急死した。やむをえず研究所をあきらめ、父親が関係していた太陽毛糸株式会社（川口市）に就職した。弟の田村勝志は早稲田大学露文科の学生で、東京で生活し、卒業後は岩波映画に勤務した。末弟の晃彦は親戚の家で修業していた。道をへだてて母屋と離れ家の二棟があったが、男手がひとりもなく、母親と娘ふたりだけとなったので、離れ家を貸すことにしたのだ。

板の間の勉強部屋と一〇畳の畳の部屋、それに応接間がある清潔で広い離れ家であった。久しぶりに伸び伸びと勉強することができて嬉しかった。

母親はとても親切で、手作りの白菜漬、味噌汁が美味しく、家庭的な雰囲気のなかで生活した。ところがある日、真夜中にヒロ子がパジャマ姿で私の部屋に入ってきた。起きて本を読んでいたならば、おそらく追い返したと思うが、あいにく寝床を敷いて布団のなかに入っていた。びっくりして「こんな遅くにどうしました」と尋ねたところ、「お母さんに行けと言われたので来ました」と、なさけない返事であった。朝食のとき顔をあわせるだけで愛情を感じたこともなく、ましてや結婚など思いもよらなかった。彼女も母から言われて来ただけであって、愛情をもたなかったはずである。どうすべきか、本当に迷った。「据え膳を食わぬは男の恥」といわれるが、私にとっては深刻な問題である。五月の夜中だからパジャマだけでは寒い。「ふとんに入って温まって帰りなさい」。これは取り返しがつかない失言であった。

私は遠からず自分の国へ帰る身である。国際結婚はできない。しかし田村ヒロ子にたいして無責任な行動はとれない。いっときの遊び相手ではない。煩悶しながら交際を重ねた。

そのうち、愛知大学の政治史担当の勝部元助教授が離れ家を借りたいと要望した。母親は母屋に部屋が空いているから、朴さんがそれを使い、勝部先生に離れ家を貸した方がよいといった。同じ家で三人が一緒に住むことになった。部屋はそれぞれ別でも、よそからみれば夫婦生活のようにみえる。やはり一歩間隔をおくべきであると考え、下宿を探して引っ越した。

彼女にはボーイフレンドが何人かいて、四時半に愛大の勤務が終わると、豊橋から名古屋まで毎日遊びに行っていた。夜一二時前に帰ったことはほとんどない。だから夕食は母親とふたりだけであった。名古屋市内からの終電で帰ることも多かった。さすが彼女の兄が、「娘のくせにみっともない」と叱ったこともあった。私は傍観していた。決定的に結婚する立場ではなかったからである。

それでも日曜日は私の下宿に遊びに来ていた。私もたまには彼女の家を訪ねた。五三年から五七年まで四年間、こんな状態が続いた。結婚するともしないともいわない曖昧な態度である。ときには縁談話もあった。彼女もすでに二七歳を過ぎていた。親があせっていた。朴さんが結婚しないのなら嫁にいかせるという。当然なことである。彼女は嫌がっていたが、けっきょく五七年一一月に結婚した。結婚式の前日、お祝いと別れのあいさつをしに訪ねた。彼女は嫌だと泣いていた。慰める言葉が見つからず、「どうしても嫌だったら戻ってきなさい。そのときは私も考えます」と、二度目の失言をした。

別れの握手をして下宿に戻った。優柔不断な気持ちでも四年間親しくしていたので、嫁に行くとなるとやはり悲しく切ない。愛を自ら捨てたのか、捨てられたのか。愛には国境がないという。しかし現実には、越えられない険しい国境がある。仮に親から勧められたとしても、生命と生命が四年間も結合していれば、愛が生まれないはずはない。国境のために抑えなければならないとは、なんと空しく侘びしいものなのか。

下宿の門をあけて入ると、私の気持ちを察してか、犬がよりそって泣いた。そのとき私もどっと涙がこぼれおち、むせび泣いた。いずれ小説を書く機会があれば、「犬も泣く」を題名にしようと思った。

ところが結婚して二か月にもならないうちに、彼女は実家に戻ってきてしまった。いくら説得しても、婚家に帰る気配はまったくなかった。

こうなれば、彼女の生活を考えなければならない。幸い父からの送金はかなりあった。彼女は手の器用な人で編物が上手であった。東京の編み物学校に一年間通わせた。熱心に励んだ結果、卒業作品が最優秀作品に選ばれて講師の免許を取得し、五九年四月に豊橋で編み物学校を開いた。生活の基礎はできた。

一九五九年は運命の転換期であった。愛知大学では助教授論文を書くことになっていた。ところが故郷では、父が光州市にある朝鮮大学と交渉し、二年間英国に留学させてくれる条件で、経済学部の助教授に採用されることになった。光州で一九六〇年一月から勤務することが決まり、旅費まで送られてきた。

いずれにせよ助教授論文は、いままでの研究成果としてまとめることにした。夏休みの二か月間は、例年のように蓼科で生活し、論文執筆に励んでいた。

同年の八月、在日朝鮮人の北朝鮮への帰国協定が締結された。私の思想傾向からすれば、条件が整えば韓国ではなく北朝鮮へ帰国すべきであった。どちらに行くか決心がつきかねた。そんななか、八月二九日に帰国協定文をもって田村ヒロ子が蓼科まで訪ねてきた。彼女は「日本人妻も帰国できると書いてあります。私はあなたと結婚して、一緒に北朝鮮に帰国します」と語った。

本当に感動した。心と心が六年のあいだで初めてしっかりと和合した。肉体的結合と精神的和合が統一された。歓喜にあふれた。結婚しよう。翌日、豊橋に帰り、小岩井学部長を訪ね、帰国と田村ヒロ子との結婚の意志を告げ、結婚の保証人を頼んだ。喜んで受諾してくれた。八月三一日、結婚式のない結婚届を市役所に提出した。帰国申請にはふたりの結婚証明書が必要だったからである。林要教授の媒酌で一一月二三日、六〇名の先生、友人の参席のもとに、ささやかな結婚式を挙げた。

私の親友はみな秀才で美男子であり、背も高い。一高、三高、八高から名古屋大学に集まった崔水鐘（金日成総合大学教授）、金哲央（朝鮮大学校教授）、沈晩燮（中京大学教授）の三人がよく私の家（家内の家）に遊びに来た。彼らと会った義母は、「朴さんの友人はみなハンサムで俳優になってもよいほどなのに、どうしてお前はよりによって典型的な朝鮮人を選んだの」と（ご自身が勧めたのも忘れて）娘を責めた。そのためか、顔には自信がなかった。そのとき啄木の俳句、「バラの木にバラの花咲くなんの不思議なけれど」を思いだし、朝鮮人の親から朝鮮人が産まれるのは当たりまえだと、自らを慰めるのであった。

妻と長女

足かけ七年の春は長過ぎた。歓喜と悲哀、苦しみと悩みの連続であった。しかし難関はこれで終わらなかった。

帰国準備が終わった時点で、朝鮮総連中央から東京にある朝鮮大学校で講義するように指示された。帰国を断念し、朝鮮大学校の教職に就任した。

当時、総連の韓徳銖議長が学長を兼ねており、学長の職務を李東準教務部長が代行していた。就任のあいさつをしにいったところ、李東準は開口一番、「朴先生は将来が嘱望されているから日本人の妻とは別れた方がよい」と告げた。金鎚で頭をガンとなぐられたような衝撃を受けた。紆余曲折、苦しみと悩みを重ねながらようやく結婚したというのに、別れろとはなにごとか。すかさず「私は出世のために朝大に来たのではありません。日本人学生を教えるよりは朝鮮人学生を教えたかったので来ただけです。別れなければ駄目だというのであれば、ただちに帰ります」と答えた。李東準は「いやそういうわけではないのだが、先生のためを思って忠告したまでです」と返し、就任のあいさつはこれで終わった。

その当時、朝鮮総連幹部のなかには日本人妻をもっていたものがかなりいた。朝鮮大学校にもいたが、ほとんどが別れたようである。朝鮮大学校で最後まで別れなかったのは私ひとりだけとなった。学生への講義と対外活動のために、私が必要だったのだろう。追い出すかわりに思想闘争をかけてきた。民族虚無主義、事大主義、学問至上主義などのレッテルを貼られ、六〇年代後半には批判会が週一回、七〇年代前半にはほとんど毎日のように「思想的批判」を求めてきた。そのたびごとに四〇〇字詰め原稿用紙五〇枚ほどの自己批判書を書いた。講義の準備もあるのに耐えがたい苦痛であった。家に帰る時間がなく、大学から一〇〇メートルほど離れたところに部屋を借りて、夜が更けるまで批判書を書き続けた。いっそ苦痛から逃れるために離婚しようかとも思った。だが、私の人道主義的立場が許さなかった。

夫婦生活に喧嘩はつきものである。喧嘩しない夫婦もあるだろうが、私は聖人君子ではないのでたえず喧嘩をする。それを契機に別れようかと悩む。私は陽気な性格であるが、このときは何日も考え続ける。家内はいつまでこだわっているの、陰気な人ねと攻撃する。一方、夫婦喧嘩が国際的喧嘩に発展する場合も多い。

朝鮮人は食事のとき、箸と匙を使う。おかずは箸、飯と汁は匙を使う。家内は、匙を使うと行儀が悪いとなじる。食事どきに友人が訪ねてくると、「朝鮮人は非常識ね」などと非難する。

いや、茶碗を手にもち箸を使って食事をするのは、おそらく日本人だけだろう。自分の国の習慣がすべてだと思ってはいけない。中国料理や西洋料理を食べるとき、皿を手にもって食べないだろう。たしかに食事どきに他人の家に訪れるのは非常識かもしれない。しかし朝鮮人は、親しい友人のあいだでは食事どきにお互いを訪ね、ありあわせの料理を食べながら談笑するのが親交を深めるうえでよいと考えている。

いまの土地に自宅が建ったので、大学の副理事長が様子を見るためわざわざ訪ねてきた。彼は名古屋時代にお世話になった人でもあり、親しい間柄であった。朝鮮ではお客にお茶をだす習慣はない（いまは変わったようだが）。彼が家のなかに入ってきたので、お酒を出すように言いつけた。すると家内は副理事長のいるところで、「昼間からお酒ですか、だから朝鮮人は常識がないのよ」と浴びせかけた。副理事長がいるのもかまわず拳骨をふりあげた。家内は、なぐられまいと裸足で隣の家に逃げこんだ。大学の教員ともあろうものが、まったくの醜態である。

しかし、これは朝鮮人と日本人との生活習慣の違いからくる嘆きであり、朝・日関係を反映した現象である。おそらくイギリス人とフランス人が国際結婚をして、夫婦喧嘩があったとしても国際的喧嘩には発展しないだろう。ところが植民地時代を生きたわれわれには、日本人にたいする民族的反発が残っており、一方の日本人は、自分たちが優秀で朝鮮人は遅れた野蛮人であるという感覚を完全に捨てることはできない。これが夫婦喧嘩でぶつかり合う。情けない。だからますます悩み嘆くのである。

かつて、ロマン・ロランが『ジャン・クリストフ』を書いた。若い頃、感銘を受け夜を徹して読んだ。ロランは独・仏間で戦争が繰り返される現実を打開するため、深い思いを込めて、フランスのジャン（優雅さ、エレガントさを意味する）とドイツのクリストフ（力）を結合させ、両国に平和をもたらすことを祈念した。私も、日本の文化と朝鮮の文化をともに正当に認めて評価し、朝・日国際親善の発展にわれらの夫婦が寄与できればと希望を抱いている。

妻は極貧に耐えぬき、細腕ながら強じんな力を発揮して、行商からはじめて店をかまえるほどになった・家庭の経済生活を支え、子供を養育し、私の活動を保障した。ところが私は、「祖国のため、革命のため」という口実で勝手な生活をした。まだ家に食器もあまりない頃、二〇人ほどの学生を家によんだ。妻は、嫁入りのとき持参した着物を質に入れて食材を買い、食事の準備をした。ゼミの学生とは、必ず年に一度はわが家で食事をともにする。学部の教員や友人も大勢で集まる。食事の準備だけでもたいへんだったであろう。それも、あらかじめ相談するのでもなく、突然連れてくるのだ。妻は「私の都合もあるのだから」と小言をいうが、私はそのときだけ

「わかった」と言いながら、同じことを繰り返す。「お客の来る家は繁栄し、お客の来ない家は滅びる」という格言もある、などと弁解をする。もとより給料は少なかったが、それすら家内に渡さない。「主体思想叢書」の出版にかかる莫大な費用はすべて私の責任で捻出したのだが、寄付を集めにいくことほど気の重いことはない。そこで家計は家内がなんとかやっているのだからという甘えも手伝い、少しでも寄付を減らそうと給料は出版費の一部に利用した。当然、家内は不満をもつ。しかし自分で稼いでいるせいか、あきらめているのか、あまり苦言を呈しなかった。迷惑はかけても、家庭サービスなどはほとんどした覚えがない。

家族の集合写真（孫・正樹の小学校入学記念）

かぎりなく深い愛、歓喜と感動を与える愛、勇気と力を与える愛は、私には苦しみと悩み、嘆きと悲しみだけとなるのだろうか。私の欠点のために幸福な家族に暗い影を落としているのが、無性に淋しく悲しい。それでも最後まで、愛をしっかりと掴むためにわが身を捧げよう。鋼鉄をも溶かす熱い情熱で愛を勝ちとり、満たされなかった愛をこれからきれいに花咲かせていきたい。

9　家族の絆

娘の結婚

時代は変わり歴史は発展していく。在日朝鮮人・韓国人の構成も変化し、特に若い世代の考え方は大きく変化している。朝鮮の国籍をもっている者は約一〇万名、韓国の国籍をもっている者は約四〇万名で、合計五〇万名が日本に永住している。このほかに、永住者でなく一時的に日本に来て生活している者が約一〇万名いる。

われわれの世代では、国際結婚はきびしく困難であった。しかし半世紀を経過した現在、在日同胞の年間一万組の結婚のうち、八〇パーセントが国際結婚、二〇パーセントが同族結婚になっている。同胞女性が日本人男性と結婚するカップルはごくまれであったが、いまは様変わりしている。在日同胞の国際結婚によって、年に一万名の混血の子が産まれ、現在では同胞社会に約二三万名の混血の子がいるらしい。

二〇年前には、私のような朝鮮人と日本人妻とのあいだに産まれた子の結婚はなかなか成立し難く、親としては秘かに悩んでいた。私の娘がそれに該当したからだ。しかし幸いにも、私の親友、朝鮮大学校の体育学博士金世炯の紹介で、二二歳になった私の愛娘は、朝鮮大学校教員の金世正と結婚することができた。大阪で結婚式をあげ、東京で披露宴を開いた。披露宴は高尾山麓の料亭「うかい鳥山」で執り行った。うかい鳥山は、合掌造りの豪華な棟を中心に七〇棟ほどの個室をもつ有名な料亭である。その料亭を半日借り切り、広い庭で披露宴をした。

まもなく可愛い男の初孫が産まれた。同居したので、外孫の感情はまったくなかった。娘に頼んで、私は初孫を抱いて風呂に入れた。湯につかった初孫の気持ちよさそうな顔を見ると、私も心が和んだ。二番目の孫も男の子であった。娘は女の子をほしがったが、これだけは思うとおりにはいかない。女の子がほしいからもうひとり産むと言いだした。私はやめておけとたしなめた。娘は「子供を産むことにまで干渉するのですか」とくってかかった。次に産まれる子が女の子である保証はない。世界の人口問題の見地からみてもふたりが限度だ。それ以上産むと野蛮人の部類にはいると叱った。

息子の結婚

一九九〇年、息子はある女性と親しくなり、結婚したいと言った。朝鮮大学校教育師範学部を卒業して民族学校の教員をしている、しっかりした女性であった。喜んで結婚に賛成した。

翌年五月、新宿の京王プラザホテルの一番広い宴会場で結婚式を挙行し、披露宴を開いた。結婚の媒酌人を、朝大政経学部長の裵真求に依頼した。出欠の返事をもらう往復はがきも出さなかった。約一〇〇〇名は入る広い会場なので息子は心配していた。ところが八五〇名のお祝い客が参席した。朝鮮総連の第一副議長李珍珪、責任副議長許宗萬をはじめ、多くの朝鮮総連の幹部、傘下団体の責任者、先輩、親友、卒業生、さらに日本人学者が参席した。芸能人でもなく、企業家でもない一介の学者の息子の結婚式に、これほど多くの人が参集することは稀であろう。許宗萬が祝辞を述べ、李珍珪が祝杯（乾盃）の音頭をとり、金剛山歌劇団の演奏が花をそえた。だいたいの披露宴は昼にはじまり三時に終わるものだが、この宴は延々と五時まで続いた。結婚式が盛大になった理由は、花嫁の実家の財力の威光でもあった。嫁の実父である馬永春は、東京朝鮮高校卒業で、若くして財をなした実業家であった。彼は人望あつい人物で、友人らとの飲酒を好んだ。朝鮮総連にも多額の寄付をした篤志家であった。惜しむらくは、飲酒が過ぎて短命で逝ったことだった。

宴会の最後に、両方の親に感謝の気持ちをこめて、新郎、新婦による花束贈呈が行われた。普通、娘を嫁に出す母親が泣き、嫁をもらう新郎の母親は笑顔になる。ところがこのときは、新郎の母親がずっと泣いていた。国際結婚で生まれた娘と息子が結婚できたという安堵感、想像もしていなかった盛大な華燭の宴に親として立ち合い、「家ではなんの役にも立たない能なしオヤジと思っていたのに、このオヤジも捨てたものではない」と思い、涙がこみあげてきたらしい。

まもなく、わが家に待望していた可愛い女の子が産まれた。みんな大喜びだった。続いてバランスよく男の子が産まれた。私にとっては跡継ぎが産まれたことになる。四人の孫に囲まれることは、人間にとってほかに比べようのない幸せである。年老いた親にたいする最大の親孝行は、孫を産むことである。娘と息子は仲睦まじい夫婦生活を営み親を安心させたが、それ以上に孫の出産で最大の親孝行をしたのである。

サドン　その1　嫁の実家

朝鮮では、結婚した両家の親同士（舅）を査頓《サドン》とよぶ。血縁ではないが、自分の息子と娘を結婚させた特殊な関係にあり、年齢が近い同世代同士であることが多い。私は息子と娘の結婚のおかげで、思いがけず、素晴らしいサドン、特にアンサドン（婿の母親、嫁の母親）と知り合った。ふたりとも朝鮮料理が上手で、ときどき美味しい手料理を送ってくれた。

嫁の実家（サドン宅）の話をふたつ書きおく。

文才があるアンサドン、金里見が書いたショート作品を紹介する。

「ババ百年生きてね」

わが家の愛犬パールと、いつも仲良く遊んでいる将太と隆太のお母さんが、いまにも泣き出しそうに声を詰まらせ、話しはじめました。

いまは保育園生の将太だが一年生になると下校時間が早くなるので、学童館に入れても五時までのお迎えには行けないと言っています。「私が毎日将太と隆太をお迎えに行くから、心配しないで」と、お母さんをなだめました。さて、お迎えの初日は土砂降りの雨です。タクシーをつかまえて学童館にいるお兄ちゃんを迎えに行き、車に乗せました。頭と肩口の水滴をタオルで拭いていたら「パールのママ幾つ？」と、お兄ちゃんに聞かれました。「えっ、ババはもう五五歳だよ」と答えると「フーンまだ大丈夫だ。ババ、あと百年生きてボクとリュウタをお迎えに来てね」といったのです。

子供の純真な一言は、例えようもない喜びを私に与えてくれました。

（社団法人「小さな親切」運動本部の第一九回「小さな親切」（二〇〇三年一〇月三〇日）に入賞、『読売新聞』二〇〇三年一一月二九日付に掲載）

私は家庭生活にも家族構成にも恵まれている。そのなかでも一番小さい孫の自慢ばかりして喜んでいると、アンサドンは「正樹ちゃんは私の孫でもありますよ」となじってくる。あっそうだ。彼女の孫でもある。孫自慢ならアンサドンも決して負けていない。

バッカサドン（嫁の父親）は、孫の正樹が産まれた翌年、肝臓病でなくなった。バッカサドンについて詠んだ、アンサドンの短歌を紹介する。

お父ちゃん　先に死んだら　待っててね
　やだよ　待たない　優しい言葉

お父さん苦しい身体　どっこいしょ
　孫抱きかかえ　頬ずりしている

仏壇に一人増える　阿弥陀仏
　こっちに来てよと　そっと呟く

子供たち　いつのまにやら　独り立ち
　あれっと気がつきゃあ　私は独り身

孫たちと遊ぶ　祖父ちゃん　楽しそう
　いつかあったな　いまはなき人

お父さん　なにがそんなに嬉しいの
　仏間の真ん中　みんな見回す

孫たちは　祖父ちゃん見た　夢のなか
　見えない私　曇ガラスか

肝臓の病気と知りも　ビール飲み
　だいじょうぶかな　だったら飲むな

朝昼夕　慣れたものだな　注射する
　イタイイタイとざまあみやがれ

桜見に行こうよ　お父さん　呼びかける
　すぐ散る花は　俺は嫌いだ

久しぶり　孫の宿題　やってみる
　いまは出来ても　時間の問題

病院の　若い先生　童顔
　本当にドクターか　ちょっと心配

昔の結婚式を　顧みて
　茨の道があるとも知らず

母の顔　昔の写真　ブス女
　息子に言われ　怒る父ちゃん

だめだもう　先に行くぞと　言い残し
　万感込めた　お別れの言葉

サドン　その2　婿の実家

アンサドン（婿の母）梁義憲は、実に気丈夫で、典型的な朝鮮女性であった。夫は朝鮮総連の教育会の仕事に没頭し、生活費を家にほとんど入れなかった。アンサドンは愚痴ひとつこぼさず、子供六人を女手だけで育て上げた。深い海に潜りアワビをとる海女を生業にした。高齢になっても生活のため海に潜り続けた。過酷な生活を乗り切る彼女の半生が話題になり、彼女を主題にしたドキュメンタリーが映像化され、TVや映画になって公開された。映像は本に載せられないので、映画を紹介したメディアの文章を載せておく。

まず、『毎日新聞』二〇〇三年三月一〇日付に、ドキュメンタリー映画のことを紹介した高賛侑による文章が掲載されている。

「梁義憲さん（八六歳）の海女生活――異郷暮らし（タヒャンサリ）」

家族離散、死別、潜水病……歴史に翻弄された半生を映画化　ハルモニの姿、永遠に

人には誰しもドラマがある。が、無名の人々のドラマは、歴史の激流に浮かぶあぶくのごとく消え去っていく。しかし、例えばこのハルモニ（おばあさん）のように、非情な現代史に翻弄された人間のドラマが跡形もなく消滅してよいものなのか。

生野区に住む梁義憲さん（八六）は一九一六年、日本の植民地時代の済州島に生まれた。一九歳で結婚したが、夫は三人の子供を残し不慮の事故で早世した。ハルモニは二五歳のときに日本に渡り、海女の仕事をはじめた。二年後に帰国して、三〇歳のときに金恒培氏と再婚。だが過酷な運命が家族に襲いかかる。四八年、済州島民が大量虐殺された四・三事件のさなかに夫は日本に密航。二年後、朝鮮戦争が勃発したため、ハルモニも単身で日本に渡らねばならなかった。夫婦のあいだには三人の子どもが生まれた。夫は民族運動家となり、学校建設の募金活動に奔走し

たため、収入は皆無だった。生活の負担はハルモニの肩にのしかかった。

毎年三月から一〇月、対馬に行き、一日八時間も海に潜る日々。深度は五〇～一〇〇メートルに達する。水圧が身体を締め付け、潜水病にかかったことも数知れない。「水に潜るのは恐いけど、一日の稼ぎが二万円から五万円にもなったから、休みなしで働いたよ。仕事をつらいと思わなかったけど、子どもに会えないのがつらくて、涙が出てね」。

一〇月に大阪に戻ると、翌春まで朝鮮市場の餅屋で働いた。お金が溜まると、故郷に残してきた子どもを一人ずつ呼び、やっと家族がそろった。が、喜びもつかの間、家族は再び離散していく。二女は母が帰ってこない異国暮らしに耐えきれず、半年で帰国。さらに同年から始まった北朝鮮への帰国事業で、二、三、四男が順に去っていった。「離ればなれになりたくなかったけど、夫が人に勧める立場なのに、自分の子だけ帰さないわけにはいかないというから、しょうなかったんや」。

四男が帰国船に乗った六七年、映像作家の故辛基秀氏たちが、ハルモニ一家の暮らしを一六ミリフィルムに撮影した。が、映画は未完のまま日の目を見ることはなかった。

ところが三五年後の二〇〇二年、原村政樹監督の目にとまったのがきっかけで、幻のフィルムは『シンセタリョン（身世打鈴）――ある在日朝鮮人海女の半生』という作品としてよみがえった。「大河の奔流にも例えられる人生」に胸打たれた監督は、作品をより深化させようと、本格的な撮影を継続した。

七〇歳まで海女を続け、八年前に夫を亡くしたハルモニは、昨年、在日本朝鮮人総聯合会（朝鮮総連）系の故郷訪問団の一員として、五三年ぶりに済州島を訪れた。夢にまで見た故郷の地。

二女との四三年ぶりの再会……ハルモニの半生を描いたドキュメンタリーは、同年、ＮＨＫ―ＢＳ１で放映された。

そのビデオを見た。ラストシーン近く、ハルモニと二女が遠い思い出の海辺にたたずむ。別れを前に、二女が涙ながらに「オモニ、長生きしてね」と言ったとき、気丈夫なハルモニの顔が激しくゆがんだ。「オモニが悪いことをしたわけでもないのに、子どもらと離ればなれになってしもうた。誰を恨むといって、時代を恨むしかないやないか」。呻くようなハルモニの目に大粒の涙があふれた。

ハルモニは毎年、北朝鮮へ子や孫に会いに行く。「昔、イワシ一匹あげられなかった子らに、美味しい物でも食べさせてやりたいと思うのがオモニの心情なんや」と。

今年、二〇回目となる平壌訪問には原村監督が同行し、長編記録映画『海を渡った朝鮮人海女』を完成する予定である。祖国と在日の現代史を生き抜いてきたハルモニのドラマが永遠に保存されんことを。そしてあまたの人々の胸に刻まれんことを！

次に、『女性』紙二〇〇二年四月二二日付に載った一文を紹介する。

「家族支えて海女生活四〇年――五三年ぶりに済州道の海へ」

「故郷の海や幼い頃遊んだ路地裏はどうなっただろうか」。大阪に暮らす元海女、梁義憲さん（八六）が、このほど五三年ぶりに帰郷した。第七次総連同胞故郷訪問団に参加、長男の金鎮翳さん（七一）とともに、九日、夢にまで見た済州道に降り立った。梁さんにとって四八年の四・三事件直後、日本に旅だった夫と長男のあとを追って、その二年後に渡日して以来の懐かしい故郷。親戚たちから花束を受け取りながら「膝の痛さも忘れるくらいに嬉しい」と満面の笑顔を浮かべ、「もう少し若かったら懐かしい海に潜ってみせるのに」と笑わせた。

梁さんは祖国の統一のために献身しながら、九四年、志半ばに倒れた夫の墓に「希求統一、望郷漢拏、断腸落涙」と書かれた碑を立てた。今回の帰郷は、亡き夫と自身の統一への志、望郷の念をかなえるものだった。「六・一五共同宣言の恵みによって懐かしい故郷の土を踏むことができた。金正日総書記と金大中大統領に心からの感謝を捧げたい」と梁さんは熱い思いを吐露した。

その梁さんの半生を映した映画『シンセタリョン――ある在日朝鮮人海女の半生』(四九分)が、一月、完成した。監督は原村政樹さん(四五)。このほど梁さんの帰郷にも同行した。映画には梁さんの三五年前を記録した白黒の一六ミリ映画フィルムが活用されている。朝鮮通信使の研究者、辛基秀さんがカメラマンの金性鶴さんとともに当時、梁さんに二年間密着して撮影したもので、在日一世の女性の過酷な労働と植民地支配と祖国の分断で翻弄された家族の歴史を伝える貴重な映像だ。

亡き夫は朝鮮学校設立のために奔走し、ほとんど無収入。映画では「アカの仕事でいっさい家にお金を入れなかったよ」と夫を語るシーンがある。六人の子供を抱えた梁さんは家計を一人で支えるため、働き続けた。毎年、三月から一〇月まで家族と離れ、鹿児島から対馬、四国、三重、静岡、と全国の海に約四〇年間も潜り続けた。エアポンプを口にくわえ、水深五〇メートル、ときには一〇〇メートルまで潜った。体力の限界まで海底のアワビやサザエ、海藻類を探す日々、たとえ潜水病になっても、翌日は海に潜った。一日の稼ぎは二、三万円、多いときは五万円にもなったが、牛乳一杯飲むこともせず、大阪の家族に送金する梁さん。

自分の心の調べに乗せて、カメラの前で淡々と話を続ける梁さんの味のあるひとり語りは、それ自体が優れた文学作品のようで、観る人の心を引きつけてやまない。たとえ一円のお金を家にいれなくても、在日同胞と民族のために献身する夫を心から愛し、支え、子供たちにはそんな父を尊敬するよう無言のうちに教えた梁さんの姿が胸を打つ。

朝鮮へと帰国する四男との別れの日、涙がとめどなく流れる梁さんの顔。対照的に別離の悲しみを顔には出さず、息子と手をつないで黙々と歩く父の姿を映画は映しだす。父と母のわが子への愛の深さがしのばれて、観る人の心を涙で満たす、印象的な場面である。母は平壌に暮らすわが子へ援助するため、七〇歳近くまで海に潜り続けた。平壌の子供や孫たちが喜ぶ贈物を持って、これまで一八回も祖国訪問した梁さん。

自らの半生をカメラに向かって語り続ける梁さんだが、語ることで心がいやされたのだろうか、その表情は語るほどに柔和になり、笑顔がはじける。貧しさのために教育も受けられず、字も読めない梁さんだが、海に潜って、子供たちを立派に育て上げ、末っ子は朝鮮大学校の教員になった。

植民地、分断、家族の南・北・日本への離散、二〇世紀に朝鮮民族が体験したあらゆる受難を一身に背負いながら、笑顔を絶やすことなくドッシリと生きる不屈の物語。朝鮮女性の、おおらかな女の一生がフィルムいっぱいにあふれ、泣き笑いの熱い涙が体を満たしてやまない。

八八歳の高齢者であり膝がほとんど動かなくなったアンサドンは、北朝鮮に帰国している三名の息子と孫の生活の面倒をみるために、毎年、小遣いと重い荷物をもって訪朝している。

ふたりのアンサドンは、夫をなくしたあとも一生懸命生きている。心底から頭がさがる。親の子供にたいする愛情と、祖父の孫にたいする愛情は質的に異なる。孫にたいする愛情がいかに深いものであっても、それは自分勝手のたわむれであり、無責任なものである。親の子にたいする愛情は真剣である。婿の母親の生き方をみて、立派な親戚を尊敬し誇りに思う。私は家族と親戚に恵まれた幸せな人間である。

婿の母親も嫁の母親も、ともに朝鮮料理の腕前が抜群である。

婿の母親は済州島の伝統的な料理をつくるかと思えば、二〇年ほど前までは現役の海女で、獲れたての小さな鮑を醤油煮にして送ってくれた。なんとも美味しい煮物で、いまでもその味を忘れられない。手作りの料理や珍しい大阪の美味しい料理を毎月送ってくれた。

嫁の母親は、活魚でキムチ漬けをつくる。包参《ポサム》キムチと言うらしいが、これも初めて味わった。私もかなり料理には詳しい方だが、まことに珍味である。孫と戯れ、笑顔に囲まれて、美味しい料理を頬ばるのも人生の幸福のひとつである。

老妻も料理はかなり上手な方であるが、朝鮮料理では遠くおよばない。ほどよく釣り合っているようである。

孫への愛情

以下、しばらく続くのは、二〇〇四年の初めに書いた文章である。

人間には種の保存と発展という本能的な欲望があるので、子供や孫が生まれると嬉しい。私のような天涯孤独の生活を長年続けてきた者にとっては、人一倍喜びが強いのかもしれない。誰でもそうであるようだが、特に孫は無条件に可愛い。

私は二人の外孫（大学一年と高校二年）、二人の内孫（小学四年と小学二年）、合わせて四人の孫に恵まれた幸福者である。どんなに不機嫌であっても、孫の顔さえみれば和んでしまう。不機嫌な顔をしていると、家内は急いで孫を呼び寄せる。

外孫が産まれたとき、赤ちゃんの母親はこわくて風呂に入れられなかった。おばあちゃんも同じなので、私が風呂に入れた。私がより器用であったというより、やはり可愛いから風呂に入れるのである。孫の気持ちよさそうな顔を眺めると、なんともいえない感動を覚える。内孫も、生まれたときから私が風呂に入れている。

幼い子は普通は母親と一緒に寝るものと思うし、ほかにも部屋はいくつかあるのに、末孫の正樹とは、小学校にあがるまで私の部屋で一緒に寝ていた。家族揃って外食にいくことがしばしばある。正樹は決まって私の隣にすわる。チビのくせにおじいちゃんをよく観察している。ある日、私の顔をしげしげと眺めながら、「おじいちゃん、その顔の傷どうしたの」と聞いてきた。顔の真ん中、目と目のあいだの真ん中に三センチくらいの傷がある。小学五年生のときに橋の上で喧嘩して、押されて橋から真っ逆さまに顔から落ちた。たまたま尖った石に当たってしまい、額が割れ、血が吹き出した。誰かが家まで運んでくれたようだが、覚えていない。周りはてっきり死ぬと思ったらしい。だが、しぶとく生き残った。中学を卒業するまで傷跡は赤く目立っていた。いまはほかの皮膚と同じ色でそれほど目立たなくなったが、それでも傷跡は残っている。家族の誰も気付かなかったようだが、末孫だけはそれを発見し、質問してきたのである。喧嘩に負けて怪我をしたと答えると、「痛くなかった、泣かなかった?」と追いかけてくる。痛かったけれど泣かなかったと答えると、うん、僕もこれから痛くても泣かない、と胸をはった。

私はよくベレー帽をかぶるが、それをみて「おじいちゃん、よく似合うよ、なかなかおしゃれだね!」と冷やかすなど、ユーモラスな孫である。

私の誕生日には、四人の孫がそろって、愛と情のこもったお祝いの手紙をそれぞれ手渡してくれる。みな個性があって読むのが楽しい。誕生祝いのパーティになると、歌を歌って祝ってくれる。

四人とも、学校では最優秀の成績である。二〇〇〇年、当時五歳で幼稚園に通っていた末孫の正樹が、第二〇回「朝日全国幼稚園児作品コンクール」に詩の部門で応募して、応募者一万一千余名、作品総数一〇万八五六五点のなかから「銀賞」を獲得した。その詩を載せる。

「ぼくのはっけん」
きいろいぶつぶつは
めのみえないひとのみち
じでんしゃが
チリンチリンときてもあんしん

あたまのよいいぬもやくにたつ
あおしんごうを
おしえてくれるんだよ

エレベーターのなかのぶつぶつはてんじ
7かいと8かいがわかるんだよ
てでしゃべるのはしゅわ
ぼくは〈おもちゃをくれてありがとう〉と
てでいえるようになったんだよ

有楽町の朝日新聞社会館で、森山文部大臣の参加のもと受賞式が行われた。賞状とカップが渡された。爺馬鹿も参加し、孫の嬉しそうな笑顔を童心にかえって眺めた。受賞式が終わったあと、新橋の「かに道楽」でお祝いの食事をした。みんなに褒められて嬉しかったのか、「ぼくは家で二番の有名人になったのだ。一番の有名人はおじいちゃんで、次は僕が有名人なのだ。新聞にもテレビにも出たんだから。パパは僕の次だよ」とみんなを笑わせ、にぎやかなお祝いとなった。

私は目を悪くし、まともな字が書けない。二〇〇二年を最後にして、二〇〇三年からは年賀状を出さないことに決めた。二〇〇二年一一月に目の手術をしたが、そのことを書いた孫の作文が年賀状を出さない理由と符合したので、それを年賀状の代わりに送ることにした。

賀正
二〇〇三年　正月元旦
（孫からの便り　小学校一年　朴正樹）

ぼくのおじいちゃん。

ぼくをたいせつにしてくれる、やさしいおじいちゃんがいて、ぼくはしあわせです。ところがおじいちゃんはとつぜん目がわるくなりました。ぼくはこころのなかで「がんばって」といいました。

おじいちゃんは目のしゅじゅつをうけマスクみたいのをしてかわいそうでした。「だいじょうぶ？」とぼくがきくと、おじいちゃんはだいじょうぶだよといいました。

ぼくはおじいちゃんのてをひいてベンチにすわらせ、ずっとてをにぎっていました。おじいちゃんがいきているあいだは、そばにいたいです。

ぼくはおじいちゃんがなんさいになっても、いきれるように！　と、サンタさんにおねがいしました。


この年賀状を受けとった多くの友人から、孫あてに年賀状が送られてきた。

しんねんおめでとう
ぼくちゃんの文章読みました。おじいちゃんはねぇ、一生けんめい朝鮮のためにつくしたんですよ。とても立派な、それは本当に立派なおじいちゃんなのです。
〈ぼくはおじいちゃんのてをひいてベンチにすわらせ、ずっとてをにぎっていました〉
私は泣きました。

朝鮮大学校外国語学部の英会話教師で、いまは定年退職して詩作をしている人情もろい金漢鎬からの年賀状である。彼は、金日成総合大学で英会話を教えた最初の客員教授でもあった。

今年八月、毎年夏に行っている万座で、難病の化膿性脊椎尖に突然かかって苦しんでいた。そのとき、孫から「すぐ行くから頑張ってね」と電話があり、あまりの嬉しさで痛みを忘れた。立川から万座まですぐ来られるはずがないのに、じいちゃんが病気だと聞いて、じいちゃん思いの孫は気が急いたのであろう。東京に戻って入院した病室で点滴をしているとき、息子の家族四人が病室に入ってきた。孫たちは、目が見えない私に見舞いの手紙を読み上げ、さまざまな色紙の折紙を並べて楽しませてくれた。そのとき採血が終わり、看護師がバンソコウを貼って「五分くらい押さえてください」といったので押さえようとしたが、正樹のかぼそい人差し指が先に押さえていた。誰も気がつかないのに、正樹だけがいち早く指で押さえた。かれらが帰ったあと、感動の涙を流した。「正樹よ！　じいちゃんが成し遂げなかった理想を必ず実現するんだ」と、心のなかで叫んだ。

四人の孫のなかで、女の子は小学四年の朴理香ひとりだけである。おっとりしていて美人型、自己主張をあまりしない控えめなやさしい子だ。しかし心はしっかりしている。作文も上手だが、書もうまい。すでに数々の賞を受けているが、昨二〇〇三年の一一月にも、「高麗書芸

研究会第一二回全国展――在日朝鮮学生書芸　第六回中央選抜展」で、「アリラン」（ハングル文字아리랑）の書が銅賞を受けた。孫自慢の種がまたひとつ増えて、にぎやかである。孫娘の作品は、朝鮮美術家同盟、韓国民族書芸人協会の入賞作品と同時に横浜市民ギャラリーで一一月四日から九日まで展示され、八日には横浜市民会館で授賞式があった。きれいで正確な筆致であるが力強い、孫娘の性格が表現されている書だ。

楽天的でユーモラスな外孫（誠智）は試験勉強などしない。しかし優秀な成績をあげ、おばあちゃんから一万円の褒美をもらう。サッカー部に入ったが、小学六年生のときは在日朝鮮人生徒のサッカー大会で優勝した。孫のポジションはキーパーで、最優秀選手にえらばれた。だが、残念ながら、背があまり伸びず、キーパーとして失格らしい。大学ではクラブ活動をやめて勉学に集中するという。すでに英検三級をとっている。

一番上の外孫（徳誠）は、几帳面で真面目な学生である。学年では成績が一番よく、英検二級に合格している。同じ敷地のなかに娘婿の家族と一緒に住んでおり、内孫は立川に住んでいるので、土曜、日曜は祖父の家に集まり一〇人家族でにぎやかな食事をともにする幸福な家庭である。

家族と家庭の概念は若干ちがうらしい。家庭とは、そこに住んでいる人間と家、および庭があることをいう。家庭は、垣根越しに隣人とあいさつを交わす雰囲気をもっている。いまのマンション暮らしでは、隣人の顔も知らない場合がある。その意味で、必ずしも個人の責任ではないが、家庭は崩壊しつつある。一方の家族は、人間を中心にみる概念である。祖父母、親、子供による構成を家族という。いまは家族も核家族化し、かつてとは異なる姿になりつつある。

息子の家族は離れたマンションで暮らしているが、いまでもわが家に遊びに来ると、ふたりの孫と私の三人で風呂に入る。大晦日、ばあちゃんが孫娘と一緒に風呂に入った。元旦も女どうしで一緒に入るだろうと思ったら、孫娘はおじいちゃんと入りたいという。けっきょく理香と正樹と三人で入り、歌を歌い、レモンを投げ合って楽しんだ。にぎやかな風呂である。四人の孫をすべて赤ん坊のときから風呂に入れているので、それに慣れているらしい。自宅のマンションではひとりで入るという。やはりおじいちゃんには甘えているようである。桶に座らせ頭をシャワーで洗うと、「おじいちゃん！　いままでのようなやり方で洗ってください」という。私は膝のうえに寝かせて顔に湯がかからないように、丁寧に髪を洗い、顔をタオルでやさしくふいてやる。このように洗ってくれる人は、ほかに誰もいない。小さい声で「パパの洗い方はヘタだよ！」ともらす。それだけで、夜の酒はいちだんとうまくなる。

正樹は詩と作文で才能を発揮しているが、最近、「在日朝鮮学生の美術展覧会中央審査委員会」で絵画が入選し、二〇〇四年の二月五日から八日まで目黒区美術館区民ギャラリーで展示されることになり、祖父を喜ばせている。

さて、歳月の流れは速いもので、上記の文章を書いてから一二年がたち、四人の孫は大きく成長した。

外孫の金徳誠は朝鮮大学校外国語学部を卒業し、数年間、朝鮮東京高等学校の英語の教員をしたのちに、朝大の英語の教師になった。桜美林大学修士課程で英語教育学の修士号を取得し、英検準一級の試験に合格し、通訳ができるほどの英語の実力をもつまでに成長した。

徳誠は、ある同期生から朝鮮問題に興味をもっている日本人を紹介され、朝・日親善のために彼が知りたがっている問題について説明し、いくらか親しくなったことがあった。ところがその青年は日本の公安職員で、さまざまな情報を把握するために孫に接近してきたのであった。それが発覚して、徳誠は朝鮮大学校を解任されてしまった。ひとりの前途ある若い学徒が朝・日関係の厳しさによって、未来への希望を蹂躙された。

外祖父は北朝鮮の現体制に逆らって朝大を解任され、今度は外孫が公安職員との接触で解任された。名誉なのか、恥辱なのか、いずれ判断されるときが来るであろう。

二番目の外孫の金誠智は、朝鮮大学校を卒業するときに、「一六年間最優秀賞」を授与された。彼は大学の講義と組織活動を真面目にこなしたあと、午後三時から大原簿記学校に通い、公認会計士試験の勉強をしていた。全寮制の大学ゆえに、毎日外出許可を受けねばならなかった。外出が多すぎると小言を受けた。彼はそれを堪え、一年間熱心に勉強して、大学三年に在学中に公認会計士試験に合格した。

祖母である私の妻が、簿記学校の授業料を全額負担し、もし公認会計士試験に合格したら祝い金一〇〇万円を上げると約束していた。一橋大学商学部のエリート学生にすら難しいという試験に、朝大の授業後の片手間の勉強で受かるはずがないと高をくくっていたのだ。

それでも試験合格発表の当日は、結果は如何とそわそわして待っていた。玄関が開いて、孫が戻ってきた。そして「ハルモニ、合格したよ!」と弾む声で叫んだ。二階から駆け下りてきた妻はいきなり孫を抱きしめ、「よかったね、よかったね」と、涙を流して喜んだ。私は予想しなかった吉報にどう対処したらいいかわからず、感涙に咽ぶ妻の姿をただ木偶の棒のように眺めていた。

妻は薄給の私に生活を任せられ、自転車に衣類を積んで売り歩く行商をしていた。朝大の教職員が集まって住む貧弱な部落で朝鮮人の夫と暮らしていると、後ろ指をさされていたらしい。その後、八王子市のめじろ台駅近くでテナントをみつけ、女性衣服のブティックをはじめた。その店は娘も手伝っていて、娘の子である誠智は保育園や小学校の帰りに店に寄り、誰はばかることなく「ハルモニ！　オモニ！」と天真爛漫に叫んでいたらしい。商売上、経営者が在日朝鮮人一家であることを隠しておきたい気持ちがあったので、妻は孫の天真爛漫さに閉口したようである。その孫が、こともあろうに難関の公認会計士試験に一発で合格するなんて信じられない、朝鮮人と日本人の混血なのに優秀なんだ、という思いがはじけ、妻は思わず感涙に咽んだのだ。妻の見せた涙の意味を、私はそんなふうに感じていた。

後日、孫の公認会計士試験合格が『朝鮮新報』の四面に載った。これは朝大の快挙なのだから、もう少し大きく報道してもいいのではと思った。

三番目の孫娘の朴理香は、母親が亡くなる一か月前に菱電商事に就職が決まった。孝行娘であった。

直系の孫の朴正樹は大学生になり、二〇一五年一一月八日に成人の誕生日を迎えた。正樹は頭はいいが、勉強嫌いである。しかし気が優しく、友だちに好かれている。いつも祖父、祖母へ気配りし、階段の上り下りを手伝ってくれる。いまは外国留学を楽しんでいる。勉強嫌いでもきっと大成するだろうと期待している。

嫁の夭折

歳月の流れとともに、思わぬ不幸や悲哀が重なることもある。穏やかで幸せなわが家にも悲しい出来事がおきた。

二〇一五年五月一二日、朗らかで明るく思いやりがあった嫁が四七歳の若さで夭折した。私たち夫婦は、彼女を嫁いできた当初より、嫁というより娘がひとり増えたと喜んでいた。

二〇〇八年、子宮癌で杏林病院に入院し、手術をうけた。発見が手遅れで、全治は望めないと診断された。しかし嫁は周りに心配をかけまいと、いつも明るく振る舞っていた。そればかりかフラダンスのレッスンに精を出し、毎年ハワイを訪れて芸域を高め、日本で数回公演を催した。私たち夫婦は公演を見て、嫁が健やかに踊る姿を目にして安堵した。嫁はフラダンス教室を開いて、多くの弟子を集めた。懇切丁寧に、しかも厳格に教えながら、弟子たちの上達をみて生き甲斐としていた。

私は家を留守にし、数十日も会えないとき、闘病中の嫁に頑張れと便りを出した。その都度、嫁は電話で「頑張っている、心配しないで」と応えてきた。「アボジの手紙が私の宝」だと、嬉し泣きしていた。

二〇一五年正月、家族がそろい、新年のあいさつを交わした。ところが嫁は松葉杖をついていた。昨年末に転倒して、足首を骨折したという。元旦早々に貧血で体調を崩していた私は、家族の年賀だけうけてベッドに入った。その後、私は体調不良をおして四月四日に訪韓した。祖先の歳祀を行い、九日にソウルで講演した。翌一〇日に日本に戻り、一五日からまた入院した。体調不良は続き、退院しても家で療養していた。

五月一二日、「玉實が亡くなった」と、息子が突然電話で知らせてきた。呆然とした。私は「なぜもっと早く知らせなかった。臨終にも行けなかったではないか」と怒鳴りつけた。気力が急になくなった。隣家に住む娘がてきぱきと動いた。夭折した嫁の弔いとなった。無宗教を信条とするので、僧侶も呼ばず、経もあげない、簡素な家族葬で弔った。私の家族一〇人、嫁の実家の家族八人だけの、しめやかな葬式となった。私は号泣しながら焼香した。脱力感に襲われ、歩行もままならず、孫の助けを借りてやっと帰宅した。

六月二八日、四十九日の法要を営み、納骨することになった。私はいろいろ考えた末、法要の場で嫁を弔う辞を述べようと決めた。祭壇の前で焼香を終え、準備した弔いの辞を読んだ。


「愛する玉實を遠い天国へ送ることば」

いつも朗らかですがすがしい玉實の笑顔をもう見られないのでしょうか。明るく元気で清らかな、あの声をもはや聞けないのでしょうか。とても信じることができません。

このアボジの最後の旅立ちを見送ってくれるものとばかり思っていたのに、想像もつかないことになり、この悲哀を表現する言葉もありません。ああ無情、と嘆くばかりであります。

不治の病に倒れ、崖っぷちに立たされた痛みと苦しみが続いた、この六年余の歳月を、よくも健気に、しかも勇敢に生き抜いた、玉實の生きざまは神々しいものであり、気高いものでした。周りの人に気づかれないように、いつも朗らかで、明るく振舞った玉實よ！　どれほどつらく苦しかったか想像にあまりあります。苦痛に耐えながら、献身的に親戚や周囲の人々に、細かく優しく世話をやき、面倒をみてくれました。だからこそ多くの人々が心から玉實を慕い、尊敬してやまなかったのです。

痛みと苦しみに耐えながら、わが人生をいかに生きるべきかを悟り、自分よりも周囲の人々を思い、喜ばせる崇高な心の持ち主を嫁に持ったことを誇りと思い、称賛してやみません。

山高きがゆえに尊からず。低い山でも綺麗で気品のある名山がいくらでもあります。人間長生きするだけが幸福ではありません。短い人生でも社会と集団に貢献する度合いによって、その価値が決まるのです。四七年の短い玉實の生涯は決して不幸なものではありません。人々が羨むほど幸福で価値ある生涯でした。

妻に限りなく優しく、家族や親戚に深い思いやりがあり、社会に対しても有意義な活動を行う心の広い夫に恵まれ、可愛い娘と息子に囲まれ、親、兄弟、親戚にこよなく愛され、趣味をともにする同好会の仲間たちと、熱心に学ぼうと慕う弟子たちと充実した歳月を過ごした玉實の生涯は幸せであったと確信しています。

人間の肉体的生命は有限であり、だれでも限りがあります。人間の社会的生命は、その人間がいかなる活動を行い、社会的に貢献したかによって永生きすることができ、無限の社会的生命をもつことができます。玉實は数多くの人々に真心こめて尽くしたので、人々の胸底に玉實の清らかな映像が刻み込まれ、末永く残るでしょう。聡明で可愛い理香と正樹はオモニの崇高な精神と愛を受け継ぎ、立派な人物に成長し、オモニの名を輝かしてくれると思います。

愛する玉實がわが家の嫁として嫁いできてから、この二三年間は本当に楽しく和む家庭となり、笑いと幸福に満ちたものでした。ことのほか、このアボジを敬う心はひとしお深いものがありました。私の著書が出版されると、「だれも読まない本、だれも買わない本」と嘲笑する家庭のなかで、唯一玉實だけが出版を喜び、誇りとして、人々に吹聴し、読書を勧め、本を送ったりして、心から祝ってくれました。

誕生日や父の日などには、必ず私に似合いそうな高価な衣類を贈り物にし、スマートで洒落者にしてくれました。食堂やレストランに行くと、私の口に合いそうな美味しいものを選んで食膳に並べてくれるので、いつのまにか美食家になりました。本当に有難う。いまさらながら玉實の尊さをかみしめています。私にとって名前のとおり、玉のような嫁であり、実り多い娘でありました。もはや情け深い貴重な嫁とは再び会えないのでしょうか。

白鳥がきれいな翼をいっぱいに広げ、ゆうゆうと北の国に飛んでいくように、紺碧の空に浮かんでいる白雲に乗って、痛みと苦しみから解放され、安らかに遠い天国へ旅立ってください。親戚一同が涙をこらえながら送っています。

さようなら！　玉實よ！　安らかに永眠してください。

二〇一五年六月二八日　　アボジ

私は泣いた。紙を濡らした。ふらふらしながら席に戻った。気が抜けた人間のように。

玉實の密葬はすぐフラダンスで結ばれた親友や弟子たち、息子の親友たちに知れた。やむなく玉實との「別れの集い」をすることになった。当日、新宿ヒルトンホテルの宴会場に、別れの集いの場を設営した。正面には生花で飾られた在りし日の玉實の姿があった。弔問に来た人たちが次々に生花を添え、深々と礼をした。

献花に次いで、玉實が教えた「フラダンス教室」の子供たちの代表が、玉實とのお別れの辞を読んだ。

玉實先生、なぜこんなに早く私たちのそばを離れましたか。私たちはもっと先生からたくさん学んで、ダンスの奥深さを身につけたかったのです。先生のレッスンは厳しかったけれど、教え方がうまく楽しく学べました。レッスンを終えると、先生は母のように優しく、いつも笑顔で私たちを包んでくれました。その先生がいなくなるなんて、とても本当だと思えません。先生、もう一度いつものように私たちを厳しく教えてください。

子供たちの切々と別れの哀しみを訴える言葉が胸をうった。私は弟子たちに慕われた玉實の在りし日の姿を思い浮かべ、長くない生涯を精一杯健気に、幸せに生きたのだと信じられた。

続いて、フラ ハラウ ナ プア オナ オハナ 平吹孝子が弔辞を読んだ。

玉實さん、あなたは逝ってしまったのですね。あなたの逝去の知らせを聞いたとき、私は途方もなく立ちすくみ、絶望感に襲われました。それほどあなたは私にとって特別な存在でした。

あなたとの出会いはほぼ一〇年前のことでした。その頃の私はハワイの先生についたばかりで、スポーツクラブのインストラクターをしながら、小さなクラブをもつだけの駆け出しでした。あなたは大きなフラ教室に通い、大御所と呼ばれた有名な先生にその才能を見出され、前途が開けていました。しかし私のハラウ立ち上げに賛同して、フラ教室を辞め、すぐ私のところへ来てくれましたね。私の将来に賭けてくれたあなたの決断に感謝するとともに、このハラウを立派にせねばならないという使命感に燃えさせてくれたことをよく覚えています。

ハラウで一緒に踊るようになってからも、あなたの真面目さ、ひたむきさに導かれ、私たちは納得するまで妥協せず、繰り返し練習をしましたね。あなたは私の素敵なパートナーでした。私が決断するとき、いつも「先生のやりたいことをしてください。私はなにがあっても先生についていきます」と背中を押してくれましたね。その言葉にいつも勇気づけられました。

あなたに子供たちのクラスを任せたいと話したとき、あなたはまだ無理よと幾度も断ったことを覚えていますか。なんとか説得して引き受けて貰ったのですが……。でも、あなたは水を得た魚のように生き生きと、子供たちの指導に熱中していました。あなたが引き受けた子供たちは、短い期間にめきめきと上達していき、私たちをびっくりさせましたね。

そんなとき、あなたは病魔に襲われました。あなたは入退院を繰り返しましたが、病に屈することなく気丈に振る舞っていました。そのため私たちは幾度もあなたの病気を忘れてしまったものです。不安や恐れなど数知れない葛藤があったと思います。しかし、それを人には見せず、いつも人を思いやり、気遣い、笑顔で接していました。あなたはいつも前向きに、このひとときの幸せをかみしめ、日々を感謝の気持ちで送っていました。

あなたは幾度も「インストラクターにしてくれて有難う、子供たちから沢山の元気とパワーをもらっている」と言っていましたね。子供たちがあなたのパワーの源だったんですね。

あなたはどんなときでも輝いていました。私はあなたを決して忘れません。どんなときでも諦めず、チャレンジする心で前向きに生きたあなたは、私たちの心のなかで生き続けています。あなたが愛したフラを続け、あなたが大切に育ててくれたハラウを発展させていきます。

ご遺族の方々の哀しみを思いますと、胸が引き裂かれる思いに駆られます。しかし玉實さんの強く生きた姿は長く記憶され、みなさまがこの哀しみを乗り越えて生きていかれる心の拠りどころとなることと思います。

玉實さん！　願わくば私たちの行く手を見守ってください。安らかに眠られることをお祈りします。

フラ ハラウ ナ プア オ ナ オハナ 平吹孝子

惜別の哀しみのなかで行われた、亡き友に捧げるフラ舞踊公演は、清澄かつ律動的で、弔問客の心に訴えるものがあった。


会の終わりには喪主である息子が壇上に上がり、深々と頭を下げ、参列者に向けて心からの謝意を言葉にした。幸せだった家庭生活、六年間の闘病生活の思い出を淡々と語った。そして医師から治療の困難な病を告知されてから、かえってふたりの心が強く結ばれた、別れのときを悟った玉實が幸せな生活を過ごせて嬉しかったと囁いた、と語った。

玉實は逝ってしまった。短い生涯だったが、精一杯生きて人生の花を見事に咲かせた。七〇〇名を超える弔問客が来て、それぞれ玉實の人となりを口にしてくれた。

玉實はあとに残す子供たちをよろしく頼むと言って目を閉じた。私は必ずふたりの子供を立派に成長させると約束した。天国で再会したら、約束を果たしたと報告できるよう努力する、と述べて息子はあいさつを終えた。玉實の微笑む相貌が瞼に浮かんだ。連れ添った伴侶の誠実で温和なあいさつを聞き、玉實はきっと安堵して永眠についたであろう。

10　忘れえぬ人々

私は多くの人々と出会い、多くのことを学んだ。目を閉じると、遠い昔の青年期にともに夢を語り合った友人の姿、学問の道へと導いた恩師の姿が脳裏に去来する。懐かしい限りである。その思い出の断片を記す。

心の友　崔水鐘

崔水鐘は俊才で、繊細な格好いい青年だった。一九四八年、彼が八高三年のときに初めて知り合った。韓国から脱出してきた無法者、勉強もあまりしなかった私を、彼は親切に教え導いてくれた。彼はフランス語を専攻する八高文乙の学生だったが、英語も堪能だった。英語教師が崔水鐘の英語の答案を読みあげ、「私よりも崔君の答案のほうがいい」と褒めたらしい。

八高を卒業したあと、名大文学部仏文科に入った。夏休みにリポート書きの宿題があった。担当した後藤助教授は提出されたリポートに感銘をうけ、このリポートを講義で使いたいと言ったという。

彼の指導教授は、『広辞苑』の編者である新村出の子息で、スタンダール研究者の新村猛であった。新村猛は崔水鐘を後継者にしようと動いたが、国籍条項にひっかかり断念した。彼は知己であった愛知大教授の小岩井浄（のちに愛知大学長）に崔水鐘を推挙した。効を奏して愛知大の非常勤講師に登用された。彼は一九六〇年六月に北朝鮮に帰国するまでの五年間、豊橋に居住し、私と親交を結んだ。

ところが思いがけない事件がおきた。

愛知大政治史教授の松葉秀文が、一九五七年から翌年にかけて、夫婦で米国に留学した。その間、私はニィー（你々）という中国式の名の犬を世話することになった。犬がいると、放っておいて外出することもできない。独り身の私には面倒だった。ちょうどそのとき、崔水鐘が家族ともども豊橋に引っ越してきた。渡りに船と、犬の守り役を崔夫婦に頼み込んだ。米国にいる松葉に連絡して、その旨を伝えた。しばらくして松葉が米国から戻った。松葉は政治学会からの書留を受け取ったかと聞いた。私は否と答えた。松葉が郵便局で調べると、受取書に崔の捺印があった。調べると、受け取った崔夫人がすでに使ってしまっていた。崔夫人は、文字を知らず、書留の宛名を読むことができなかった。夫に来た書留だと思い込み、封を開けて使ってしまったのだった。私がこの顛末を松葉に説明した。彼は納得した。しかし崔水鐘は妻の無知から生じた事件を恥じ、男泣きした。

崔水鐘は第二次世界大戦の末期、中学校五年で一八歳になり、徴兵対象者となった。彼の父親は長孫を産まなければ祖先が断絶すると恐れ、勝手に結婚相手を決め、式を挙げさせた。

一九五九年に北朝鮮への帰国協定が結ばれると、崔水鐘はすぐに帰国申請をして、六〇年五月に帰ることにした。五九年一二月、朝鮮総連中央の教育部長李珍珪から、崔水鐘は北朝鮮

心友　崔水鐘

に帰国してフランス語の教師になれと指示が下った。私、朴庸坤には、創立間もない朝鮮大学校で教職につけとの指示であった。当時、総連中央の組織は権威があった。私たちはその指示を受け入れた。別離のときが来た。新宿にあった有名な焼肉店の明月館にふたりだけの別離の宴席を設け、酒を酌み交わしながら一〇余年間の交友の日々の思い出を語り明かした。

彼はその酒席で、もう会えないからふたつだけ忠告するよと言った。それは、「まずひとつは、君は気が短いので思ったことを率直に言うが、大きな組織のなかでは一日だけ熟考して発言すること。もうひとつは、君は他人が褌を持っていないと言えば、自分が穿いている褌まで脱いであげる人間だ。これから生活は苦しくなる。よく考えて対処すべきである」という内容だった。私の性格の欠点を誰より知っている崔水鐘だけに、的を射た忠告だった。「一日は熟考せよ」という忠告は、いまでも肝に銘じている。

六〇年六月、崔水鐘は北朝鮮に帰国し、平壌の国際関係大学の副教授に配置された。日本生まれの崔水鐘は朝鮮語をしゃべれなかった。身振り、手振りでフランス語の授業をしたようだ。それでも授業は好評だったという。のちに私は国際会議に参加したおり、北朝鮮のフランス語担当指導員と話す機会があった。話題はいつも彼らにフランス語を教えた崔水鐘のことだった。北朝鮮のフランス語教育の草分けがほかでもなく崔水鐘だと語っていた。彼はまもなく金日成総合大学の教授に招かれた。彼は神経質で繊細な性格の持主であった。総合大学の水に馴染めなかったのか、ストレスが重なり、神経性胃炎を発病した。胃の切開手術を受け、総合大学の教壇に立てなくなった。その後、崔水鐘は社会科学院の外国語教科書編纂委員長になった。一九七七年の訪朝のとき、一七年ぶりに平壌で彼に再会した。彼は痩せ細った身体で、歩くのが精一杯であった。しかし、それまでの仕事が評価され、国家功労年金でどうにか暮らしていた。

一九八七年に崔水鐘は還暦を迎えた。家族が還暦祝いの宴を準備したが、彼はそれを断り、朴庸坤と金哲央の訪朝時にすると言い張った。そのときが来た。一九八九年、平壌で三人が会合した。そして、私たちふたりが日本に戻る前日、普通江ホテルで三人の合同還暦祝いをすることになった。

ホテルの私の部屋に集まり、翌日の還暦祝いの打ち合わせをしていたとき、崔水鐘は愛知県刈谷市にいる実姉に花瓶を渡してほしいと言って、実姉の住所を書きはじめた。彼は住所を書く途中で、手に持っていたペンをポトリと落とし、虚ろな目で呆然としていた。おかしい。すぐ異常に気づいた。車を手配して、彼の自宅まで搬送した。医師が駆けつけ、脳梗塞だと診立てた。言語機能が麻痺し、左手足の運動もできなくなった。不幸中の幸いといえようか、聴覚機能は大丈夫だった。崔水鐘の息子たちは、還暦の宴を中止しましょうと父に意見を述べた。しかし崔水鐘は、私と金哲央の還暦祝いをするよう、身振り、手振りできっぱり指示した。普通江ホテルでは三人の還暦祝いの準備は整っていた。主賓の崔水鐘を欠いたまま、私と金哲央の還暦を祝うセレモニーが始まった。崔の息子が金哲央と私の杯に、還暦の祝い酒を注いだ。私は自分の還暦祝いを二年も遅らせ、三人で一緒に祝おうとこの普通江ホテルで宴席まで設けてくれたことを、終生忘れまいと心に誓った。

その後、闘病生活に入った。彼は強い意志と精神力でリハビリに挑み、言語機能の障害は残ったが、身体の運動機能は見違えるほど快方に向かい、左手ではあるが達筆な文字を書けるまでになった。彼のリハビリには、在日の後輩である朴秀鴻の熱い友情と援助があった。朴秀鴻は彼の苦境を知ると、貴重な治療薬を調達し、フランス語の研究資料とともに二〇数年間にわたって送り続けた。朴秀鴻は、清泉女子大学、安城女子大学のフランス語教授職にあったが、数年前に定年退職した。清純で真面目な性格で、人情に厚い人だった。しかし、彼は韓国籍だったので訪朝は叶わなかった。彼は訪朝した私から崔水鐘の消息を聞くのを心待ちにし、その消息に一喜一憂した。

崔水鐘の実弟の崔松二は日本に在住し、企業経営で若干の財をなしていた。彼は北朝鮮に多額の送金をし、国家に寄付した。その功で、建国五五周年に「労働英雄」となった。

二〇〇一年、健康上の都合もあり、六年ぶりに平壌を訪問した崔松二は、着く早々に崔水鐘の安否を確かめた。崔水鐘の夫人は二年前に逝去していた。夫人は北朝鮮に渡ったあと、成人学校で学び、読み書きができるようになった。文盲から解放され、隣組の人民班長として活動したという。しかし夫人も一〇年前に脳梗塞で倒れ、足が動かなくなっていた。口だけは健康なときと同じように達者であった。崔水鐘は口がきけない、夫人は足が動かない。ふたりで足りないところを補いあって暮らしたらしい。

崔水鐘は伴侶に先立たれ、めっきり弱気になっていた。そのせいか、彼は日本に残ったもうひとりの実弟、小林奨吉にしきりに会いたがった。彼は、生きているあいだに弟に会いたい、訪朝するよう伝えてくれと頼んだ。

小林奨吉は、高校生のとき親戚の養子になった。養母が日本人なので日本国籍となった。田舎の刈谷高校から東大法学部に入学、在学中に司法試験に合格して弁護士になった。その秀才ぶりは、刈谷市では誰もが知っていた。

恩師　その1　林要

私は愛知大学で林要教授に理論的指導はもちろん、人間修養でも忘れえない影響をうけた。林要は戦前戦後と一貫して反戦論を貫いた学究者として知られている。持論を決して曲げない林要は、一九三六年に同志社大学経済学部長から追放され、三八年には執筆すら禁止された。林要は敗戦までの七年間に「くその弁」という随筆をひとつだけ発表した。農夫は人糞を肥料に使う。野菜と交換によその便所から人糞を汲み集め、その良し悪しを人糞をなめて判断した。舐めてみて、人糞の良し悪しをわかってこそ、本当の農夫だと書いた。大学から追われた林要は、同志社大学から出た退職金一〇〇〇円と親から出た一〇〇〇円で、杉並区久我山に二〇〇〇坪の農地を買い、自ら鍬をとり飢えをしのいだ。同志社大学に勤めていた頃、たまたま長子がひ弱だったので、きれいな空気と水がある信州の蓼科に一三〇〇坪を借地して保養用の別荘を建てた。

日本の敗戦で林要の人生に転機が訪れた。四七年から愛知大学の教授として、一九年間教鞭をとった。私は四九年から愛知大学で教えを受けた。

恩師　林要

敗戦後の経済復興と高度成長で、久我山の農地は宅地化された。京王久我山駅から五分の至近距離にある土地の資産価値が右肩上がりで高騰した。林要宅を訪ねた人が訝しんで、貧乏人のマルクス経済学者と思っていたが、いつの間にこんなに広い土地をもつ資産家になったのかと尋ねた。林要は泰然と、日本軍国主義者が僕を資産家にしちゃった、と笑ったという。

　それればかりか、蓼科山の尾根の最後尾、七〇〇坪の土地が売りに出された。林要は碁会場にするため、愛大から借金をして七万円でその土地を買った。その差し向かいの小高い丘に五〇〇坪の土地が二〇万円で売りに出ていた。林要はその土地を買えと私に勧めた。私は親からの送金を皮算用して買うつもりになった。義母が「本宅もないのに、別荘とはなにごとですか。非常識ですよ！」と強くなじったので、断念せざるをえなかった。ところが、まもなく東洋観光が蓼科の国有地だった別荘地帯の払い下げをうけ、蓼科の開発に着手、蓼科ゴルフ場建設を企画した。その予定地に林要の所有地七〇〇坪、私が買おうとした土地五〇〇坪も入っていた。逆に、林要が国からの借地に別荘を建てていた一三〇〇坪の土地のほうは、東洋観光に登記移転されたので、東洋観光から土地を買い取らねばならなくなった。ここで運が転がり込んだ。東洋観光は、林要が所有する七万円で買った土地七〇〇坪を欲しがり、その土地と蓼科の高級別荘地、しかも水源地もある一三〇〇坪の土地と交換することになった。林要は久我山の二〇〇〇坪の土地、蓼科の一三〇〇坪の別荘地をもつ「新興地主」と呼ばれる身分になったのである。もしも義母の反対がなければ、私も蓼科に別荘を持つ身になっただろう。逃がした魚は大きいというが、清貧に生きた男の泡と消えた白昼夢である。

　林要は、一九六六年、関東学院大学に転職した。ちょうど朝鮮大学校の法的認可問題が俎上に上った頃だった。林要は労苦を厭わず、朝鮮大学校認可に賛同するよう趣旨書を自ら作成し、多くの学者に手紙を書き送った。林要が斡旋した、日本の著名大学の総長、学長らと朝大学長との懇親会はマスコミの注目をあび、認可獲得運動の前進に肯定的な影響を与えた。

一九七二年、林要は金日成主席誕生六〇周年にさいして、日本の代表的な学者二〇名で祝賀文と記念品を贈った。七八歳の高齢にもかかわらず、直接祝賀文を起草し、同意と署名をもらうため京都、大阪まで足を伸ばした。林要らが送った祝賀文と記念品は、妙香山の国際親善展覧館に展示された。主席誕生六〇周年を祝う林要の行動は、北朝鮮の『労働新聞』でも大きく紹介された。これに謝意を表するため、一九七四年六月、北朝鮮は林要夫妻を平壌に招待した。八〇歳の林要夫妻は、孫娘も同伴して訪朝した。金日成主席は林要夫妻らを国賓待遇でもてなし、夫妻と孫娘に金日成の署名入り金時計を贈った。

林要の訪朝の翌月、私は第二次総連教育者代表団のひとりとして訪朝し、九月二四日には金日成主席の講演「現情勢と在日朝鮮人青年の任務について」を聞いた。金日成の講演は聞く人を惹きつける魅力があった。優れた指導者だと感じ入った。しかし、心に疑念も生じた。これだけ卓越した指導者なのに、なぜ自身の神格化、絶対化、無条件化、信念化を押し付ける、疑念だらけの党の唯一思想体系確立一〇大原則を許容するのだろうか。主席自身も、この矛盾がわからないはずはなかろうにと思った。頭がこんがらがり、わけがわからなくなった。

一九七四年の年末、在外同胞紙『統一新聞』が、北朝鮮の「党の唯一思想体系確立の一〇大原則」の全文を報道した。林要がその記事を読んだ。民主主義を信条とし、権力に阿諛することのない林要は驚愕し、記事を詳細に検討し、激怒した。裏切られた！　林要はその心情を文にしたため、『統一新聞』紙上に公表した。波紋が広がった。

思いがけない事態に、総連中央は慌てた。韓徳銖が学長代行の李時求と私を呼び、林要に慎重に行動するよう説得せよと指示した。私たちは林要を訪ね、来意を告げた。林要は慎重かつ冷静に語った。「私は朝鮮の陶器も文化も好きだし、いまの朝鮮の社会主義建設も模範的であると思った。金日成は稀にみる偉大な指導者、人民の指導者だと思ったからこそ、誠意をこめて還暦を祝った。ところがあの一〇大原則はなんだろう。まさか『統一新聞』がデッチあげたものではないだろう。私は日本の軍国主義時代、天皇を現人神として神格化し、絶対化する動きに反対して闘った。いつ果てるとも知らない軍国主義の弾圧のもとで、ペンを捨てて鍬を取った。私の生涯は反戦、平和、社会主義で一貫している。社会主義社会が、なぜ指導者を神格化し絶対化しなければならないのか。朝鮮の社会主義を信じていただけに強い衝撃をうけた。私は自分の信念を貫くだけである」。返す言葉がなかった。

私も同年に訪朝したときに、一〇大原則の講義を聞いて耳を疑い、衝撃をうけた。私は悟った。北朝鮮との友好親善で献身的に努力してきた貴重な友人を失くした、と。思想、信条に生きる林要を説得できるはずがない。この一〇大原則の流説を契機に、多くの良心的な日本の知識人が北朝鮮友好の立場から離れていった。

私は林要が一九九三年に九八歳で逝去するまで、ずっと彼から教えを受ける弟子だった。一九九三年一二月二七日、平壌に国際電話がかかり、翌日の正午から林要の告別式があるから帰るようにとの指示があった。林要は無神論者なので、仏式の葬儀ではなく、私の弔辞と友人、親戚の思い出話でお別れをするという。たまたま平壌空港には雪が積もっていた。党中央の特別指示で人民軍が動員され、除雪作業をしてくれたので、どうにか飛行機は飛んだ。夜半に帰宅し、一睡もせず、哀惜をこめて恩師林要を送る弔辞を書いた。

恩師　その2　山本二三九

愛知大時代、私の指導教授に、マルクス主義経済理論で著名な山本二三九がいた。彼は戦時中、東亜研究所員であったが、戦後愛知大創立に参画し、同大講師となり、貨幣論と帝国主義論を講義していた。私は林要の金融資本論ゼミに所属し、山本二三九の経済理論ゼミにも所属した。修士課程でもふたつのゼミに入っていたが、修士論文の主査は山本二三九であった。私の修士論文は「恐慌論研究序説」だったが、「テーマに関する研究資料を注意深く検討したうえ、適切な理論が展開され、修士論文の水準を超えたものと認める」と評価された。その結果、修士第一号の学位を取得し、愛知大の助手として残ることになった。山本二三九はすでに立教大学の教授に就任していたので、愛知大でも教えてはいたものの教授会には参加できなかった。それゆえ私は、推薦されて林要の助手を務めることになった。

それから五年間、助手、講師、助教授七名と一緒に、毎週月曜日の一時から六時まで、山本二三九の指導下で『資本論』研究を続けた。しかし五年が経っても、第一章「商品」を終えることができなかった。それほど厳しい顕微鏡的な詮索が続けられた。林要の包括的、大局的な理論把握と、山本二三九の厳格

山本の資本論研究グループ（前列中央が山本）

で微細な科学的な理論把握は好対照で、私の理論研究において貴重な体験となった。

山本二三九の論文は、約三分の二がその主題に関する他人の論文の批判に向けられ、マルクス経済学者で彼の批判を受けなかった人はほとんどいなかった。大阪市立大教授の林直道は『経済評論』誌上で、山本二三九の絨毯爆撃に遭わない人はいないと言い表した。久留間鮫造は「山本二三九の論文は三分の一くらいで終われば立派な論文になるのに惜しいものだ」と漏らした。しかし批判的な内容の講義は面白かった。

山本二三九の自宅は神奈川県の小磯で、無農薬で実った蜜柑を毎年の歳暮に送ってくれた。恐縮して断りの連絡をしたら、「これは俺が生きている証だ」と叱られた。歳暮は二〇一〇年まで続いた。

山本二三九は二〇一一年に九八歳の長寿で逝去した。厳しさと優しさをふたつ兼ね備えた恩師だった。

恩師　その3　久留間鮫造

一九五二年七月、経済学史の集中講義を聴くため教室で待っていた。六尺豊かな体躯でギリシャ鼻をした人物が、ズボンをベルトではなく腰紐で結んだ出で立ちで風呂敷包みを抱えて入ってきた。それが久留間鮫造との初対面だった。

講義はフィジオクラシーのケネーの経済学説から始まった。彼はケネーの経済学説の概要を説明し、その学説発展における貢献度を興味深く丁寧に説明した。午後一時から四時まで、緊張して聴いた。講義が終わったあと、質疑応答に入った。長引きそうだった。みんなで図書館横の芝生に移り、寝そべって質疑応答を続けた。夕食の時間になった。質問を打ち切り、宿所まで見送った。

翌日、法経学部長の小岩井に呼ばれた。「昨夜久留間先生に会ったが、先生は、この大学には優秀で熱心な学生がいると褒められていた。先生は酒好きだから一升瓶を下げて宿舎を訪ね、もっとたくさん尋ねるがよい」と発破をかけられた。久留間鮫造は一升瓶が空になるまで痛飲し、経済理論の問題ばかりか、学会のさまざまな挿話を面白可笑しく脚色して話してくれた。

久留間は酒好きになった動機もこんなふうに話した。「私はもともと酒が飲めなかったが、低血圧だったので医師の勧めで飲みはじめた。飲むと楽しくなると知り、いつの間にか大酒飲みになった。酒を飲むと、世界がより広く、より深く見えるようになった。酒はエネルギーの源だね」と上機嫌だった。「私は戦時中に栄養失調になった。戦後には生活に困窮して、岩波書店の岩波茂雄に借金を申し入れた。彼は気前よく貸してくれた。いつ返せばいいのかと尋ねると、彼曰く、現金じゃ貰わない、原稿で返せよとのことだった。そんなに早く原稿は書けないよ、一日五枚以上は書けない。まるで賃金奴隷じゃなく原稿奴隷だな。しかし、長いあいだの苦労と編者の玉野井の激励もあって、一九五三年にやっと『経済学史』の原稿を入れ、借金を帳消しにした」。私たちは「毎年再版している『経済学史』は先生の借金のお蔭ですね、もっと借金してください」と冗談を言って大

恩師　久留間鮫造

林、久留間を囲む懇親会（酌をしているのが筆者）

笑いをした。楽しい酒席だった。

久留間はつねづね「いまのマスコミが学者を堕落させている。中身のない論文を雑誌に載せ、原稿料を出している。多くの研究者がいくばくかの原稿料欲しさと自分の名を知られたさにマスコミに利用されている」と慨嘆した。

久留間は、「社会科学研究所の研究員であった頃、大内兵衛と一緒にドイツに留学し、ハイデルベルク大学で学んだ。冬季だったので、学内を流れる川が凍結していた。ドイツの少年たちが氷上をすいとスケーティングしていた。初めて見る楽しそうな光景に興味をかられ、スケート靴を借りて氷上に降り立った。その途端にふたりともスッテンコロリンとひっくり返ってしまった。ドイツの少年たちが、わぁ、日本人の子供が転んだと叫びながら、大内兵衛だけを助け起こした。久留米は背が高いので、大人だと思って放っておいたらしかった。その夜、ふたりで遅くまでスケートの練習をした」と、昔話をして笑った。

久留間は、優れた弟子たちとの共同作業で、大著『マルクス経済学レキシコン』（全一五巻）を大月書店から出版した。この書物は、左側は日本語、右側はドイツ語という対訳で編纂されていた。この著作は世界一七か国で翻訳出版された。

11　故郷の祠堂

故郷の祠堂

二〇〇〇年、五三年ぶりに故郷に戻り、いろいろなことを考えた。祖父母、両親、兄はすでに他界していた。親不孝を詫びようと思ったが、墓前にぬかずくほかなかった。

二〇〇七年、息子を連れて訪韓し、父の命日の祭祀に出席した。集まった弟たちからふたつの提案が出た。

ひとつは、祠堂が老朽化しているので、新しく改修したいとのことだった。私は祠堂の意味をよく理解していなかった。かつて先輩の歴史学者朴文国から、「朴庸坤さんの実家には祠堂があるんだってね。大変な家柄なんだね」と言われたことがあった。その言葉で祠堂の意味を薄々知った。祠堂がある家は、この全羅南道和順郡で三軒しかないらしい。そして祠堂を改修するには、相当の費用を要するらしい。さいわい従弟の設計技師、李峰守が設計を無料で担当し、改修費用の一〇〇〇万円は私の息子が負担することになった。三年後の二〇一〇年に祠堂の改修は滞りなく終わった。親不孝に対する償いをひとつしたと安堵した。

もうひとつは、散らばっている家族の墓地を一か所に集め、家族の合同墓地をつくり、年間の祭祀も合同で行いたいという提案だった。必要な経費は家族みんなで分担することで一致した。この仕事は弟の鐘三が責任をもって進めることにした。七年後の二〇一四年に、かなり大きく見栄えのいい共同墓地が出来あがった。墓地の正面には両親の遺骨、その右側に兄、左側に私の遺骨を納める壺が安置された。私を他郷で葬るわけにはいかないという意味らしい。

しかし好事魔多しで、工事を終えたあとすぐ、鐘三は八〇歳を一期に他界した。二〇一五年四月五日、家族、親戚がみな参集して、弟の合同祭祀を執り行った。そして毎年四月の第一日曜日に合同祭祀を行うことに決めた。

米寿記念講演

一九九七年二月の黄長燁の思いかけない亡命によって、二〇年間続いた北朝鮮の優秀な学者との共同研究が中断されて八年の歳月が流れた二〇〇五年、八月に行われた二度目の故郷訪問の機会に黄長燁を訪ねた。感無量で互いに言葉が出ない。しばらくして再会の喜びをわかち合った。ふたりが会えば、自ずから哲学談義と政治の話がはじまる。主体思想について語り合う相手もなく寂々と思考を続けてきたが、久しぶりで熱っぽく語り合った。

哲学的、政治的問題をいろいろ語り合ったが、いま朝鮮では主体思想を発展させる研究者はいない。ふたりの責任は重いことをともに自覚した。

黄長燁は犠牲になった親友とすぐれた研究者、家族のことを思うと胸がはり裂けるようであると、淋しく悲しい思いに沈んでいた。再会を約束し、別れの堅い握手を交わした。

二〇一五年四月九日、ソウルの民主主義政治哲学研究所で米寿記念講演をした。この研究所は黄長燁の韓国における活動拠点だった。集会の名称は「朴庸坤先生米寿記念——人間中心の政治哲学討論会」だった。私は午後三時から九〇分間の講演をし、そのあと九〇分間質疑応答をした。演題はマルクス主義経済学の功績と歴史的限界だった。この主題で講演できることは光栄だった。韓国の民主化の実現で、私のような思想をもつ者も自由に語れるのだと実感した。

講演の内容をおおまかに概括する。

・黄長燁の哲学と朴庸坤の哲学の相違点について。黄は「人間中心の世界観」だが、朴は「主体的世界観」である。表現は異なるが、内容は同じである。

・朴は「博愛の世界観」を確立したので、これを方法論的基礎として、マルクス主義経済学の再構築を目指している。

・マルクス主義経済学の功績は、①経済学の研究対象を生産関係に規定したこと、②経済学批判の六大体系（資本、賃金、土地、国家、貿易、世界市場）を確立したこと、③資本主義解剖の始点を商品に求めたことである。

・マルクス主義経済学の限界は、貨幣と資本の効用を過小評価したこと、経済恐慌と世界革命を結合させたことである。また社会発展の要因を階級闘争に求めたことである。

・人類社会発展の到達点は、共産主義社会ではなく、人道主義社会と命名すべきである。

ざっと、こんな内容を話した。そして、この米寿記念講演が、私の韓国における最初で最後の講演になろう、とあいさつして締めた。

二〇一一年四月、私は大田の愛国烈士陵に祀られている黄長燁の墓を訪ね、安らかに眠れと追悼した。家族も親戚もだれひとり看取る人もなく急逝した黄長燁の無念さを思いやった。遠大な理想を実現できず、この世を去るのは心残りであっただろう。だが、「人間中心の世界観」は永遠の真理として人々の心をとらえるだろう。私は彼の歩んだ人生の軌跡を考えながら、彼の冥福を祈念した。

むすび

米寿を過ぎた老境を迎え、脳裏に通り過ぎる時空の旅の記憶を書きとめ、エッセイふうのタイトル「ある在日朝鮮社会科学者の散策」をつけて、第一編を自叙伝、第二編を随想、断想として、どうにかまとめ終えた。おそらく私の人生で掉尾をかざる文集となるだろう。

時代は過ぎ去り、再び戻ることはない。私は二〇世紀から二一世紀の激動の時代に、在日朝鮮人社会科学者のひとりとして、時代が織りなした、さまざまなドラマに遭遇した。いま思うと感無量である。

私はかつてマルクス主義に心酔し、社会主義の優越性を信じて疑わなかった。社会主義ソ連に憧れ、地上の楽園北朝鮮に夢を託した。しかし社会主義ソ連は崩壊し、北朝鮮の楽園願望も一抹の夢と消えた。時代を風靡した社会主義の理念も遠く去り、資本主義を謳歌する雑多な思想にその座を明け渡した。

私は生涯を通じて分断朝鮮を止揚し、統一朝鮮を実現する、遠大な夢を見てきた。東西ドイツ、南北ヴェトナムは国土と民族の統一を成し遂げたが、わが祖国だけは南北分断の悲劇を克服できず、後世に歴史の負荷を背負わせてしまった。現代を生きた倍達民族（朝鮮の源泉）の政治家、知識人は、私もふくめて、みなその責めを負うべきだろう。

現代を生きた知識人のひとりとして、時代を予見できず、統一に貢献できず、右往左往した自身を顧みて、赤面し、落涙するばかりである。

私はこの激動の時代を生きた在日朝鮮社会科学者として、社会科学の真理を求め、現実の改革に役立とうと努めてきた。私は植民地朝鮮に生を受け、分断朝鮮の激流に翻弄され、玄海灘を渡り、ここ日本で社会科学を志した。愛知大学で社会科学の基礎を錬磨され、朝鮮総連の構成員となり、朝鮮大学校の教職に就いて活動した。七〇年代に運命的な転機が訪れた。千里馬朝鮮のイデオロギー、主体思想との出会いであった。よき師、よき学友に恵まれ、主体的世界観の研究に邁進した。主体思想の伝道師として世界を駆け巡った。充実した研究生活の日々であった。しかし九〇年代に事態は暗転した。私の主体思想研究が権力者から異端として断罪され、追放された。懊悩した。そして決断した。人間中心の哲学思想、主体思想の純潔性を守る側で生きよう、学兄との信義を裏切らず良心を守って生きよう、と。そして学友たちとの討論で研磨した人間中心の世界観、博愛の世界観を完成させよう、と。それは厳しく、険しい道程だった。孤独な思索の連続だった。

主体科学院の仲間たちとの主体思想研究は、類例がない苛酷な状況のなかで進められた。党の唯一思想体系確立の一〇大原則の下、言語に絶する厳格な思想統制と監視にさらされながら、人間の自主性の開花をめざす普遍的思想としての主体思想と、その世界観の完成をめざした。最大の問題は、権力との距離のとりかただった。着かず離れずの間合いをどうとるか、そこに神経をすり減らした。黄長燁は言った、この体制下では、ときには拍手も万歳もする術を知らないと生き残れない、と。学友は言った、政権に阿諛しても犬死だけは避けよう、と。私も権力にすりより、ゴマをすることもしてきた。ゴマすりは出世するという格言どおり、私にあらゆる学位、学職、勲章が授与された。私は好待遇に慣れ、民衆の目線で権力を見る姿勢を忘れかけていた。厳しく自己点検せざるをえない。

真理の探究に突き進めば、いつか権力と衝突する。それは社会科学という学問がもつ宿命でもある。マルクスもドイツ追放の憂き目にあい、ロンドンで『資本論』を完成させた。わが師の林要も、天皇制の下で大学教師を辞し、田舎に蟄居し、志操を貫いた。主体哲学研究の盟友、黄長燁も北朝鮮で志をえず、心ならずも韓国に亡命した。私は彼らと比肩するほどの大物ではないが、北朝鮮は私を懐柔できないで忌避した。これは在日朝鮮社会科学者として不名誉ではなく、逆説的には名誉であったと考えることにしている。

朝鮮総連からも村八分にされたが、私の主体思想研究の情熱は冷めない。そして長年の研究生活の成果の集大成として『博愛の世界観』を書き、世に問うた。しかし自然科学とは異なり、社会科学はその真理性を問う実験ができない。その主義主張はつねに仮説であり、その真理性はつねに歴史の検証をうける。

歴史の検証の尺度は、社会正義と博愛の原則、自由・平等・博愛の理念をどう貫徹させたかである。世界宗教の創始者、仏陀、イエス、ムハンマドの思想にそれを見、フランス革命の理念にそれを見る。しかし若き日に憧れたロシア革命の理念にそれは見えない。

社会実践は真理の尺度である。民衆はつねに正義の審判者である。歴史は栄枯盛衰の鏡である。現代朝鮮のふたつの現実も歴史の審判を免れ得ない。檀君朝鮮を止揚して金日成朝鮮の開闢を告げた北朝鮮を、後世の思想家はどう評するのだろう。人民民主主義を標榜する国家が白頭血縁の王朝国家に変貌した北朝鮮を、後世の歴史家はどう評するのだろう。

栄枯盛衰は歴史のつねであり、永遠に存続する国家はありえない。詩人杜甫は「国破れて山河あり、城春にして草木深し」と詠じた。国家は歴史的事象で相対的だが、国土、民族、民衆は自然的存在で絶対的である。五〇〇〇年の朝鮮史も国家興亡の如実なドラマを史書にとどめた。分断された現代朝鮮も七〇年を過ぎ、もう歴史家の検証の対象になっている。当然である。

私が残した書『博愛の世界観』もその運命を免れない。評価はつねに後世の人々の権限である。俎上にのって裁きを待とう。ただ二一世紀の初頭に、こんな世界観を書いた人がいたという事実だけは決して消しきれない。それだけで充分である。

私はこの「ある在日朝鮮社会科学者の散策」で、私自身の時空の旅の軌跡と追憶を記した。この書で若干の抗弁権を行使した。民主主義の下では被告にも抗弁する権利が与えられる。問答無用の切り捨てはありえない。北朝鮮における主体思想研究の大まかな流れと、その流れの中で私がどう動いたかを書き留めたのは、私のささやかな抗弁権の表現である。私は主体思想の純潔を守る側にいた。主体思想に異物を持ち込んだのは権力側である。この一言で社会科学者としての私の傷心の疼きを慰めたい。

二〇一六年一〇月　　朴庸坤

【著者略歴】

朴庸坤（ぱく・よんごん）

1927年、日本植民地時代の朝鮮半島（現在の大韓民国全羅南道和順郡）に生まれる。終戦・独立後の政治的混乱を避けて1948年に日本に亡命。愛知大学、同大学院で経済学を修め、1960年より朝鮮大学校教員として民族教育に携わる。1970年代より朝鮮労働党の政治思想である主体思想研究の道に進み、「主体思想叢書」の編集・出版を主導するなど主体思想の深化と国際的普及活動に貢献する。朝鮮大学校政経学部長、同副学長、在日本朝鮮社会科学者協会会長、主体思想国際研究所理事、在日本朝鮮人総聯合会（朝鮮総連）中央委員などを歴任。なお、現在は朝鮮大学校および朝鮮総連の公職からすべて離れている。

主な著書に『チュチェ思想の世界観』（未来社、1981年）、『主体的世界観』（未来社、1990年）、『博愛の世界観』（시대정신、2012年）などがある。

ある在日朝鮮社会科学者の散策

「博愛の世界観」を求めて

2017年2月25日初版第1刷発行

定価　2300円＋税

著　者　朴庸坤

装　丁　上浦智宏（ubusuna）

発行所　現代企画室

東京都渋谷区桜丘町15-8-204

Tel. 03-3461-5082 Fax. 03-3461-5083

http://www.jca.apc.org/gendai/

印刷所　シナノ印刷

ISBN978-4-7738-1702-7 C0036 Y2300E